励志——品牌故事价值维度研究

陈 香 著

Study on the value dimensions of inspirational brand story

中国财经出版传媒集团
中国财政经济出版社

图书在版编目（CIP）数据

励志品牌故事价值维度研究 / 陈香著 . -- 北京：
中国财政经济出版社，2023.8

ISBN 978-7-5223-2390-9

Ⅰ. ①励…　Ⅱ. ①陈…　Ⅲ. ①品牌—研究　Ⅳ.
① F273.2

中国国家版本馆 CIP 数据核字（2023）第 142823 号

责任编辑：陈志伟　　责任印制：史大鹏
责任设计：卜建辰　　责任校对：张　凡

励志品牌故事价值维度研究
LIZHI PINPAI GUSHI JIAZHI WEIDU YANJIU
中国财政经济出版社 出版
URL：http：//www.cfeph.cn
E-mail：cfeph @cfemg.cn

社址：北京市海淀区阜成路甲 28 号　邮政编码：100142
营销中心电话：010-88191522
天猫网店：中国财政经济出版社旗舰店
网址：https：//zgczjjcbs.tmall.com
北京财经印刷厂印刷　各地新华书店经销
成品尺寸：170mm × 240mm　16 开　16 印张　214 000 字
2023 年 8 月第 1 版　2023 年 8 月北京第 1 次印刷
定价：68.00 元
ISBN 978-7-5223-2390-9
（图书出现印装问题，本社负责调换，电话：010-88190548）
本社质量投诉电话：010-88190744
打击盗版举报热线：010-88191661　QQ：2242791300

PREFACE
前言

近年来，越来越多的企业通过讲励志品牌故事这一手段来进一步提升消费者对企业的品牌认同。在营销实践中，励志品牌故事具有很强的示范、激励及宣传的功能和价值。价值维度是一个判断、说明、评价和确定一个事物价值的多方位、多角度、多层次的条件和概念。消费者会接受励志品牌故事内容所描绘和传达的理想、信念与价值，增强对品牌的认同和喜爱。人设是人物设计的简称。已有关于戏剧、电影、故事等的相关研究证明，励志人设具有的诸如健全性和性别等弱势人设特质对文艺作品的被接纳度影响非常大。一系列优秀品牌通过构建具有积极价值的励志品牌故事，塑造具有特质性的励志人设进行更多的品牌价值传递，获得众多国内外消费者的品牌认同。

学者们发现品牌认同对消费者的感知和行为具有重大影响。影响品牌认同的因素是复杂且多变的。以往的研究表明，品牌认同主要受品牌个性、客户感知价值、客户体验等因素的影响。但目前尚未有关于励志品牌故事价值维度这一因素对消费者品牌认同影响的研究。有关品牌故事的现有研究主要集中在叙事创作、传播手段及传播意义等方面。关于励志品牌故事价值维度的研究还很缺乏；企业运用积极价值的励志题材在营销领域影响消费者品牌认同的国内外研究也很少；而考察把弱势特质人设作为品牌故事的主角，进而探讨其对消费者品牌认同影响的相应研究更是稀缺。本书基于以往的研究现状和不足，综合运用扎根研究法、离散因子分析法、偏最小二乘法、单因素方差分析法等研究方法，探讨励志品牌故事价值维度识别和测量，同时考察励志品牌故事价值维度及其人设特质性对消费者品牌认同的影响。

本书内容共有六章。第一章绪论包括问题引出、研究意义、解决问题的方案及关键技术等内容。第二章文献综述对品牌故事、品牌认同、励志内容等文献做了回顾和评述。第三章采用扎根理论研究和离散因子分析对励志品牌故事价值维度进行界定和测试，确认励志品牌故事自身价值特征。在第三章对励志品牌故事价值维度进行界定的基础上，第四章采用偏最小二乘结构方程模型探讨励志品牌故事价值维度对消费者品牌认同的影响机制。第五章运用单因素分析法纵深考察励志品牌故事价值维度中的人设特质性对品牌认同的影响，进一步探寻励志品牌故事价值维度对消费者品牌认同更为深层次的影响机制。第六章就本书的结论、贡献以及局限和展望进行了讨论和阐述。研究结果显示：（1）励志品牌故事的价值维度包含人设榜样性、情感激励性及宣传有效性三个维度，确认了励志品牌故事的自身价值特征；（2）励志品牌故事价值维度对消费者品牌认同的影响显著，人设榜样性维度对品牌认同的影响最大；（3）励志品牌故事价值维度中的人设特质性对消费者品牌认同的显著影响也得到验证。

本书对励志品牌故事进行了价值维度界定，完善了品牌故事的相关理论，验证了励志品牌故事价值维度对消费者品牌认同的影响，考察了特质人设对消费者品牌认同的影响。本书融合营销学、心理学、文学、新闻学等多学科理论研究励志品牌故事价值维度及其对消费者品牌认同的影响，实现了多领域、跨学科的交叉研究。企业等相应部门进行营销创新和研究时可以借鉴励志品牌故事价值维度分析，进而让产品过渡到品牌；同时提醒企业及行业关注消费群体，关注自身营销道德问题，进行更多的营销创新。本书的研究成果拓展了品牌故事等相关理论，为企业等部门开展营销和社会管理等工作提供决策依据。

本书受河南省软科学研究计划项目资助，项目编号：232400410198。本书的编写不仅得到了中国地质大学郭锐教授、美国纽黑文大学王承璐教授、香港城市大学周南教授和武汉大学汪涛教授、中国地质大学严良教授等各位老师不遗余力的指导，还得到了中国地质大学经济管理学院博士同学和武汉大学经管学院博士同学的帮助。在后期出版过程中，更是得到了黄淮学院经济与管理学院院长乔虹教授和柴时军教授的无私鼓励和支持。再次诚挚感谢大家！

陈　香

2023年5月27日

CONTENTS
目录

第一章

绪论

CHAPTER 01

第一节 研究背景和意义

一、问题引出

近年来，越来越多的企业通过讲励志品牌故事这一手段来进一步提升企业的品牌认同（凤凰网，2017；Pechpeyrou，2019）。当消费者在听企业讲故事的过程中会使消费者接受励志品牌故事内容所描绘和传达的思想、信念与价值（Cracken，1989；Morgan，2002）。“励志”是一种积极情绪的感染，“励志”内容对于个体的人生观、价值观具有重要的重塑作用，其具有激发个体确立成就目标、维持个体进行成就活动、完善个体取得成就个性心理的作用和价值（马静、刘利才，2008）。

价值维度是价值视角，是从价值的角度和层次考虑问题，是一个判断、说明、评价和确定一个事物价值的多方位、多角度、多层次的条件和概念（何庆明，2006；金立印，2007）。在营销实践中，励志品牌故事具有很强的榜样示范、情感激励及加强宣传的功能和价值。涵化理论用来说明媒体（包括品牌故事）对个体价值、信念、信仰等潜移默化的影响作用（Gerbner，2002；Busselle，2019）。如今，很多企业通过励志品牌故事“涵化”的方式影响消费者对品牌的信赖和认同（Jing，2018）。比如红牛的“勇于超越，永不服输，挑战极限”的一系列基于极限运动创作的品牌故事就是励志品牌故事。消费者可通过励志品牌故事体验品牌特定价值，感知励志品牌故事传输给他们的特定生活方式与品牌价值理念，增加对励志品牌故事中人设的热爱和认可，增强对品牌的认同（Graaf，2009；Ahra，2018）。

“人设”是人物设计的简称，其概念主要用于角色、情节、动作和其他形式的具体组装和设计（吴组缃，1987）。已有关于戏剧、电影、故事等的相关研究证明，人设具有的诸如健全性和性别特征等特质对文艺作品的被接纳度影响非常大（Luce Irigaray，1993；庄冬文，2010；陈彦旭，2015）。那些被人们戏称为“红牛敢死队”的极限运动爱好者就是红牛一系列励志品牌故事中的励志人设。所以，华为、中国移动等一系列优秀品牌都通过构建具有积极价值的励志品牌故事，塑造具有特质性的励志人设，进行更多的价值传递，获得众多国内外消费者的品牌认同。

在营销效果方面，学者们发现品牌认同对消费者的感知和行为具有重大影响。品牌认同会促使消费者产生更多品牌偏好，形成更强的品牌社区意识，提高顾客满意度、客户忠诚度，增加品牌承诺，提升顾客回购意向，促使消费者产生更多支付溢价意愿，并带来更多正面口碑（Del Rio et al.，2001；Kim，2001；Kuenzel & Halliday，2008）。在不同研究环境中，影响品牌认同的因素是复杂且多变的。以往的研究表明，品牌认同主要受品牌个性、客户感知价值、客户参与度、客户体验等因素的影响（沙振全，2010；黄敏学，2017；Saraniemi，2019，等）。但目前尚未有关于励志品牌故事价值维度这一因素对消费者品牌认同影响的研究。

以往关于品牌故事的研究主要集中于品牌故事的叙事创作（汪涛等，2011；Radclyffe，2016）、传播手段（Cracken，1989）及传播意义（Fanning，1999）。但关于励志品牌故事价值维度的研究还没有，企业运用积极价值的励志题材在营销领域影响消费者品牌认同的国内外研究也很少。虽然近年来关于弱势群体的文艺作品在国内外有了较为深入的研究（Baena，2016；Solomon，1917；姚莉，2016），但把特质人设作为励志品牌故事主角，进而纵深探讨其对消费者品牌认同影响的研究更是没有。

本书基于以往研究现状和不足，综合运用扎根理论研究法、离散因子分析法、偏最小二乘法、单因素方差分析法等研究方法，探讨励志品牌故事价值维度的识别和测试，同时考察励志品牌故事价值维度及其人设特质性对消费者品牌认同影响的问题。研究思路方面，本书首先探析励志品牌故事的价值维度；在此基础上考察励志品牌故事价值维度对消费者品牌认同的影响；并就励志品牌故事价值维度的人设特质性对消费者品牌认同的作用进行了纵深探讨。本书成果实现了营销学、心理学、新闻学、社会学等学科的交叉融合发展，拓展了品牌故事、品牌认同等相关理论，也为企业和政府等部门开展相关工作提供决策依据。本书整体内容框架如图1–1所示。

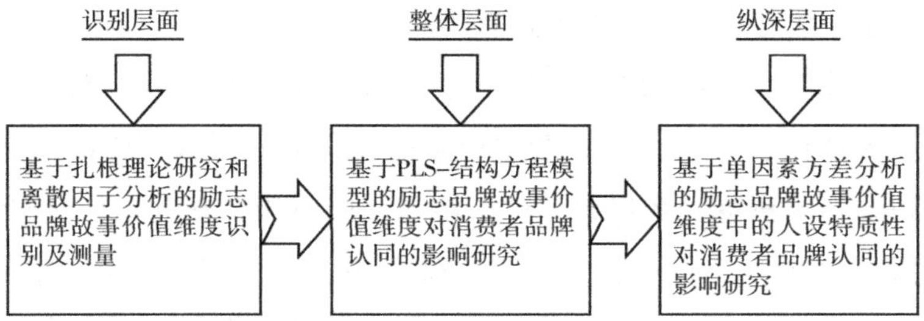

图1–1　研究整体内容框架

资料来源：本研究整理所得。

二、理论意义

（一）本书将品牌故事的研究视角从叙事特征扩展到主题品牌故事对消费者品牌认同的影响，进一步验证Gerbner的“涵化”理论对个体潜移默化的影响

励志品牌故事作为一种特殊的品牌故事，其既具有积极的内容涵义和价值承载，又具有品牌故事的媒体传播域广的特点。媒体涵化是保持一定社会结构方式，使受众对世界的感知符合现有价值观、体制结构和政治经济秩序要求的重要手段（Greene，1994）。以往虽然也有少量关于品牌故事的研究，但这些研究多聚焦整体类型品牌故事对消费者知觉偏好的影响，没有研究励志品牌故事这种特定类型品牌故事对消费者品牌认同的影响。彰显了本书“聚焦前沿，独辟蹊径”的研究角度。本书丰富了励志品牌故事的研究维度，扩大了品牌故事的研究视野。

（二）本书对励志品牌故事的价值维度进行验证和界定，研究成果丰富和发展了品牌故事相关理论

励志品牌故事在实践中已有较多运用，越来越多的企业都在通过励志品牌故事达到提升企业精神、塑造企业和品牌形象的目的。但是理论界还没有对励志品牌故事价值维度的研究。基于对励志品牌故事以往实践应用、理论基础等方面的梳理，本书运用扎根理论研究方法对励志品牌故事的价值维度验证分析。在运用扎根理论验证励志品牌故事价值维度的过程中，采用焦点小组、个人访谈、案例分析、调研、实验和仿真等方法，明确并验证励志品牌故事的价值维度，从理论上为本书的励志品牌故事对消费者品牌认同的价值识别提供理论前提。本书探析励志品牌故事积极的价值维度，丰富了品牌故事的理论研究。

（三）本书把社会学的“公平世界信念”概念引入励志品牌故事的研究，考察励志品牌故事价值维度对消费者品牌认同的影响

同时，研究励志品牌故事价值维度中的人设特质性对消费者品牌认同的影响。本书探究了“公平世界信念”这个中介从内因激发为主扩展到以媒介内容等外部刺激诱发为主的作用机制，研究结果显示励志品牌故事人设榜样性、情感激励性和宣传有效性三个价值维度通过公平世界信念对消费者品牌认同产生作用。本书把公平世界信念这个社会学概念引入励志品牌故事的研究，丰富了营销研究的新维度。同时，在本书中探索励志品牌故事价值维度中的弱势特质人设如何影响消费者品牌认同，进一步加深消费者对励志品牌故事的理解，探寻励志品牌故事价值维度对消费者品牌认同的更为深层次的影响机制，为企业进行励志品牌故事创作提供一个新的思考角度。

（四）本书把新闻传播学的涵化理论，社会心理学中的“公平世界信念”等理论运用到励志品牌故事的研究中来，实现了营销学、心理学、新闻学、社会学等学科的交叉融合发展

“涵化”是用来说明电视、互联网、报纸、杂志等各种媒体对个体价值、信念、信仰等潜移默化的影响作用，其是一个长期的、微妙的“涵化”过程。本书将其和营销学、心理学研究有机结合，考察励志品牌故事如何潜移默化影响消费者的品牌认同。本书引用多领域的研究成果进行研究，实现了学科研究的交叉性。同时，也丰富和发展了新闻学、心理学、营销学等相关学科的理论研究，体现了本书的“共性导向，交叉融通”的研究特色。

三、实践意义

（一）本书考察励志品牌故事价值维度对消费者品牌认同的影响，进一步为企业的品牌故事创作和营销实践提供新的思维角度，提高企业的市场竞争力

为了让产品过渡到品牌，进行更多的营销创新，给产品品牌赋予文化精神，实现“中国品牌世界共享”，企业可以更多地考虑励志品牌故事及其叙事传输这种故事传播机制。使主题与企业特征更加匹配，当作一种价值上的“暗示性”品牌，更有效地进行品牌的传播和记忆。本书把研究视角从普通的品牌故事扩展到励志这一主题的品牌故事，为企业进行品牌故事的创作提供必要的理论支撑。

（二）本书通过对励志品牌故事价值维度进行界定和测量，可以帮助企业以更细致和全面的角度思考励志品牌故事的价值效用

因为积极主题的励志品牌故事现在已成为一种重要的营销支持方式，本书对于“励志品牌故事”的价值维度的探索有助于企业意识到励志品牌故事的价值和功能所在，可以使企业等相应部门进行积极内容的营销创作时有所借鉴和完善。同时，对励志品牌故事价值维度的更详细的挖掘，可以有助于企业在采用励志品牌故事策略时围绕励志品牌故事多维度展开工作，获得更多的灵感来源和创意角度。企业在实际营销过程中可以更多考虑励志品牌故事这种营销方法的运用，为企业决策实践提供借鉴。

（三）本书强调要关注和爱护弱势群体，可以提醒企业及行业关注自身的营销道德问题

企业如果让弱势群体感到有未来，就必须让他们感受得到他们能够得到他们应得的，所以他们需要相信世界是公平的；同时，能够减弱他们由于身体残疾等弱势特质所带来的孤独、尴尬、抑郁、焦虑等社会痛苦的情绪。更多企业及行业关注弱势特质群体，强调积极上进的一面可以激发消费者更多的正向能量，以及对企业的社会责任和人文情怀的认同，从而产生较强的品牌认同。其可以在社会现实中发挥见证和协调的重要作用。

（四）本书多学科交叉研究的成果可为多领域的工作提供理论指导和决策依据

由于顾客需求的多样化和变异性，企业要不断的创新才能更好的影响和留住顾客。为能更好地吸引和打动顾客多样化的需求，如何创作更深层次、更具内涵、更具社会性的营销方式已成为企业提高产品品牌文化精神要考虑的重要问题。本书成果实现了跨界综合性研究，在丰富和拓展研究理论的同时提示企业等群体在制定相应的实践政策时可以进行更多的“跨界”实践结合，把不同领域的思想、技巧和技能等有机地结合到营销实践应用中，进而提高企业等多领域的工作效率和能力。

第二节
研究内容

第一部分：绪论。绪论部分阐述了本书的现实背景和理论背景，并对本书的研究问题、研究意义、研究思路以及研究方法等内容也进行了明确阐述。

第二部分：文献综述。文献综述部分回顾了营销领域以往与励志品牌故事相关的文献，如对“品牌故事”“品牌认同”等相关内容进行了整理和分析。由于励志品牌故事相关理论在营销界仍尚待成熟，因此在对已有励志品牌故事营销文献进行梳理的同时，也对包括教育学、文学、人类学等学科的相关文献进行了关联，以呈现更加完整的励志品牌故事价值维度内容。

第三部分：基于扎根理论研究和离散因子分析的励志品牌故事价值维度界定和测试研究。为更好识别励志品牌故事对消费者品牌认同影响的价值而探究其价值维度。本章运用扎根理论研究和离散因子分析对励志品牌故事的价值维度进一步验证分析。在运用扎根理论验证励志品牌故事价值维度的过程中，研究组采用焦点小组、个人访谈、案例分析、调研、实验和仿真等方法，明确并验证励志品牌故事的价值维度，从而丰富和发展品牌故事的理论研究。

第四部分：基于PLS-结构方程模型的励志品牌故事价值维度对消费者品牌认同的影响进行研究。励志品牌故事必须具有一定的价值，这样营销企业才能有实施品牌故事策略的价值。营销企业之所以开展励志品牌故事，是励志品牌故事能够传递企业的积极思想，修复消费者颓废、无助的心理状态，增强消费者公平世界的信念和意识，并进而形成消费者对企业的信赖和认同。只有这样才能使企业有动力开展相应的营销业务。所以，第四章基于PLS-结构方程模型的励志品牌故事价值维度对消费者品牌认同的影响进行分析，并探究其内部解释机制。

第五部分：基于单因素方差分析的励志品牌故事价值维度中的人设特质性对消费者品牌认同的影响进行研究。本部分基于观察学习理论，以典型女性和残疾人励志形象为例，研究励志品牌故事人设榜样性价值维度中的人设特质性对消费者品牌认同的影响研究。本章鉴于品牌故事理论研究的现状和不足，在考察诸如品牌故事类型、内容、产品、品牌等因素都一致的基础上验证特质人设是否会比一般人设能带来更强的品牌认同，并挖掘其中的内部解释机制。

第六部分：结论和讨论。本部分就本书的结论、贡献以及局限和展望进行了讨论和阐述。

第三节 研究目标

一、基于扎根理论研究的励志品牌故事价值维度研究

研究目标：更好、更全面地识别励志品牌故事的价值维度。虽然励志品牌故事在营销实践被广泛运用，在理论方面也有不少的相关研究，但理论界至今缺乏对励志品牌故事价值维度的明确定义。基于对励志品牌故事以往实践应用、理论基础等方面的梳理，第三章将运用扎根理论研究方法对励志品牌故事的价值维度进行验证分析，从而丰富和发展品牌故事的理论研究。通过确定励志品牌故事自身的价值特征，从理论上为第四章的励志品牌故事价值维度对消费者品牌认同影响的价值识别提供理论支持。

二、励志品牌故事价值维度对消费者品牌认同的影响研究

研究目标：探讨励志品牌故事价值维度是否具有对品牌认同度影响的

价值及解释机制。励志品牌故事必须具有一定的价值，这样营销企业才有实施品牌故事策略的价值。营销企业之所以开展励志品牌故事的营销工作，是因为励志品牌故事能够传递企业的积极思想，增强个体向上的信念，进而形成消费者对企业的信赖和认同，只有这样才能使企业有动力开展相应的营销业务。分析励志品牌故事价值维度对消费者品牌认同作用中介，即公平世界信念的影响机制；分析个体领悟社会支持能力对励志品牌故事价值维度作用机制发挥的影响。

三、励志品牌故事价值维度中的人设特质性对消费者品牌认同的影响研究

研究目标：验证励志品牌故事价值维度中人设特质性对消费者品牌认同的影响机制及理论边界。在第三章中，人设榜样性维度中人设的健全性和人设的性别是被试最重视的两个因素。第五章通过两个子研究来确定非健全这一特殊人设特征是否会比健全人设能带来更强的品牌认同及其内部解释机制；同时，探究励志品牌故事的女性人设选择的意义及其内在解释机制及理论边界。

第四节
解决的关键科学问题

一、基于扎根理论研究和离散因子分析的励志品牌故事价值维度的界定过程

以往理论界还没有对励志品牌故事价值维度的研究，在基于以往研究不足的基础上，第三章基于对励志品牌故事以往实践应用、理论基础等方

面进行梳理，对励志品牌故事的价值维度进行验证分析，率先界定和测试励志品牌故事价值维度。在运用扎根理论验证励志品牌故事价值维度的过程中，采用个人访谈、案例分析等方法，通过收集数据，对数据进行分类和编码、比较和重新分析数据形成理论并进行写作的研究路径，明确并验证励志品牌故事的价值维度。同时，采用离散因子分析对励志品牌故事价值维度进行测量，确定其科学性和客观性。第三章研究励志品牌故事的价值维度，在此基础上进一步为第四章提供理论支持。

二、基于结构方程模型的励志品牌故事价值维度影响消费者品牌认同机制解释

励志品牌故事作为重要营销支持因素近年来在企业传播和管理等方面被应用得越来越广泛。但是梳理以往文献发现关于励志品牌故事整体价值维度对消费者品牌认同影响的研究较少。第四章以“涵化”理论为依据，探讨励志品牌故事价值维度对消费者品牌认同的影响，并检验个体领悟社会支持的控制作用。采用偏最小二乘法进行结构方程模型检验分析，并利用BOOTSTRAPPING方法进行中介检验分析。研究结果表明：励志品牌故事价值维度通过个体公平世界信念中介机制作用影响消费者品牌认同。第四章在整合了以往研究的基础上，把励志品牌故事价值维度、个体公平信念感知等理论有机地运用到品牌故事的研究中来，验证了励志品牌故事价值维度对消费者品牌认同具有积极正向影响的理论假设。

三、基于单因素方差分析励志品牌故事人设榜样性价值维度中的人设特质对消费者品牌认同影响机制探索

本书中第五章采用单因素方差分析检验励志品牌故事价值维度中的人设榜样性维度的人设特质性对消费者品牌认同的影响。通过两个子研究，

验证典型励志角色设置，即残疾人和女性对消费者品牌认同的影响。第一个子研究以“残疾人”为研究对象，通过实验探索励志品牌故事中人设的健全性对消费者品牌认同的影响。结果表明：励志品牌故事采用非健全人设通过叙事传输——自我效能这个因果链型中介机制作用更能影响消费者品牌认同。第二个子研究通过实验验证励志品牌故事的女性人设的选择会影响消费者品牌认同，并验证其是通过善意性别歧视这一中介机制对消费者品牌认同产生影响。

第五节 研究方案

一、研究方法

本书将以丰富的理论和文献为基础，为确保研究内容的相关性和有效性（Yin，1989），兼顾定性和定量方法，准确分析各变量定义、构成以及各变量间的因果关系。本书针对以上研究问题及不同阶段，运用定性、定量研究方法来分析解决该研究问题。

（一）个人深度访谈、焦点小组和问卷调研

本书采取个人深度访谈和焦点小组访谈法，是由于该方法可以更好地理解参与者态度、信念、观点等方面的突出的优势（Krueger，2000）。首先，本书采用深度访谈和焦点小组访谈法获取样本数据，通过访谈和观察来收集一手数据。此外，图书馆文件数据、政府文件数据、公告、年鉴数据等也可以用作数据源。然后，用扎根理论分析的方法对访谈资料进行分析和归纳。通过收集数据，对数据进行分类和编码、比较和重新分析数据形成理论并进行写作的研究路径，明确并验证励志品牌故事的价值维度。使用深度访谈和焦点小组访谈法进一步明确研究价值。针

对消费群体进行深度访谈和焦点小组访谈，完善和确保公平世界信念心理机制选择的正确性。

（二）案例内容分析

收集典型的品牌故事建设的成功或失败案例和相关内容，从励志主题的品牌故事视角出发探究现实情景中励志品牌故事作出的有效构造，并分析其中消费者的反应和影响过程。本书采用深度访谈法获得典型案例线索。通过深度访谈法，可以寻找到更深层次的获取典型案例的来源。了解不同地区消费群体的需求，收集一手数据和二手数据典型案例，对当前的研究假设进行调整和修正。这些案例将结合焦点小组和个人访谈所得以及以往相关文献，明确本书的研究框架中的相关变量定义和测量、中介机制解释以及边界界定，并指引实验设计。

（三）实验法

使用实验法收集一手数据，使用因子分析法编制正式量表。首先，使用预实验检验后的初始量表针对消费者的影响收集问卷，询问被调研者对励志品牌故事影响的感知。其次，使用探测性因子分析对量表问项进行提纯，编制公平世界信念等正式量表。最后，基于实验法的一手数据和收集的二手数据，采用验证性因子分析法编制实验使用的正式问卷。

基于励志品牌故事影响机制的正式量表和基于现有文献中其他相关变量的成熟测量工具编制正式问卷，针对消费者访问，通过一手资料和二手资料结合的方式获取研究中所有自变量和调节变量的相关信息。使用验证性因子分析对励志品牌故事价值维度影响机制的测量量表以及其他成熟量表进行检验，评价其信度和效度，根据结果进行必要修正。

（四）动态模型研究和数据模拟

本书通过问卷调研、实验和仿真等方法来考察励志品牌故事价值维度对消费者品牌认同的影响作用机制，采用实证研究方法明确各相关变量的定义和测量，以建立、估计和检验不同故事展示状态下消费者的品牌认同差异的动态模型。综合利用SmartPLS、SPSS、BOOTSTRAPPING等软件来建模模拟。如本书第五章采用偏最小二乘法结构方程进行分析，建立各个变量间的模型关系，并采用SmartPLS、SPSS等软件进行分析。

二、技术路线

本书的技术路线如图1-2所示。

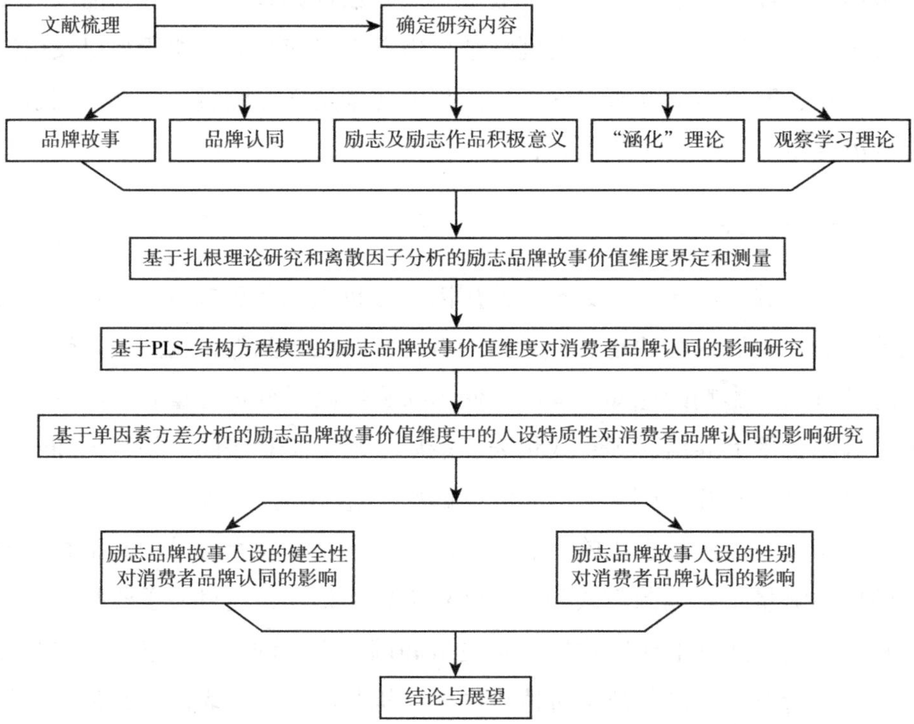

图1-2 技术路线

资料来源：本研究整理所得。

三、关键技术

（一）如何构建数据支持系统

首先，通过深度访谈、焦点小组访谈、实验等方法获取更多的关于励志品牌故事价值维度及其对消费者品牌认同影响的相关一手数据。其次，通过全方位收集励志品牌故事价值维度对消费者品牌认同影响的二手资料数据，构建二手数据库。通过以上方式，构建励志品牌故事价值维度对消费者品牌认同影响的数据支持系统。

（二）如何设计有效的实验材料和如何选择合适的实验场景

在控制相关实验因素的情况下，设计合适的实验材料，让参与者能够作出切实符合自己实际情况的最佳实验结果选择。使用预实验检验后的初始量表对消费者的影响收集问卷，以此验证被调研者对励志内容影响强度的感知。为提高受访者的配合度，实验尽量使用方便样本。

第六节 本书创新点

第一，本书对励志品牌故事的价值维度进行研究和界定，丰富和发展了品牌故事的理论研究。

越来越多的企业通过励志品牌故事这一手段来进一步提升企业的文化精神，塑造企业及品牌更高端、更积极的形象。如华为、中国移动、红牛等一系列优秀品牌都通过讲励志品牌故事这种方式在国内外消费者心目中留下深刻的印象。虽然励志品牌故事的价值在营销实践中被广泛重视，在理论方面也有不少的相关研究，但理论界至今缺乏对励志品牌故事价值维度的明确定义。基于对励志品牌故事以往实践应用、理论基础等方面的梳理，本书运用扎根理论研究方法对励志品牌故事的价值维度进一步验证分析。在运用扎根理论验证励志品牌故事价值维度的过程中，采用焦点小组、个人访谈、案例分析、调研、实验和仿真等方法，通过收集数据，对数据进行分类和编码、比较和重新分析数据形成理论并进行写作的研究路径，明确并验证励志品牌故事的价值维度，从理论上为本书后续的励志品牌故事价值维度对消费者品牌认同影响的研究提供理论前提，同时丰富和发展了品牌故事的理论研究。

第二，本书考察励志品牌故事价值维度对于消费者品牌认同的作用影响，同时研究励志品牌故事价值维度中的人设特质性对消费者品牌认同的影响。

本书率先探讨励志品牌故事价值维度对于消费者品牌认同的影响，研究结果显示励志品牌故事人设榜样性、情感激励性和宣传有效性三个价值维度通过公平世界信念对品牌认同产生作用。研究探究了公平世界信念这个中介从内因激发为主扩展到以媒介内容等外部刺激诱发为主的作用机制，从而具有增强公平世界信念。激励个人专注未来规划、追求长期目标的作用。本书把公平世界信念这个社会学概念引入品牌故事的构建研究，丰富了营销研究的新维度。同时，在本书中探索励志品牌故事价值维度中的弱势特质人设如何影响消费者品牌认同，揭示弱势特质人设对于社会的积极正向的一面。励志品牌故事采用自强自立的弱势人设，可以使消费者获得受众更多的角色认同和正面认知。本书立足当前社会现实和国计民生，关注弱势群体的生存和发展问题，具有比较强的积极理论导向意义。本书拓宽了品牌故事的研究视角，同时为企业和政府等部门开展相关工作提供决策依据。

第三，本书把用于新闻传播的“涵化”理论运用到励志品牌故事对消费者品牌认同影响的研究中来，实现了营销学、心理学、新闻学等多学科的交叉融合发展，体现了本书的“共性导向，交叉融通”的研究特色。

由于市场竞争越来越激烈，消费者需求的多样化和变异性，企业要有足够的营销创新才能更好地影响和留住顾客。为能更好地吸引和打动多样化的需求，如何创作更深层次、更具内涵、更具社会性的营销形式已成为企业提高产品品牌文化精神要考虑的重要问题。而“跨界研究”就是很好的创新营销手段的方式，如本书把“涵化”理论运用到励志品牌故事的研究中来。“涵化”是用来说明电视、互联网、报纸、杂志等各种媒体对个体价值、信念、信仰等潜移默化的影响作用。媒体涵化对保持一定社会结构方式，使受众对世界的感知符合现有价值观、体制结构和政治经济秩序要求有重要作用（Gerbner，2002）。本书融合营销学、心理学、新闻学等多学科理论研究励志品牌故事价值维度及其对消费者品牌认同的影响，实现多领域、跨学科的交叉研究。

第二章

文献综述

CHAPTER

02

第一节
品牌故事

一、品牌故事的概念

品牌故事是一种多元化的营销理念（Radclyffe，2016）。由于该术语包含了“故事”一词，所以对品牌故事的理解必须基于对“故事”的理解，进而延伸到文学、组织管理、传播、艺术等相关领域。“故事”一词虽然是一个普通的词，但它的理论意义却非常深刻。学者们从不同的角度指出了故事的定义。Selwyn & Classen（2012）认为故事实际上是现实生活的结构。如果人们向别人或自己解释他们的需求，他们可以讲故事。Kim Douglas（2009）认为，故事可以帮助将图片中合理的元素整合成一个更感性、更有意义的整体。McKinnon（2008）指出，故事能够在一个安全的环境中探索各种现实，从而帮助理解不同的视角，展望预期的未来。Silverman（2007）指出，故事是一种传播行为，它提供了一套信息传递要素，使人们能够快速整合信息、理解信息、创造意义，且通过对人物特征（如女性人设）的编码和运用，读者会加深对故事的理解（Love et al.，2010）。

根据Harris和Barnes（2006）的说法，故事是传播复杂思想的一种有说服力的方式。故事比抽象无聊的事实、简短的总结和政策规则更有效。从学者对故事的不同解读角度发现，它们包含着一个普遍规律，即故事以更有趣的方式向人们传达思想，更生动，更有意义（Elsegood，2018）。品牌故事是故事在品牌传播中的拓展和应用。品牌的重要性在于它能有效地展示公司与其营销产品（产品和服务）和消费者群体之间关系的承诺和实践。品牌故事的核心是公司对消费者社区的承诺。通过讲述励志人物的故事，企业可以在社会现实中起到见证和谈判的重要作用（Kaplan，1974）。

二、品牌故事的理论机制

叙事传输是学者Green于2000年提出的一种理论，是个人讲故事然后产生说服力的重要机制。叙事传输区别和支持故事角色，从而影响个体的态度和信念，最终改变现实中个体的决策方式和意愿（Melanie et al.，2004；Van Laer et al.，2014）。叙事传输是一个独特的心理过程，是注意力、想象力和情感的结合。所有注意力和资源都集中在叙事事件上，这是人们想要获得的一种状态（Green et al.，2004）。叙事传播理论是这种信息边缘处理效果的具体实现形式。叙事传播是人们渴望获得的一种状态，可以大大减少人们的反驳动机（Green et al.，2004）。它增强了人们对在特定领域中实现自己的行动和目标的能力的信心和信念，增强了人们对未来以及对自己能力的肯定的个人判断力、信念和希望。在本书中，"品牌故事"在广义上可以理解为"品牌叙事"，并且品牌故事仍在表达中占主导地位。

叙事传输具有放大正向情感、减弱负向情绪的作用（Green，2000）。叙事传输具有能让个体认知与现实世界脱节、产生情绪波动和保留与故事一致性态度等特点（Green，2000；Melanie et al.，2004）。叙事传输的作用在于：首先，叙事的时间序列使叙事信息似乎受到看似正确的命题的支配，除非个体有动机或有能力反驳这些假设；其次，传播过程中个体没有足够能力去反驳故事中的概念，因为他们的心理主要致力于想象故事中的事件，并且毫无疑问的概念很可能被嵌入被传播的个体的概念结构中去（Green，2010；Cronin，2016）；最后，信息源的可靠性若由信息本身给出，其说服力与信息可靠性增大（Petty et al.，1983）。故事的叙事传输功能可以大大减少个体反驳的动机，提升个体对其在某领域实现特定目标能力的决心和信念（Green，2004）。励志品牌故事就是通过向消费者传输励志人设的励志事迹，影响和改变消费者原有的态度和信念，继而实现对本企业及其品牌的认同。

三、品牌故事营销效用研究

品牌故事是一种特殊的媒体，其是品牌文化的具体体现方式（Morgan，2002）。品牌的重要性在于其有效证明企业与营销产品（产品和服务）以及消费者群体之间关系的承诺和实践的能力，而品牌故事的核心恰恰是企业对消费群体有关产品的承诺（Ajra，2018）。对于企业而言，品牌故事之所以吸引他们的注意力，是因为可以通过讲故事的方式生动地传播诸如品牌认同和传承之类的核心价值（Vicente，2004）。品牌故事通过使消费者沉浸于故事中来对其进行影响（Green，2004），从而最大限度地增强消费者与主体之间的情感联系。在此过程中，消费者将“产生共鸣”（Lewin，1951；Barnes，2017），并假设他们是故事中的主角，体验了故事中描述的体验。他们相信自己可以通过观察故事中人物的行为和结果来学习，获得示威活动的象征性代表并指导适当的操作（Bandura，1965）。

品牌故事的独特“涵化”功能还可以使故事讲述成为向消费者传达企业和品牌所倡导的积极思想，影响消费者的人生观和价值观，同时是提高消费者对品牌价值认可度的重要方式。作为有效的营销支持，品牌故事可以有效地影响企业形象的塑造（郭锐等，2012）。一个好的品牌故事就是传输一个不断变化的“承诺”，这基本上是对消费者的隐含保证，也就是说，一旦购买或使用该故事中的品牌，它就能获得与励志故事中的英雄相似的能量。叙事传输特有的功能使有关此隐喻性信息附在故事的表面（Denning，2004）。如果消费者能够将被传输的内容转化为自己的信息，那么这个故事就更具说服力（王承璐，1987；Cronin，2016）。

帮助公司讲述良好的品牌故事已成为众多国际公关公司最强大的营销公关工具。每年中国都有许多新品牌诞生，品牌故事已成为非常重要的商业活动（搜狐，2018）。对于企业而言，品牌故事（一种特定的媒介）之所以吸引他们的注意力，是因为可以通过讲故事的方式生动地传达品牌认同和继承等核心价值（Vicente，2004）。是个体通过讲故事对受众产生说服效果的重要作用机制，它是一个独特的心理过程，是关注、想象力和情感的综合。通过叙事传递的功能，企业可以通过品牌故事更好地表达其品牌象征意义，从而使消费者群体更容易从这些故事中找到特定的含义（闫新梅，2007；Choi，2019），从而帮助个人找到特定的含义和符号，理解复杂现实世界中的通信资源（Herman，2001）。公司可以通过讲品牌故事为消费者提供长期的记忆。通过创建像AlphaGo这样的独特品牌故事，企业可以在人际沟通中更快、更广泛地传播品牌文化（Denning，2001）。

第二节
品牌认同

一、品牌认同的概念、维度及测量

Bagozzi（2006）将品牌认同定义为“消费者将自身形象与品牌形象重叠的程度”，认为品牌认同是消费者对某个品牌的认知、情感和评价的心理状态，并强调了心理水平与某个品牌之间的统一。“认同”本质上是个人对自己与一群人之间的团结的感知，Sirgy（1997）指出个人将与品牌建立不同类型的关系，但个人总是倾向于那些品牌形象和品牌价值与个人自我概念相符的品牌，且对品牌的维护具有长期相关性。在前人提出的有关品牌认同定义的基础上，学者们继续进行了大量的研究，并取得了丰硕的成果，丰富和发展了品牌认同理论。Lastovica & Gardner（1979）认为，品牌认同是指消费者对产品的心理或情感依赖性以及对产品或品牌的依恋，品牌认同可以通过消费者对产品的购买意图来衡量。他们强调消费者、产品和品牌之间的关系。

林功成等（2012）基于群体认同理论，将其定义为“对属于某个品牌的心理状态的个人感知、感觉和评估”，并坚信消费者与品牌之间的高度认同感会增强消费者的归属感并产生品牌认同感。从认知的角度来看，消费者的自我认知与品牌之间的相似度和重叠度是特定群体的认同感知。在情感和价值方面，消费者可以意识到认同的价值和情感意义，如自我提升和归属感（黄敏学，2017；Gilani，2019）。Sirgy（1997）进一步提出了“自我概念一致性”的概念，并将品牌认同划分为两个维度：个人认同和社会认同。黄敏学等（2017）认为，基于品牌的社会认同感，消费者将之与品牌的关系视为合伙关系，这对于消费者的个人自我和社会自我都至关重要。通过品牌形象与消费者行为和价值之间的契合来表达品牌形象。

Ghodeswar B M（2008）将品牌认同分为核心标识和扩展标识。核心标识广泛涉及产品属性、性能和服务。而扩展标识是围绕品牌认同要素形成的凝聚力和有意义的群体，重点关注品牌个性、关系和强大的符号联想。Bagozzi和Dholakia（2006）继续使用Kim的观点，认为品牌认同是指消费者将自身形象与品牌形象重叠的程度。对于个人而言，品牌使消费者能够定义自己的认同。对于社会自我而言，品牌使消费者能够将自己视为与同一品牌认同在一起的群体内的一部分（杨慧，2020）。品牌认同度的度量一般采用金立印（2006）的品牌认同量表。

二、品牌认同的理论机制

品牌可以帮助消费者创造和定义他们的自我认同，展示消费者如何使用品牌来创建自我表示（McCracken，1989；Ipaki，2018）。根据Kevin Keller（2014）提出的品牌共鸣模型，打造强势品牌需要四个步骤：第一步，确保在消费者心目中建立与特定产品或需求相关的品牌联想；第二步，有必要通过品牌联想在消费者心目中建立牢固而完整的品牌含义；第三步，有必要引导消费者对品牌作出适当的反应；第四步，消费者对品牌的反应需要转化为品牌共鸣，以在消费者和品牌之间形成紧密、积极和忠诚的关系。

在品牌营销领域，品牌认同实际上与Kevin Keller的品牌共鸣概念一致，并且品牌认同在一定程度上遵循这一过程。Goffman（1967）提出了一种崭新的认同理论观点，强调了认同形成的社会和背景方面。他对认同的看法主要分为四个方面：（1）认同是一种表现自我的方式。他认为，所有人的行为都是社会行为。人们通过控制和管理印象认同向他人展示自己。（2）认同是社会建构的，个人的认同具有与他人互动的功能。一个人为自己构建一个理想化的认同，以便融入社会认可或隐藏他不希望别人看到的方面。（3）认同是一个动态的过程。在社交互动中，人们不断调整自己的认同。（4）当一个人试图以一种令人满意的方式表达自己，而这种表达方式与他人的评价相矛盾时，个体就会失去可信度（Ghodeswar，2008；Kestane，2019）。

总之，从心理学和社会学的角度来看，品牌认同的理论机制与上述社会认同的理论机制具有相同的渊源，而对品牌所带来的认同机制则更为重视。

三、品牌认同的影响因素

在不同的研究环境中，影响品牌认同的因素是复杂且多变的。以往的研究表明，品牌认同主要受品牌个性、客户感知价值、客户参与度、客户体验等因素的影响（沙振全，2010；黄敏学，2017；Saraniemi，2019）。董秀春（2005）认为品牌个性对消费者的品牌认同有很大的影响，并从品牌核心认同和扩展认同方面建立了消费者的品牌认同模型。时召倩（2014）发现，消费者和品牌价值之间的一致性会积极影响他们的品牌形象。杨帅（2014）发现，客户的参与度和客户体验，尤其是享乐体验和社交体验对品牌认同有重要影响。

2010年以来，关于品牌社区认同的研究已全面展开。周志民和郑雅琴（2011）研究了品牌社区认同与品牌忠诚度之间的影响路径，结果表明，品牌认同与品牌社区承诺起着完全中介的作用。以小米公司为例，杨洋（2017）分析了扎根理论，品牌社区成员的认知度和反应数据，总结了品牌社区认同的四个维度（认同认知、社会情感、积极评价和用户行为），以及影响品牌社区标识的9个因素，并以此形成品牌社区标识的机制模型。李先国等（2017）在虚拟品牌社区的背景下的研究表明，客户感知价值对品牌认同具有显著的积极影响，品牌认同会影响购买意愿。沙振全等（2010）研究表明，虚拟品牌社区的体验不仅可以直接影响感知的有用性，而且可以通过感知的易用性间接影响感知的有用性。感知的易用性只能通过感知的有用性间接影响品牌认同。

同时，也有大量的学者致力于品牌认同的前因和结果变量的研究。马双和王永贵（2014）指出，与静态知识获取方法相比，动态知识获取方法更能促进社区公民行为。社区公民行为进一步促进了品牌认同的形成，且随着互联网的发展，企业越来越多地与消费者建立品牌关联，品牌认同的影响因素更加多样化。

四、品牌认同的营销效应研究

就营销效果而言，学者们发现品牌认同对消费者的感知和行为具有重大影响。Xu（2018）发现品牌价值与品牌目标消费群体的价值之间的匹配非常重要，这意味着品牌可以帮助个人满足其自定义需求，即使没有人际关系，品牌认同还可以帮助消费者实现其认同感。Bhattacharya & Sen（2003）指出，品牌认同促使人们在心理上与组织建立联系，从而努力实现集体目标。具有较高品牌知名度的消费者倾向于将品牌或产品推销给其他消费者（Bhattacharya & Sen，2003；廖俊云，2019），并提供支持该品牌的积极建议（Algesheimer，2005）。由于消费者对品牌具有情感依恋，他们可能出于舒适和信任的原因而参与口碑传播（田敏，2019）。

辛璐琦等（2016）以品牌认同为中介变量研究了旅游目的地品牌形象认同因素对游客行为意图的影响。王健辉和李永壮（2013）的研究表明，企业品牌内部化是员工形成品牌认同的标志性因素。良好的品牌声誉可以为员工带来更高的品牌形象。体育品牌体验对品牌认知具有显著的积极影响，并且分别对不同级别的体验进行了讨论，同时表明品牌认同对客户忠诚具有明显的积极影响。王晓川等（2014）的研究表明，品牌认同支持在线品牌社区中的创新活动。互联网的发展使信息的传播更加方便和高效，促进了在线评论的兴起。在线评论的信息特征中，评论的内容、数量和差异可以提高消费者对体验产品和品牌的认同度，从而影响消费者对体验产品的品牌信任度（杨雪，2016）。张初兵等（2013）指出，理想的自我概念一致性对品牌认同具有重大影响，而品牌认同对品牌承诺和品牌忠诚具有积极影响。相似性感知是指个体将他人视为与自己相似的程度（Davis et al.，1996）。

根据社会认同理论，任何能够使个人与认同来源保持持续联系的来源特征都可以刺激认同。这与薛哲等（2018）客户感知行为对品牌认同的影响的研究结论是一致的。综上所述，品牌认同会促使消费者产生更多的品牌偏好，形成更强的品牌社区意识，提高顾客满意度，客户忠诚度，增加品牌承诺，提升顾客回购意向，促使消费者产生更多支付溢价意愿，并带来更多正面口碑（Del Rio et al.，2001；Kim，2001；Kuenzel & Halliday，2008；杨雪，2016，等）。

第三节
积极心理

一、积极心理的内涵、研究内容和意义

积极心理（Positive Psychology）是20世纪90年代在美国兴起的一个新的心理学研究领域，它与传统心理学主要关注消极和病态心理不同，积极心理研究内容是利用心理学目前已经比较完善和有效的实验方法与测量手段，来看待正常人性，关注人类美德、力量等积极品质，研究人的积极的

情绪体验、积极的认知过程、积极的人格特征以及创造力和人才培养等，成为心理学的一种思潮（见表2–1）。积极心理的研究领域涉及有价值的体验，如幸福感、满足和满意（对过去而言）、希望和乐观（对未来而言）、充盈和快乐（对现在而言）。就目前积极心理的研究来看，其研究内容主要集中在三个方面：主观水平上的积极体验研究；个人水平上的积极人格特质研究；群体水平上的积极社会环境研究。

表2–1 积极心理研究内容

积极主观体验研究	积极情绪是积极心理研究的一个主要方面，它主张研究个体对待过去、现在和将来的积极体验。在对待过去方面，主要研究满足、满意等积极体验；在对待现在方面，主要研究幸福、快乐等积极体验；在对待将来方面，主要研究乐观和希望等积极体验
积极人格特质的研究	积极人格特质是积极心理研究得以建立的基础，积极心理学家认为，积极人格特质主要是通过对个体各种现实能力和潜在能力加以激发和强化，当激发和强化使某种现实能力或潜在能力变成一种习惯性的工作方式时，积极人格特质也就形成了。积极人格有助于个体采取更有效的应对策略，具体研究24种积极人格特质，包括自我决定性、乐观、成熟的防御机制、智慧等，其中引起关注较多的是自我决定性和乐观
积极社会环境的研究	马斯洛、罗杰斯等指出，当孩子的周围环境和教师、同学和朋友提供最优的支持、同情和选择时，孩子就最有可能健康成长和自我实现。相反，当父母和权威者不考虑孩子的独特观点，或者只有在孩子符合一定的标准才给予被爱的信息的话，那么这些孩子就容易出现不健康的情感和行为模式

资料来源：已有研究资料整理所得。

积极心理的研究继承了人文主义和科学主义心理学的合理内核，修正和弥补了心理学的某些不足，它一反以往的悲观人性观，转向重视人性的积极方面。心理学的目的并不仅在于除去人的心理或行为上的问题，而是要帮助人们形成良好的心理品质和行为模式。没有问题的人，并不意味着就能自然而然地形成一种良好的心理品质和行为模式。积极心理学作为当代心理学取向之一，从不同视角重新审视心理学的理论与研究，试图从元理论高度克服心理学面临的各种问题与困境，整合心理学内部的分裂与对峙，重构心理学的理论基础和研究视野。积极心理重视对心理疾患的预防，并认为它们在预防工作中所取得的巨大进步，主要来自个体内部系统的塑造能力，而不是修正其缺陷。积极心理研究认为，人类自身存在着抵御精神疾患的力量，预防的大部分任务将是建造有关人类自身力量的一门科学，其使命是探究如何在个体身上培养出这些品质。积极心理研究还认为，通过挖掘困境中的个体的自身力量，就可以做到有效的预防。若仅关注个体身上的缺点或弱点，其实并不能达到有效的预防效果。心理学的任务在于能够有效测量个体的积极心理品质，弄清它们的形成途径，并通过恰当干预来塑造这些心理品质。

二、积极心理研究的实践应用——积极心理干预的相关研究

国外学者研究中“积极干预”和“心理干预”应用较多，干预的效果也较好。Fordyce是首位尝试积极情感干预的研究者。Deckro等（2002）对问题大学生采用松弛和认知行为技巧的团体训练形式进行6周心理干预，每周一次，每次90分钟，发现训练对学生的焦虑、悲哀和压力水平有降低作用。West等（2004）的研究发现舞蹈和瑜伽都能减少大学生的负面情绪。Kim等（2004）对韩国某大学的女大学生进行为期6周、每周3次、每次30分钟的类似中国气功的干预，发现能改善焦虑、抑郁。国内现有研究主要集中于干预领域、干预方法、干预时间、干预效果几个方面。在干预的领域上，涉及医学界较多，其次是社区、学校和体育领域。医学领域主要是减轻某些严重疾病发生后的消极情绪反应程度。如国内学者李彩霞、王静（2006）研究发现积极干预可以有效减低产后抑郁症的发病率，可以缓解产妇产后出现不良情绪的影响，提高产妇生存质量。全小东等（2010）还认为积极干预可以有效减少慢性阻塞性肺疾病患者抑郁情绪，提高生活质量。社区领域大多侧重对老年人群体心理健康和幸福感的研究。如杭荣华等（2011）采用心理干预研究对社区空巢老人的抑郁症状、孤独感及幸福感的影响，发现有效的心理干预能减轻空巢老人的抑郁和孤独感，增强其幸福感。在体育领域，冯燕、魏真（2009）研究发现，对运动员比赛应对策略进行积极心理干预可以有效调节心态。教育领域的研究上，针对对象

既包括学生又包括教师，谢建军等（2010）从积极心理学视角对幼儿园教师主观幸福感进行干预，发现运用写幸福日志的方法能提高幼儿园教师的主观幸福感。庞超波、王洪礼（2009）研究发现积极干预对中学生学习焦虑有减轻作用。干预的对象中，包括不同年龄和不同身份的群体，其中有关个体的研究主要集中在不良情绪、心理压力和心理应激方面。干预的方法上，主要采用讲座和团体辅导形式，应用日记法、认知训练、感恩训练、情绪训练和行为放松训练也较为普遍。将被试分成实验组（观察组）和对照组（控制组），对实验组（观察者）被试实施干预方案，采用测验量表进行前后测比较，检验干预效果。统计分析多借助不同版本软件进行差异显著性检验、方差分析和回归分析。如谭健烽等（2008）对贫困个体的人格、社会支持及主观幸福感的干预采用团体辅导形式，采用肖水源编制的社会支持评定量表和美国国立卫生统计中心制定的总体幸福感量表分别测量支持利用度、客观支持等与主观幸福感的影响，发现团体心理辅导可以有效提高高校贫困个体心理健康水平。谢建军等（2010）采用日志法和牛津幸福感量表，对幼儿园教师主观幸福感进行干预，发现幸福日志的方法一定程度上提高了幼儿园教师的主观幸福感。此外，樊富珉（1999）研究理性情绪行为疗法，对个体心理健康的影响进行了探讨并做了部分实验研究，也取得了较好的干预效果。干预的时间和人数上，由于研究的目的和需求不同，积极心理干预方案时间和人数上的安排也没有统一标准。干预的时间上，根据现有研究，3周到1年不等，人数上最多可达上百人。时间次数和人数规模要充分考虑方案实施过程的各种因素和可行性。干预的效果上，国内外研究整体反映采用积极干预可以有效实现研究的预期目标。上述研究均可证明此论述。在心理学领域，积极心理干预的作用主要有增强公平感和减弱个体心理疼痛感的作用。

三、积极心理干预对个体心理健康的作用研究

关于积极心理干预提升参与者心理承压能力和心理健康方面的积极结果，已经在国外学校中得到广泛认可和实施。Seligman等设计并开发了Penn弹性训练计划（PRP），是目前最广泛的积极心理干预项目之一，主要运用认知行为疗法来提高学生的心理承压能力，教授学生现实思维，应对日常压力和处理青少年期常见问题的能力。2009年，Seligman在对17个研究结果的回顾中，将2000多名通过该项目的学生与对照组学生相比得出，弹性训练显著减少了抑郁症、绝望和焦虑症。INEAR计划是关于提升学生的心理弹性和幸福感的积极心理干预项目，研究者指出心理弹性是一种能力且可以发展。它可以通过个人内部资产对环境变量的指导性反应、对保护因素的发掘以及三者之间的相互作用来开发。参与INEAR项目后的学生，他们的幸福感、自我效能、与他人的积极关系都得到了提升，他们拥有了更多的心理资源以更好地处理和容忍不确定性。

我国学者也逐步转向积极视角开展医学生心理健康教育，李晶晶以积极心理学为理念，以建立积极的自我认知、发掘自身的潜力、积极地应对和建立积极的和谐关系这几个方面为出发点，对医学生的心理承压能力进行干预。干预后6个月的追踪测试表明，医学生心理承压能力的水平持续升高。王喆等对33名心理危机的医学生进行心理干预，其主要的干预方案为接受过去（感恩、宽恕），享受现在（投入、悦纳自我），改变未来（希望、乐观），其核心着眼于积极认知、积极情绪的培养和实际问题的解决，干预后追踪3个月发现，医学生健康状况呈上升趋势。作者提出心理治疗的目的不仅在于消除症状，更重要的是能够帮助其提高心理心理承压能力，引导个体对自身力量和潜能的开发与积累，自主构建良好的应对方式，有利于解决问题并预防复发，是积极力量的构建与螺旋上升。

第四节
励志及励志作品积极意义

一、励志内涵及维度

“励志”是指一种教育过程，其中以特定的方式和方法使用个人情感和认知来激发个人建立成就目标，维持其成就活动并改善其成功所需的个性心理（张旭，2003；Schulenberg，2003；彭聃龄，2004）。“励志”的内容在重塑个人的人生观和价值观方面起着重要作用，并且是个人发展的必要能力。

“励志”概念分为三个维度，分别激发个人建立成就目标，维持个人成就活动，改善个人的个人成就心理（马静、刘利才，2008）。励志电影和电视节目可以通过各种方式帮助人们增强意志力，或者刺激人们维持自己的成就活动（胡淑英、胡斌，2009）。能力是某些活动能否顺利完成的心理特征和心理条件。与人格相反，一个人的能力直接影响一个人维持成就的能力的效率。同时，个人在成就活动中发展自己的能力。动机技术或相应的激励措施旨在鼓励个人坚持成就活动，并在此过程中发展进行成就活动所需的能力。如自我完善、乐观、进取的精神，以及克服困难，解决困难和克服困难的精神（张旭，2003；彭聃龄，2004）。

心理氛围概念是用来描述环境刺激与人类行为之间动态和复杂关系的（Lewin，1951）。它是基于“场”理论基础上提出的一个概念。“励志”一般是由被称为“正能量”的东西引起的会让人想起积极、乐观等美好品质（Morgan & Dennehy，1997）。鼓舞人心的励志作品和其倡导的人生价值观更容易引起观众与他们情感共鸣（贺亚玲，2015；凤凰网，2017），这就是所谓心理氛围的“场”。在一个重视个性和价值观的社会中，仍然存在一些共同的价值观鼓励人们前进。它们通常是由励志电影和电视节目塑造的（胡淑英、胡斌，2009；韩芳，2015）。在真实的营销工作中，品牌故事建设中的励志内容应用也越来越广泛。

二、励志文艺作品和励志人设的积极意义

电影、电视剧、戏剧和小说等一系列故事形式的主题是这些文学和艺术作品的灵魂。主题主导着叙述的方式和方法（维森特，2004）。文学作品的主题应该与积极的信息联系起来，这可以引导个人朝着积极的方向行动。因为包含正面品牌信息的品牌故事可以使个人从现有的意识形态框架中移转，是他们对自己想要理解和接收该信息的积极看法（Denning，2001b）。

具有励志内容的品牌故事将与社会契约相同，能使听励志品牌故事的个体从品牌目标群体规范中学习并形成一定的人生态度和价值观念（Egidi & Gerrig，2009），实现“媒体涵化”效果（Gerbner，2002；Greene，1994）。“英雄形象”和“成功形象”是励志电影、电视剧、戏剧和小说等一系列作品中典型的励志人物。无论是普通的小人物还是历史上的大人物，文学和励志文学作品中人物的刻画都是“英雄”的标志性设置（贺亚玲，2015）。励志影片和其他文学作品中的励志人物形象常常与时俱进，引导个人对励志人物的“认同”。

励志主题文学作品中“正能量”的积极因素是个人产生这种“精神身份”的重要来源。“励志角色”源于现实，但又高于现实，所以，励志主题品牌故事中所展示的成功人士的模糊形象对个体尤其是对面对困境的绝望个体非常有吸引力。现实中消费者获得的励志角色带来的情绪助推主要是通过对情境刺激和身体反应冲动的评估获得的（Caputo & Rouner，2011）。在这个过程中消费者会产生“共鸣”（Lewin，1951），并假设他们是励志品牌故事中的主角，体验励志品牌故事中所描述的经历和感受来自生活的希望。希望是源于原始刺激加强的持久渴望，是面对绝望时的一种抗争情绪（Englander，1979）。

具有“正能量”的文学和艺术作品往往使人联想到乐观和无畏等有价

值的品质，这可以为研究人员在绝望和困难的情况下提供他们想要的最完美的视野（闫明，2013），并努力实现说服的效果。基于直接经验或替代经验的说服更为有效（Bandura，1977）。因此，消费者对励志文学艺术作品中励志角色的热爱和认可可以增强励志故事的说服力，并增强个人的现有认知和意愿（Graaf，2009）。

第五节 观察学习理论

一、观察学习理论概述

观察学习理论是由美国心理学家Bandura在19世纪60年代提出的心理行为学观点。根据Bandura的观点，由于人们有能力通过言语和非言语形式以及自我调节来获取信息，因此个人可以通过观察他人的行为和结果（角色模型）来学习和模仿。榜样不一定是真实的人，而是象征性的人（如电影或电视角色）或物体或动物（David，2005）。

在观察和学习的过程中，演示者在学习者中扮演着重要的角色。实验者不仅影响人们的行为反应（Cordovani，2015）。同时，在不同类型的示范性活动的影响下，人们还可以通过观察来学习很多东西。这种学习的内容包括言语、手势结构、认知策略、行为标准等（Bandura，1965）。因此，通过叙事传播的影响机制，品牌励志故事可以引起读者与叙事者之间的情感共鸣，从而增强读者的积极态度和品牌偏好。

Skinner（1999）的研究特别强调个体的行为受外部环境的控制。无论是加强惩罚还是减少奖励，所有这些环境都直接影响个人的行为和发展，该理论是环境决定论的典型代表。Bandura（1979）认为，个体的学习不仅发生在直接的操作条件下，而且还可以通过观察和倾听他人的叙述而间接地发生和形成影响，而对社会行为的学习更多地依赖于观察性学习。例如，当老师称赞活跃在教室中的学生时，这是对学生的直接强化，是对班上其他学生的间接学习。这就是Bandura所谓的观察性学习（Bandura，1979）。在个体观察学习过程中，其内在的认知会起着积极的调节作用。这是Bandura的社会学习理论与Skinner的操作学习理论之间的最大区别。

二、观察学习理论经典实验

Bandura（班杜拉）认为学习可以间接地形成，无须通过直接体验，大多数个体的学习是通过观察和模仿生活模型及榜样来完成的。这种学习还不需要Skinner强调的直接强化，而是主体和客体之间共同渗透的结果（傅宏，2015；Jie，2017）。

Bandura和他的同事设计了著名的Bobbi Dolls实验，并得到了来自斯坦福大学附属幼儿园的有效支持。他们发现攻击行为的水平几乎相同。从该实验可以得出两个结论：首先，在儿童中表现出攻击性行为不需要直接加强，但是可以通过观察成人行为来学习（Cordovani，2015）。模型行为对儿童的行为有重大影响，即使在不真实的情况下（如视频）也是如此。其次，成人行为的后果是儿童模仿和自发执行此类行为的决定性因素。儿童通过观察他人的行为以及他们从中获得的结果来学习，这称为观察性学习。

观察性学习可以通过观察他人的行为和后果来纠正这些反应，其是一个个体获得新的反应的过程（Backsanskij，2020）。在没有直接加强经验或没有直接反应的情况下，可以进行儿童的观察学习（Skinner，1999）。为成年模特提供糖果和零食可以有效地激励奖励小组中的儿童表现出更多的击球行为。同样，对成人榜样的批评和惩罚对惩罚团队起到了很好的威慑作用，减少了他们的攻击行为（Luluk，2017）。此过程称为替代强化（Cordovani，2015）。

与Skinner强调直接加强环境控制不同，Bandura的观察性学习和间接加强是积极的认知形式的学习，如表2-2所示。实验表明，与奖励组和惩罚组相比，惩罚组的儿童模仿的可能性较小，但他们仍然表现出一定的攻击行为频率。因为在观察学习的过程中，儿童不仅可以思考行为与结果之间的关系，还可以自由选择他们关注的榜样，并可以自己决定从榜样和学习中学习什么，是否显示他们学到的行为。Bandura强调了这样的观点，个体会用他们的眼睛和大脑来主动处理周围环境中的信息并不断调整其行为。即个体内部认知过程（如信念和期望）会影响外部强化的效果（Bandura，1965）。

表2-2 “经典性条件反射”和“操作性条件反射”的区别

		条件	行为发生频率	示例
强化	正强化	给予一个愉快刺激	增加行为发生的频率	某种奖励、奖品等
	负强化	摆脱厌恶刺激	增加行为发生的频率	考试第一名不用做家务
惩罚		呈现一个厌恶刺激	减少行为发生的频率	如体罚、谴责等
消退		无任何强化物（不理）	较少行为发生的频率	如不予理财

资料来源：Bandura A . Vicarious Processes: A Case of No–Trial Learning［J］. Advances in Experimental Social Psychology, 1965, 2: 1–55.

Skinner B F. Science and human behavior[M]. China Social Sciences Pub House, 1999.

三、交互决定模型

Bandura（1979）在早期的社会学习理论中认为儿童和青少年是可以朝多个方向发展的有活跃思想的个体。Bandura认为活跃的人（P），个人行为（B）和环境（E）之间存在相互作用。在其后来的理论中使用了互动决定论的概念来说明他对人类发展的看法。环境会影响孩子，同时，孩子也可以影响环境，环境和孩子之间互相影响。而人类的行为是由内在力量和外在力量共同决定的，不是两种力量的简单叠加，是一种有机的结合（Manorne，2020）。奖励和惩罚等这些外部的环境因素与信念，期望和动机等内部因素会相互作用，进而对个体产生影响。所以，个人行为、外部和内部环境等原因构成一个影响系统（Skinner，1999；Bandura，1965）。研究人员发现，系统中三个因素之间的影响是双向的。即系统中两个因素中的每个因素都相互影响。Bandura认为人、行为和环境之间会相互影响，而Skinner（1999）

则认为环境（E）影响人格和行为。这些理论进一步强调了儿童在自身发展中的积极作用及促进价值（Bandura，1978）。

第六节 “涵化”理论

一、“涵化”理论概述

“涵化”理论认为大众传播媒介的传播内容往往具有一定的意识形态倾向，潜移默化地影响着人们的世界观和价值理念（Gerbner，1976；韩芳，2015）。“涵化”理论源于对电视节目影响力的研究。在20世纪中叶，电视在美国的普及率较高，这也意味着电视逐渐成为最有影响力的大众媒体。

当时，美国的恶性暴力事件接连出现，电视传播暴力的问题越来越引起人们的关注。美国国会拨款用于建立区域性原因和预防暴力委员会，以研究暴力与电视媒体之间的关系。Gerbner和其他学者进行了这项研究，Gerbner通过对电视效果的长期研究提出了“涵化”理论。首先是要验证电视作为信息系统是一致的这一假设，并解释不同类型的程序是一致且稳定的信息系统。在观看更多电视的大量观众中，这种趋势更加明显。“涵化”理论一经提出，已成为引领大众传播研究方向的重要途径，但也受到学术界的质疑和批评。

Gerbner等（1980）又提出了修正的概念，即主流化和共鸣。电视媒体在当今社会的主流价值观中扮演着重要角色。考虑到观众的不同特征，有关电视暴力的信息可能高度重叠，并且与观众所经历的社会环境保持一致。在某些特定群体中，有关电视上暴力行为的信息的共鸣可能使含义更加突出。郭中实（1997）是第一位全面和系统化地研究“涵化”理论的中国学者，他认为，知识化理论可以分为两部分：信息化系统和知识化效果。刘晖（2011）指出，在方法论和概念内涵内，文化理论的矛盾在于电视内容是同质的，通过直线关系和电视媒体来涵化关系，并发展出是否存在文化观念、个人的社会现实，甚至对自我概念的影响。因此，该理论的实质是探索媒体对事实信息的长期传播将在多大程度上影响个人对相关现实和相关自我概念的概率的判断。

其他学者结合其他学科进行研究，分析了“涵化”理论的最新发展成果，即直观处理模型，并结合现有的心理学研究结果讨论了可能导致该模型有效性的几个关键因素（林功成、李莹，2012）。影响涵化效果的阶段和水平也不同：一方面，可以从涵化效果形成的心理活动的内在过程中进行论述；另一方面，有必要提及媒体现实背后的各种力量及其对社会文化的影响。

二、涵化媒介形式

CT理论是电视时代的产物，它认为电视在共同信念、价值观和意识形态的涵化中起着极其重要的作用（Gerbner& Gross，1976；Gerbner et al.，1980）。由于互联网的特性，可视化理论发生了一些变化。主要原因是对受众的单向线性影响已变为受众与媒体之间的双向交互（吴倩，2017）。随着数字技术的发展，“涵化”理论已不仅限于电视和暴力，而是逐渐扩展到互联网等大众媒体与新媒体之间以及政治、环境和职业等多种因素之间的关系。

传统媒体的传输方式是单向、线性和不可选择的。特别地，信息在特定的时间内由信息发布者发送给听众，听众是被动接受的，在此期间几乎没有反馈。这种静态传输方式使信息无法流动。而新媒体的传播是双向和互动的，受众通过在互联网环境中的积极参与和互动而传播。在一项新的主动接受新媒体话语文化适应的行为中，这些行为和因素正在影响着文化适应理论。互联网环境的理论框架以及对效果的评估，也影响了研究人员发现受众对互联网的认知和价值。石长顺和周莉（2008）认为，新技术在传播的内容、形式和接受形式上的变化给传统的“涵化”理论模式带来了巨大的挑战。媒体的新形式和互动性改变了传统涵化模型的线性正相关关系。并且，在新媒体背景下建立了涵化的多元认知模型。

但是，新媒体环境中的问题在于，由于新技术的存在，媒体所有权过于集中。媒体内容增加的背后是少数垄断组织的控制权，为少数群体服务的“涵化”理论的本质似乎保持不变。网络涵化具有多空间性、精确性、破坏性、无结构性和穿越时空的特征，与传统媒体相比，个体行为涵化具有更多的可变性。

三、“涵化”理论应用领域

关于“涵化”理论的研究主要集中于性别角色、年龄、健康、科学、政治、宗教、少数民族、环境保护等领域（郭庆光，1999；张昆，2003；张蕊，2019，等）。在一项关于年轻人的负面影响的研究中发现，与儿童相比，在童年和青春期花更多时间看电视的年轻人更有可能被定罪为犯罪行为，更易被诊断出患有反社会人格障碍并且更具攻击性的人格特质（Robertson L. A et al.，2012）。

关于儿童的认知问题，张蕊（2019）指出，在互联网时代的涵化——逆向涵化——涵化的互动关系中，短视频以简短流畅的娱乐方式巧妙地涵化了儿童的心理认知和行为风格内容。短片的使用记录将“反向纳入”媒体。该平台将记录和跟踪儿童观看短片的行为，利用技术分析儿童的习惯和偏好，并相应地推动他们。短视频媒体通过不断地推送与孩子的原始观点相同或相似的信息来再次“遏制”孩子，以使他们在短视频所建立的乌托邦中不知所措。

就政治和社会领域相关问题的研究而言，政治社会化研究将媒体视为塑造公众政治态度的重要机构，认为媒体可以帮助公众分享与社会和政治环境有关的常识，从而形成公众意识的意愿和表达意见并达成政策共识（张昆，2003）。杨晓峰（2007）分析了国产电视剧对观众的影响。

消费主义倾向在中国电视剧中出现，尽管它在促进社会经济方面发挥了积极作用，但过度消费主义对中国观众的社会心理和消费方式影响不大。因此，迫切需要发挥中国电视剧在构建和谐社会中的人文内涵。在与消费有关的问题上，当电视上各种文化叙事和视觉艺术手段建立起消费主义文化意识形态时，用无数的符号和图像产生消费主义的模仿环境，观众长时间获取相关信息，往往会失去对现实的准确把握。它的生活方式和价值将通过消费主义来适应（郭庆光，1999）。在商业利益的推动下，体育媒体通过各种大众媒体吸引或诱使人们挖掘其原始欲望和宣传符号消费并吸收受众意识（董青等，2010）。

随着场景的变化，大众媒体如蒙太奇、怪异的特技，视觉文化的传播和标准形象的建构，打破了全民的正常视野，引导人们在现实中展现自己。徐蒙（2018）从文化消费的角度，运用“涵化”理论来部分解释中国大学生对华东地区定型观念的形成机制。

四、涵化效能的测量

对涵化理论效能的研究主要有两个层面：第一个层面侧重于电视观众对现实世界中事件发生频率或概率的估计；第二层面侧重于受众的判断或价值观，并评估受众对社会现实的一般信念，它不涉及电视内容的量化。第一个想法与现实世界的情况可以进行比较，而对于第二个想法，则没有客观标准可以衡量。例如，调查研究经常会问诸如“每周有多少百分比的当地人卷入暴力”和“晚上独自在您家附近散步安全吗”之类的问题。对于第一个问题，要求受访者以数字或百分比来回答，研究人员可以比较实际数据，以查看重型和轻型电视观众之间是否存在显著差异。第二个问题只要求被试回答“是或否”，并没有客观数字可与之比较（林功成、李莹，2012）。

杨俊（2012）从电视剧观众对青少年价值观的影响角度研究了观众的观看行为，参与程度和价值观涵化之间的关系，并使用了价值观涵化效果问卷进行了测量。玉凤（2017）通过问卷调查研究了在线娱乐对观众的淘汰效果。根据受访大学生的身份，在线娱乐的影响包括学习、人际交往和个人信心的影响。而通过影响的相关性研究，可以了解网络娱乐的影响程度。

第七节 文献述评

品牌故事是一种特殊的媒介，它使消费者沉浸在故事中以影响他们的态度和认知。品牌故事的核心是企业对消费群体的承诺（Green，2004）。消费者群体通过品牌故事体验品牌的特定价值，感知品牌故事向他们展示的特定生活方式，进一步增强其购买附加值的动力（Fanning，1999），达到改善消费和生活的目的，并且更有意义（Shankar et al.，2001）。以往关于品牌故事的研究主要从品牌故事的叙事创造（汪涛等，2011）、传播手段（Cracken，1989）和传播意义（Fanning，1999）的角度，阐述了品牌故事对消费者购买意愿的影响。由于客户需求的多样化和多变性，企业的品牌故事也需要不断创新以更好地影响和留住客户（汪涛等，2015）。

“励志”是积极情绪的感染。“励志”在重塑个人的人生观和价值观方面起着重要作用，是个人发展的必要能力（张旭，2003）。“励志”的概念分为三个维度：激发个人建立成就目标，维持个人成就活动，改善个人的成就心理（马静、刘利才，2008）。励志电影和电视节目可以通过各种方式帮助人们增强意志力，或者刺激人们维持自己的成就活动（胡淑英、胡斌，2009）。能力是某些活动能否顺利完成的心理特征和心理条件；同时个人在成就活动中发展自己的能力。激励措施旨在鼓励个人坚持成就活动，并在此过程中发展开展成就活动的必要能力（张旭，2003；彭聃龄，2004）。

品牌认同是品牌价值的反映，它对消费者的感知和行为产生重大影（Kim et al.，2001）。品牌认知将促使人们产生更多相应的品牌偏好（Tildesley & Coote，2009），形成更强的品牌社区意识，提高满意度，提高回购意向（Kuenzel & Halliday，2008）以及消费者愿意支付溢价的意愿（Del Rio et al.，2001）、客户忠诚度（Kim，2001）和品牌承诺，并带来正面的口碑（Del Rio et al.，2001）。品牌价值与品牌目标消费群体的价值之间的匹配非常重要，这意味着品牌可以帮助个人满足其自定义需求，即使没有人际关系，品牌认同还可以帮助消费者实现其标识。时召倩（2014）发现，消费者和品牌价值之间的一致性会积极影响他们的品牌认同。

"涵化"理论认为，个人将在各种媒体的影响下接受媒体内容所描绘和传达的理想、信念、态度和价值观（Greene，1994；Gerbner，2002）。人们通过叙事故事中的人物或场景进行识别以及通过阅读使自己沉浸在故事的想象境中而产生的情感体验的心理过程（Green，2000）可以增强个人的积极认知和积极情感，从而提高故事的说服力。观察学习理论认为，人们能够通过言语和非语言形式以及自我调节来获取信息，个人可以通过观察他人的行为和结果（榜样）来学习和模仿（Bandura，1965），而被他人观察和学习的任何对象都可以被称为示例或榜样（Bandura，1965；David，2005）。

综上所述，励志品牌故事提供了一个变化的"承诺"，隐含地向消费者保证，一旦购买或使用故事中的品牌，它就可以实现与励志故事中的主角相同的能量和价值。通过编码和使用角色特征（如励志人设），可进一步理解故事（Love et al.，2010）。有关这种隐喻性变化的信息被附加在故事的表面之下（Denning，2004）。如果消费者能够找到它并将其转化为自己的信息，那么故事就更具说服力（王承璐，1987）。通过叙事传播的影响机制，品牌励志故事可以激发读者与讲故事者的情感共鸣，从而增强读者对品牌的积极态度和认同感。品牌故事独特的"涵化"功能可使故事成为富含积极思想向消费者传播、影响消费者的生活观和价值观，并促使消费者模仿。因此，消费者对励志文学艺术作品中励志角色的热爱和认同可以增强励志故事的说服力，增强个人对品牌的认同感，从而实现其市场和社会价值（Graaf，2009）。

价值维度是价值视角，它是一个多方向、多角度、多层次的条件和概念，用于从价值的视角和层次来判断、解释、评估和确定对象的价值（何庆明，2006；金立印，2007）。尽管励志品牌故事的价值已在营销实践中得到广泛重视，并且在理论上进行了大量相关研究，但在理论界仍然缺乏对励志品牌故事的价值维度的明确定义。同时，尽管近年来，有关弱势群体的文学和艺术作品已在国内外进行了深入研究（Baena，2016；Davis，2002；Solomon，1917；姚莉，2016），但在营销领域，国内外关于积极主题对消费者品牌认同的影响的研究很少；将励志弱势个体作为励志品牌故事的人设并影响消费者品牌认同的研究也较少。企业励志品牌故事需要不断创新才能更好地影响和留住客户。为了更好地吸引和打动多样化的需求，如何建立更深刻、更富社会鼓舞性的品牌故事，已成为企业在提高产品品牌文化精神时要考虑的重要问题。因此，研究和探讨励志品牌故事的价值维度及其对消费者品牌认同的影响是必要且可行的。

本书对励志品牌故事的价值维度进行识别和测量，确定了励志品牌故事的价值特征，为后续研究提供了理论依据；在此基础上，研究励志品牌故事的价值维度对消费者品牌认同的影响和励志品牌故事价值维度中的人设特质性对消费者品牌认同的影响。本书不仅具有重要的学术意义，而且具有重要的社会意义。

第三章

励志品牌故事价值维度识别及测量

CHAPTER 03

第一节
问题引出

2018年5月10日，在第二个“中国品牌日”《中国经济周刊》发文《第二个“中国品牌日”启幕，讲好中国品牌故事》(周琦，2018)。业内人士认为，当前已经进入“品牌+”时代，品牌背后是文化和价值观，而品牌故事就是很好的品牌文化和价值观的体现，这也是近年来越来越多的企业使用励志品牌故事的营销方法来增强消费者的品牌认同的原因。如“耐克”的“Dream Crazy”视频广告同时包括健全和非健全的16位运动员，以如何面对各种人生挑战达到成功的励志故事为主题，唤起普通消费者对人生挑战的梦想，从而促使消费者产生对企业更多的品牌认同（搜狐，2018）。再如红牛的极限运动（见附录图3-1），它代表了一种能量十足的突破极限的生活方式。

较之其他类型的品牌故事，由励志品牌故事塑造的励志人物的榜样作用更能深刻地撼动消费者的内心（贺亚玲，2015），影响消费者的理想、信念态度和价值观，引发个体的积极认知和情绪。同时，还会因为榜样的示范力量和价值，“引导适当的操作”，改变消费者既有认知。观察学习理论认为，个人不必要亲身经历，可以通过观察他人的行为和结果（榜样）来学习，进而获得示范活动的象征性表象，并引导适当的操作（Bandura，1965）。

价值维度的实质就是以价值主体为起点或以价值对象为起点来分析和

评价整个价值关系的问题（李培超，2008；王荟博、戴志敏，2013）。维度是观察事物或问题的角度。根据传统的价值标准，价值维度是界定价值关系的角度。价值关系是价值主体与价值客体之间的相互作用。因此，传统的价值维度以价值主体为出发点，来考察主体与客体间的价值关系（何庆明，2006；金立印，2007）。虽然励志品牌故事的价值在营销实践中被广泛重视，在理论方面也有不少的相关研究，但理论界至今缺乏对励志品牌故事价值维度的明确划分。

扎根理论研究基于归纳逻辑，无须事先组织，依靠收集信息并获取特定现象的数据，然后获得理论的定性研究方法（Strauss，1987）。扎根理论研究是一种相对较新的研究方法，不同的学者对扎根理论研究方法有不同的理解和看法（Glaser，2001）。在运用扎根理论验证励志品牌故事价值维度的过程中，本书将采用个人访谈、焦点小组、案例分析、调研、实验和仿真等方法，通过收集数据，对数据进行分类和编码、比较和重新分析数据形成理论并进行写作的研究路径，验证励志品牌故事的价值维度，丰富和发展品牌故事的理论研究（陈向明，1996）。

离散因子分析（Latent Category Cluster Analysis，LCCA）是潜变量分析的一种，其是将潜变量理论和分类变量结合的一种统计分析技术，是验证存在统计学关联的分类外显变量背后的类别潜变量的最优技术（邱皓政，2008）。变量按其数值表现是否连续，分为连续变量和离散变量。为了更好地基于问卷数据进行营销实践分类，学者们引入离散因子分析用以替代传统的聚类分析（齐向武、陈东、牛志礼，1992；Hagenaars & McCutcheon，2002；Vermunt & Magidson，2004）。离散因子分析包括探索性分析和验证性分析两个方面（Magidson & Vermunt，2010）。

本章基于对励志品牌故事以往实践应用、理论基础等方面的梳理，运用扎根理论研究和离散因子分析对励志品牌故事的价值维度进行识别和测试，以确定励志品牌故事自身价值特征。从理论上丰富了励志品牌故事研究内容，同时为第四章的励志品牌故事价值维度对消费者品牌认同影响的价值识别提供理论支持。

第二节
理论基础

一、励志品牌故事效用研究

随着励志品牌故事在实践中的广泛应用，探讨励志品牌故事价值和应用的文献也相继出现。品牌故事也可以看作企业对消费者的教育，而这种功能来自故事的教育作用。励志人物形象和时代往往会共同成长，并且个人对励志人物的“认同”也应运而生。励志角色“识别”是一个渐进的过程。在这个过程中，个体的自我意识逐渐消失，并被强烈的情感暂时取代，在个体和角色之间建立了一种精神上的联系（Cohen，2001）。

励志品牌故事中的“励志”因素是个人“精神身份”的重要来源。具有“励志”的故事往往能使人联想到积极的品质。它可以带来绝望状态下最完美的期望（闫明，2013），并努力增强说服力。基于直接经验或替代经验的说服更为有效（Bandura，1977）。因此，消费者对励志文学作品的喜爱和对励志角色的认识可以增强励志故事的说服力，并增强个人现有的认知和意愿（Graaf，2009）。Zemke（1990）提出了故事在教育学中的作用。品牌故事还可以使消费者通过寓言故事更快、更有效地理解品牌内涵和想法。他或她回到对意义或经验的类似个人理解上（Sandra Morgan & Robert，1997）。

好故事可以使每个人接触熟悉的事物，并展示有关世界、生活和自己的新事物。因此，励志品牌故事可以通过故事中的体验使消费者产生深刻的感觉，尤其是诸如家庭、友谊和爱情等主题的励志品牌故事更容易引起消费者的积极情绪（Bell，1992）。彭传新（2011）指出，励志品牌故事与一般广告大不相同。积极情绪是指愉悦和幸福的主观体验，励志品牌故事包含积极的情绪。对积极情绪体验的研究集中于积极主观体验。积极的情绪状态可以促进心理健康，扩展个人的即时知觉和行动能力，使个人能够及时适应负面情绪，并提高个人的心理适应能力（seligman，2000）。有些研究认为，基于直接或替代经验的说服更为有效（Bandura，1977）。

励志品牌故事非常重视与消费者建立成功的情感传递，而带有积极信息的励志品牌故事可以使个人从现有消极的思维框架转移到他们想要理解和接收信息的积极情绪上（Denning，2001b；应通，2015）。以往关于励志主题品牌故事的研究主要集中于三个方面：首先，以往众多的文献涉及励志品牌故事人设的榜样性作用。以往研究中励志品牌故事的价值会通过引人入胜的故事人设的榜样性达到无形影响个体的作用，进而使个体接受企业理念、品牌信息（Pulizz，2012；Holliman，2011）。其次，以往文献中对励志品牌故事中积极因素的探讨也有很多阐述。因为励志品牌故事中含有积极情感成分，所以其对个体具有促进良性情感的产生，纠正其不良心态的作用（VanDoorn，2010；张梦倩，2017）。最后，以往对励志品牌故事宣传作用的研究也比较集中。以往研究认为励志品牌故事的宣传效用比一般的品牌故事更强，因为积极的情感更深入人心，能更好地沟通和交流（Rowley，2014；孙天旭，2016）。关于宣传效用的研究还比较多地集中于不同品牌故事传输方式的探讨，比如，对话应用的广泛性和有用性，以及顾客互动的选择优势等方面（范秀成，2006；Holliman，2014）。

励志主题相关材料主要用于广告领域（黄敏学等，2015；Lea，1998）。基于以往叙事传输的研究，励志故事的“励志”身份是内部信息来源，它能够使人们更加相信这种信息来源更可靠，从而提高信息的说服力。对品牌而言，这是一种消费者能够很清楚地感知到的具备特定文化意义的有效结合，这点决定了品牌故事所传达的品牌文化意义的转移成功（Mccracken，1989），是研究的一个新的着眼点和突破点。

二、扎根理论研究假设基础及运用条件

扎根理论起源于20世纪60年代哥伦比亚大学的学者Barney Glaser等对

垂死患者的现场观察过程（郭志刚，1999）。扎根理论研究基于归纳逻辑，无须事先组织，而是收集信息并获取特定现象的数据，从而获得理论定性的研究方法（王锡苓，2004）。

扎根理论具有三个不同的方向：系统编程方向、新兴设计方向和建构主义方向（Strauss，1987；Glaser，2001）。扎根理论研究包括理论验证和发展理论（Strauss，1987；Glaser，2001）。因此，扎根理论研究是演绎和归纳逻辑的综合研究方法。扎根理论研究继承了芝加哥学校的研究工作与工作生活相结合的传统。劳动社会学是芝加哥学派的一个分支机构，该学派假定“变化是社会生活中的连续发生”（陈向明，1996）。

但是社会发展的具体方向需要加以解释，且工作社会学主张这种互动。扎根理论研究需要在一定的条件下运用。首先，必须有理论上的敏锐性。扎根理论研究要求研究人员对可能隐含在数据中的理论信息具有敏锐的意识。使用扎根理论研究的研究人员需要充分理解所研究的信息，才能充分解释所获得数据的真实含义。为了提高理论的敏感性，进行扎根理论的研究人员必须充分阅读文献，积累足够的专业研究相关经验，并具有与问题相关的丰富个人生活经验（Strauss，1987）。其次，必须保证研究标准的执行。研究方法的应用必须符合研究方法的标准，并且对扎根理论研究标准的不同方向有不同的理解。同样，必须有高素质的专业研究人员。扎根理论研究的研究人员应将相关问题和自己的“社会学知识储备”引入数据分析中，具有提出有关问题的能力，并具有以反思的方式构建自己理论的能力。

三、离散因子分析概述及概率结构

因子分析是指研究从变量群中提取共性因子的统计技术（齐向武、陈东、牛志礼，1992）。因子分析方法有两类：即探索性因子分析和验证性因子分析（郑家亨，1995）。相较于传统聚类分析，离散因子分析根据指定的概率结构构建观测值的似然函数，然后基于极大似然原理对概率结构中的参数进行估计（郭志刚，1999）。个案依据属于某一类的后验概率大小进行分类，而不是像传统聚类那样基于“距离”远近进行分类。类的个数可基于各种信息统计量确定［如赤池信息准则（AIC）、贝叶斯信息准则（BIC）等］。

几乎所有类型的变量均可以用离散因子分析进行分类，而不像传统聚类分析那样为了计算“距离”，只能分析定距尺度变量（Magidson & Vermunt，2010）。极大似然估计的结果对于数据的线性变换保持不变，因此，在进行离散因子分析的时候，数据无须标准化。而传统聚类分析需要对数据进行标准化以避免数据异方差对于分类准确性的干扰（Magidson & Vermunt，2002a，2002b）。离散因子分析概率结构如下：

$$P(y_{i1}=m_1,y_{i2}=m_2,\cdots,y_{ij}=m_j) \\ =\sum_{x_1x_2,\ldots,x_n=1}^{k}\left[P(x_1,x_2,\cdots,x_n)\prod_{t=1}^{j}P(y_{it}=m_t\mid x_1,x_2,\cdots,x_n)\right] \quad (3.1)$$

其中，$P(x_1,x_2,\cdots,x_n)$表示潜类别分别取值为$x_1,x_2,\cdots,x_n$时的概率。其余表达式含义与潜类别聚类分析的概率结构相同。$P(y_{it}=m_t\mid x_1,x_2,\cdots,x_n)$参数化为如下表达式：

$$P(y_{it}=m_t\mid x_1,x_2,\cdots,x_n)=\frac{\exp\left(\eta^t_{m|x_1,x_2,\cdots,x_n}\right)}{\sum_{m'=1}^{M_t}\exp\left(\eta^t_{m'|x_1,x_2,\cdots,x_n}\right)} \quad (3.2)$$

其中，$\eta^t_{m|x_1,x_2,\cdots,x_n}=\beta^t_{m0}+\beta^t_{m10}x^{1*}_{x_1}+\beta^t_{m20}x^{2*}_{x_2}+\cdots+\beta^t_{mn0}x^{n*}_{x_n}$，$\beta^t_{m10},\beta^t_{m20},\cdots,\beta^t_{mn0}$类比因子分析当中的因子载荷。$P(x_1,x_2,\cdots,x_n)$参数化为如下表达式：

$$P(x_1,x_2,\cdots,x_n)=\frac{\exp\left(\eta_{x_1,x_2,\cdots,x_n}\right)}{\sum_{x_1',x_2',\cdots,x_n'=1}^{K}\exp\left(\eta_{x_1',x_2',\cdots,x_n'}\right)} \quad (3.3)$$

其中$\eta_{n_{x_1},x_2,\cdots,x_n}=\gamma^1_{x_10}+\gamma^1_{x_20}+\cdots+\gamma^1_{x_n0}$，概率结构中，$\beta^t_{m10},\beta^t_{m20},\cdots,\beta^t_{mn0}$，$\gamma^1_{x_10},\gamma^1_{x_20},\cdots,\gamma^1_{x_n0}$为待估参数。

第三节
研究设计

本书首先采用定性研究方法，根据扎根研究方法的研究路径（王锡苓，2004），通过深度访谈获得样本数据，然后采用扎根理论方法对访谈数据进行分析。在此基础上，构建励志品牌故事的价值维度。研究的访谈要点在访谈的早期阶段列出，不需要设定研究假设和范例，以此提高访谈的效率和可靠性（简明、金勇进，2004）。

受访者共45人，具体被访者人口特征如表3–1所示。每次采访时间约为30分钟，首先向受访者说明什么是“励志”，并通过一些示例向研究人员展示访谈的主题。在受访者弄清基本概念之后，让他们阅读励志品牌故事，说明他们的想法、思想和观点。本访谈大纲主要分为四部分：受访者的基本个人信息，他们认为具有启发性品牌故事的品牌，从“励志”角度描述品牌故事的含义和特征，同时从“励志”的角度看品牌故事的价值和作用。其中，受访者基本个人情况包括受访者的年龄、性别、职业、教育程度四个方面。

正式访谈的问题为“您在日常生活中对哪些品牌印象深刻？”“哪些品牌拥有品牌故事？”“哪些品牌的品牌故事是励志性的？”“您认为励志品牌故事具有什么样的特点？”“您认为励志性品牌故事本身具有什么样的积极作用和意义？”“从这些励志性品牌故事中您能获得什么有价值的启示？”“您认为企业可以通过开展励志品牌故事营销获得什么好处？”且在访谈之前，访问者对预想发生的一些意外问题进行了预处理，这些问题包括“被访谈者不愿意回答”“访谈的地点选择不合适”“访谈中被访者出现意外情况”“被访谈者不愿认真回答”等问题。

表3–1　　被访者人口特征

内容	类别	受访者（人）	比例（%）
性别	男性	23	50.7
	女性	22	49.3

续表

内容	类别	受访者（人）	比例（%）
年龄（岁）	18—23	11	23.8
	24—34	19	43.2
	35—45	14	31.5
	46以上	1	1.45
教育程度	中专	5	10.2
	大专	13	28.3
	本科	17	41.4
	硕士及以上	10	20.1
职业划分	学生	14	31.5
	公务人员	15	32.3
	企业员工	14	31.7
	家庭主妇	2	4.5

资料来源：本研究整理所得。

正式访谈开始。向45位受访者提供励志品牌故事的示例，采访是开放式访谈，总共展示了20个品牌故事。其中，排名前5位的品牌是“德芙”（3）、“华为”（12）、“李宁”（8）、“可口可乐”（6）、“江中制药”（17）。这些品牌中都包含有不同的品牌故事。

“德芙”巧克力的由来是一段恋人错过彼此的凄美爱情故事（品牌网，2017）。爱而无果，最终遗憾终生的“德芙”品牌创始人莱昂创造了“DOVE”这个品牌，即“DO YOU LOVE ME”。这个品牌的思想是，当心爱的人给您Dove巧克力时，不要错过机会，这就是他们爱您的证据，即“您不能拒绝巧克力，就像您不能拒绝爱”。“德芙”巧克力在市场获得成功。只要是情人节，“德芙”一定是畅销品。“德芙”品牌后来为品牌创作的一系列广告故事都表达了一个主题——“为爱逆袭”，即鼓励每个人要勇敢追求自己的爱情，追求自己的美好生活。其中由邓紫棋代言的“德芙”的广告——“雨天的故事”就讲述了一个普通的咖啡馆服务员“设计”和自己心爱的男子“偶遇”，最终获得美好爱情的过程，其经典台词就是：听说下雨天，巧克力跟音乐更配哦！（见附录图3–2）。“德芙”推出的一系列类似的品牌故事鼓励人们去勇敢地追求属于自己的幸福，激励人们寻找属于自己的美好生活。

在全部访谈结束后，对访谈材料进行整理，并将录音转成文字稿。相关的研究人员对转成文字稿的材料进行系统的筛查和初步的分类。然后，研究人员根据现有的扎根理论的三个步骤，即开放编码、主轴编码和选择性编码，逐渐对文本数据进行编码，从而建立励志品牌故事的价值维度（Pirinsky，2013）。研究人员通过不断的比较分析方法来细化研究材料的概念和类别，从而进一步进行理论的分析和归纳，并不断地对理论进行总结和修正，直至达到理论饱和为止，并最终完成对励志故事品牌价值维度的分析。

第四节 题项归纳与整理

一、开放编码

第一步，进行开放式编码。开放式编码是扎根理论的基础，是研究者就研究问题进行聚敛的过程（Strauss，1987；Glaser，2001）。从访谈中获得的原始数据逐渐被整合，数据的内容由抽象的概念和类别反映出来。在概念化和分类的过程中，尝试将数据中的原始语句用作标签并形成初始概念。

通过整理和分析数据，从本书的资料中获得了41个概念，通过消除无效和重复的概念获得了10个类别（见表3–2）。

表3–2 开放式编码形成的范畴

范畴	概念	原始语句（初始概念）
故事人物具有榜样性	人设处于某种艰难境遇，故事人设是具有特质的，这些特质使励志品牌故事的人物更丰满	A26好的故事能够使个体移情，在品牌中找到自我和慰藉 A45一个具有积极意义的品牌故事能够强化其使用的经验感觉，增加其对品牌的忠诚 A03弱势个体的励志人设更容易获得情感共鸣 A02人设的转化易形成鲜明的对比，达到励志目的 A17讲述者如果不是故事的参与者，会让人感受到老朋友讲故事的效果，更容易引起个体的关注 A25引导个体从“我”的角度感知世界，进而产生心理共鸣

续表

范畴	概念	原始语句（初始概念）
人物励志过程能够引发共鸣	励志人物的事迹能够满足情感需求，以理服人，以情动人给消费者留下深刻印象	A01 品牌故事能发现受众的“痛点”，进而深入挖掘他们的心理需求 A13 应该是反映社会问题、勇敢面对生命，传达人间真善美的作品 A24 生活遇到的困难，因为爱而鼓起勇气，冲破困难，努力向前
向个体传达激励信息	向消费者传达勇于面对挫折，努力拼搏，振奋个体精神，摆脱困境的积极信息	A01 思考生命的意义，活着的价值，重新审视梦想的意义 A22 励志的画面、激昂的音乐、振奋人心的旁白或字幕 A12 通过梦想、挑战、勇敢、坚持等语言的运用达到励志的效果 A26 鼓励个体发挥一切潜能，接受新挑战，感受新冒险，寻找心灵需要的精神与力量 A45 每一种成功都离不开“煎熬”，所以应该坚持
激起个体成功欲望	励志角色的成功促使个体能够树立成功目标，产生较强的成就动机	A01 品牌故事能使个体将梦想付诸行动，鼓励个体去做想做的事，不做空想家 A45 鼓励追求梦想和成功，即使天赋和资源有所不同 A45 利用生活中普通个体的成就事迹构造出来的故事能引起更广范围的效仿 A27 离成功好像很遥远，但是又很近，关键是否努力了 A33 不仅能让消费者深刻领悟，还能引起品牌的二次传递
塑造品牌精神	能够通过故事凝练品牌的意义、象征、情感和品位等文化	A01 从故事的角度阐释了品牌精神的建设过程 A12 通过励志故事的传播塑造出一种专属的具有凝聚力的精神，有力地传递着属于品牌的精神力量 A26 一个人的拼搏很多时候不是成为名人，而是为了战胜困苦进而超越自己 A45 重新定义输赢，传递一种能量，将品牌精神和故事完美结合传输 A17 故事中的乐观精神，积极态度，梦想追求的精神创造了品牌的附加价值
说服受众坚持梦想	鼓励个体持之以恒，不畏艰难险阻，奋力拼搏追求理想状态	A12 可以定义自己的人生，因不想脆弱，所以奋不顾身 A26 贫民坚持不懈追求成功的故事更能够打动个体心灵 A33 故事告诉众人的眼光可能给力量，但是更多的可能是歧视和嘲弄，摒弃他人的冷嘲热讽，坚持自我
提升品牌知名度	故事能调动消费者的积极情绪从而留下深刻印象	A01 可以使更多人通过具有激情感染力的故事记住品牌 A11 励志类故事能够制造情绪记忆，区别于其他类型品牌宣传内容 A26 通过各种刺激手段，调动消费者某种情绪进而达到和品牌的共鸣 A45 这种情绪记忆相比于其他记忆更长久，对品牌的记忆甚至是终生难忘

续表

范畴	概念	原始语句（初始概念）
创造品牌情感	能够通过励志故事反映个体与品牌相联系的审美性、情感性	A01能够通过一种格调、氛围、精神世界，达到个体某种特定的情感需要，进而对品牌产生深层次的心理定势 A12能使个体升华理想的层面，从认同到依赖 A45建立品牌感情是一个长期的过程，一个有意义有价值的故事可以使个体更能记住品牌
增强品牌认同度	能够通过励志故事提升个体对人物角色的肯定进而获得品牌认同	A12能够提供一种深度的理念嫁接，这种理念嫁接不是表面化的，它能将品牌核心价值移植到消费者的概念体系中 A26一个具有积极意义的品牌故事能够增强消费者对品牌的好感 A45独特的故事为企业做出了巨大的贡献，获得消费者对品牌的认可
提高品牌忠诚度	能够通过励志故事增强个体对品牌好感，提高品牌重构	A01励志故事在增强个体对品牌的新的态度方面发挥功能 A12对于提升销售量而言，绝大多数的消费者的消费忠诚度和一个具有积极意义的品牌故事有关 A26品牌忠诚度是品牌和消费者一起相知相惜的成长过程

资料来源：本研究整理所得。

为了确保分析结果的一致性，数据整理进行两次。在两次归类中分析不一致的概念，会由第三次归类决定如何对差异进行编码。比如对于“向个体传达激励信息”这一范畴经过三人沟通和协商，经过对众多资料的整理，获得了“A01思考生命的意义，活着的价值，重新审视梦想的意义”“A22励志的画面、激昂的音乐、振奋人心的旁白或字幕”“A12通过梦想、挑战、勇敢、坚持等语言的运用达到励志的效果”“A26鼓励个体发挥一切潜能，接受新挑战，感受新冒险，寻找心灵需要的精神与力量”这几个概念，两次归类结果的一致性达到了较高的水平，最终达成了“向消费者传达勇于面对挫折，努力拼搏，振奋个体精神，摆脱困境的积极信息”这一阐述。为了更详细地说明开放编码过程，本书对每个范畴选取了多条原始资料语句。

二、主轴编码

第二步，进行主轴编码。主轴编码是将开放式编码中被贴标签分类过的资料，进一步进行聚类分析，建立不同范畴之间的联系（Gleaser，

1967）。因此，从概念层面开始，分类是基于各种类别之间的关系和每个类别的逻辑顺序的比较。经过进一步聚类分析，本书共形成3个主范畴，如表3–3所示。

表3–3　　基于主轴编码形成的主范畴

主范畴	概念	对应范畴
人设榜样性	是指相比于其他故事励志品牌故事人物更具有榜样特征使其在励志品牌故事中形象更凸显	人设会处于某种艰难境遇，具有某种特质（残疾性、性别歧视、阶层压迫、事故突发等）；人设比较柔弱，但具有不屈服命运积极进取的特点；人设结局有反转性
情感激励性	是指励志品牌故事能够激励个体，振奋精神	能引发情感共鸣；激起个体成功欲望；说服受众坚持梦想
宣传有效性	是指励志品牌故事对品牌具有宣传和推广的功能	提升品牌知名度；塑造品牌精神；提高品牌忠诚度

资料来源：本研究整理所得。

其中，“A03弱势个体的励志人设会更容易产生情感共鸣”“A02人设的转化易形成鲜明的对比，达到励志目的”“A17讲述者如果不是故事的参与者，会让人感受到老朋友讲故事的效果，更容易引起个体的关注”“A25引导个体从‘我’的角度感知世界，进而产生心理共鸣”等回答被归纳为人设榜样性维度。而“A01品牌故事能使个体将梦想付诸行动，鼓励个体去做想做的事，不做空想家”“A45鼓励追求梦想和成功，即使天赋和资源有所不同”“A45利用生活中普通个体的成就事迹构造出来的故事能引起更广范围的效仿”“A27离成功好像很遥远，但是现在感觉又很近，关键是否努力了”等回答被归纳为情感激励性维度。而“A01可以使更多的人通过具有激情感染力的故事记住品牌”“A10励志故事能够制造情绪记忆，区别于其他类型品牌宣传内容”“A33不仅能让消费者深刻领悟，还能引起品牌的二次传递”等回答被归纳到宣传有效性维度。

最终有3个主范畴被合理地归纳总结出来，这三个主范畴分别是励志品牌故事人设榜样性、情感激励性和宣传有效性。励志品牌故事人设榜样性的主范畴指的是励志品牌故事具有“人设特质”特点。其具体对应范畴是人设所处某种艰难境遇（如残疾性、性别歧视、阶层压迫、事故突发等），人设是具有不屈服命运积极进取特点的，人设结局常有反转的特点。励志品牌故事情感激励性的主范畴指的是指励志品牌故事能够激励个体，振奋精神。其具体对应范畴是向个体传达激励信息，迂回表达品牌关系，激起个体成功欲望，说服受众去坚持梦想，能引发情感共鸣。励志品牌故事宣传有效性的主范畴指的是励志品牌故事对品牌具有宣传和推广的功能，其对应的具体范畴是提升品牌知名度，塑造品牌精神，提高品牌忠诚度。

三、选择编码

第三步，进行选择编码。选择编码是将主轴编码形成的属类关系变得更加具体，并且解释属类之间的关系（Strauss，1987）。分析表明励志品牌故事价值维度可以由人设榜样性、情感激励性、宣传有效性三个维度构成。人设榜样性是指相比于其他故事，励志品牌故事人物更具有某种特征，使其在励志品牌故事中形象更凸显。具体包括人设所处某种艰难境遇（残疾性、性别歧视、阶层压迫、事故突发等）；人设是具有不屈服命运积极进取特点的；人设结局常有反转的特点。励志品牌故事情感激励性维度是指具有激励个体、振奋精神、激起个体成功动机的欲望，具体包括向个体传达激励信息，振奋个体精神，激起个体成功欲望，说服受众去坚持梦想，不懈追求。励志品牌故事宣传有效性维度是指励志品牌故事对品牌具有宣传和推广的功能。具体包括提升品牌知名度，塑造品牌精神，提高品牌忠诚度。

四、理论饱和度检验

第四步，进行理论饱和度检验。为了测试理论上的饱和度，本书对10个保留的访谈记录进行了编码。理论饱和度测试是确定何时停止采样的标准（Glaser，2001）。结果表明，原始类别已经非常丰富。对于励志品牌故事的维度的三个主要类别，未发现新的重要类别和关系，并且在三个主要类别中未发现新的内容。因此，就可以认为上述理论类别的状态是饱和的。结合以上研究，励志品牌故事可以表达企业赋予品牌特定的励志价值特征，这是对其品牌价值的积极评价和认可。经过饱和度检验，验证了励志品牌故事包括励志品牌故事的人设榜样性，情感激励性和宣传有效性三个价值维度这一结论。

第五节 维度测试

一、量表预测试

（一）研究过程设计

研究将进行进一步的探索性因子分析，是为了测试励志品牌故事价值维度量表的信度。对励志品牌故事价值维度测量的第一步是通过问卷的信度测试，删除不符合信度指标的励志品牌故事价值维度测量项目；第二步是通过量表的探索性因子分析获得励志品牌故事价值维度量表的定量分析结果，并在前一章的基础上进行分析。将深入的访谈结果与扎根理论研究得出的励志品牌故事价值维度进行比较，以判断两者是否一致。

本书主要以问卷调查的形式收集数据。问卷调查的对象是具有一定消费水平的不同年龄的消费者。本次研究收集了249份问卷，淘汰了无效的问卷，最后共收集有效问卷204份，有效问卷率为81.93%。

（二）数据分析

本书采用Cronbach's α系数来衡量量表的信度。Cronbach's α系数公式为：

$$\alpha = \frac{K}{K-1}\left(1 - \frac{\sum S_i^2}{\sum S^2}\right) \tag{3.4}$$

本式中的K表示量表中题目总数，S_i^2表示第i个题目得分的题内方差，S^2表示所有题项总得分方差。当Cronbach's α系数大于0.7时，表明量表具有良好的信度。当Cronbach's α系数在0.35—0.7时，表明问卷的信度是中等的，需要进行一定的调整以提高问卷的可靠性。当Cronbach's α系数小于0.35时，表明量表的信度不够，需要重新制作量表（Geoffrion，2013）。

从数据情况来看，首先，品牌故事值维度的初始比例的Cronbach's α系数为0.812，根据测量标准，该问卷具有很高的信度。同时，为了判断单个量表项目的信度，本书使用单项总校正系数（CITC系数）进行判断。当项目的CITC系数小于0.5时，需要删除该项目（Pirinsky，2013）。

通过在励志品牌故事价值维度的初始等距上观察每个项目的CITC系数，不难发现某些项目的CITC值不满足要求，即小于0.5。因此，删除CITC值最小的项目，然后观察新标度的Cronbach's α系数和其余项目的CITC值是否满足要求。依次删除这三个项目后，可以观察到新标度的Cronbach's α系数为0.911，大于0.7。数据分析结果显示，励志品牌故事价值维度项目的CITC值都大于0.5。再将初始项目数量从15个减少到12个。

接下来，对剩余12个项目执行主成分分析（郭志刚，1999；林海明、杜子芳，2013）。根据主成分分析的结果依据特征值大于1的原理提取因子，并使用方差最大的正交旋转获得最终因子加载矩阵。在分析过程中，要求共同度不小于0.4，单个测量项目的负荷不小于0.5，交叉因子负荷不大于0.4。

本书经过多因子分析，总共删除了“反映的是社会群体的痛点”“这种情感相较于其他情感更长久”“加强品牌辨识度”3个问项。满足所有要求的9个测量项通过了探索性因子测试。最后，形成具有9个问项的励志品牌故事价值维度量表，如表3-4所示。

表3–4 品牌故事价值维度的因子分析矩阵

潜变量	测量题项	共同度	成分		
			1	2	3
人设榜样性	人设处于某种艰难境遇，具有某种特质（残疾性/性别歧视/阶层压迫/事故突发等）	0.868	0.870		
	人设具有不屈服命运积极进取的特点	0.851	0.852		
	人设结局常有反转特点	0.540	0.591		
情感激励性	能引发情感共鸣	0.703		0.710	
	说服受众坚持梦想	0.832		0.869	
	激起个体成功欲望	0.604		0.561	
宣传有效性	提升品牌知名度	0.530			0.556
	塑造品牌精神	0.689			0.766
	提高品牌忠诚度	0.617			0.703

资料来源：本研究整理所得。

二、量表正式验证

（一）研究过程设计

为了进一步检验励志品牌故事的价值维度量表的有效性，本书进行了验证性因子分析（齐向武、陈东、牛志礼，1992）。数据来自问卷调查。表3–5列出了受访者的基本信息，他们大多数是大学生。在这项研究中，共收集了261份问卷，所收集问卷中的40份被认定为无效问卷，最后，共整理了221份有效问卷，收集的问卷有效率为84.67%。励志品牌故事价值维度调研有效样本数与测量问题项数之比大于10，可以满足样本量要求。

表3–5 调研样本基本信息

类别	特征	人数（人）	百分比（%）
性别	男	99	44.8
	女	122	55.2

续表

类别	特征	人数（人）	百分比（%）
年龄阶段（岁）	18—24	63	28.5
	25—30	43	19.5
	31—49	25	36.7
	40—50	56	25.3
教育程度	大专	40	18.1
	本科	118	53.4
	硕士	55	24.9
	博士	8	3.6

资料来源：本研究整理所得。

（二）信度分析

经过数据分析，励志品牌故事价值维度量表综合α值为0.898，Cronbach's α值大于0.7时，量表的信度良好（Guilford J，1979），所以该励志品牌故事价值维度量表在总体上是可靠的。进一步测试励志品牌故事价值维度三个维度量表的α系数：人设榜样维度为0.906，情感激励维度为0.830，宣传有效性维度为0.794。数据表明问卷的信度良好，因此问卷通过了信度测试。

（三）一阶验证性因子分析

为了确保励志品牌故事价值维度问卷的稳定性、准确性和可靠性，仅使用探索性因子分析是不够的。本书在预测试阶段对励志品牌故事价值维度量表进行探索性因子分析是不够的，非常需要使用验证性因子分析。

研究通过绝对拟合指数和相对拟合指数评估模型的整体拟合。其中，常用的卡方（χ^2）统计量的计算公式为（Plackett，1983）：

$$\chi^2=\sum\frac{(A-E)^2}{E}=\sum_{i=1}^{k}\frac{(A_i-E_i)^2}{E_i}=\sum_{i=1}^{k}\frac{(A_i-np_i)^2}{np_i} \tag{3.5}$$

上公式中，i=1，2，3，…，k。在该公式中，A_i为i水平的观察频数，E_i为i水平的期望频数，n为总频数，p_i为i水平的期望频率（刘铁民，2009）。因此，在预测试的基础上，本书使用结构方程模型进行验证性因子分析，分析励志品牌故事价值维度的结构稳定性。表3–6中的数据表明，卡方与自由度的比率小于临界值2.00，GFI大于临界值0.9，AGFI小于临界值0.9，NFI和CFI均大于小于0.9的临界值，而RMSEA小于0.08的临界值，励志品牌故事价值维度测试具有良好的拟合效果。

表3–6　　一阶验证性因子分析

拟合指标	$\frac{\chi^2}{df}$	GFI	AGFI	NFI	CFI	RMSEA
数值	1.696	0.904	0.891	0.914	0.932	0.048

资料来源：本研究整理所得。

（四）效度分析

为了检验励志品牌故事价值维度量表的收敛效度，本书使用测量项目的因子载荷和平均方差提取（*AVE*）值来证明。一般而言，*AVE*值应该大于0.5。*AVE*度量公式为：

$$AVE=\frac{\sum\lambda^2}{\left(\sum\lambda^2\right)+\left(\sum\theta_j\right)} \tag{3.6}$$

本式中的λ为标准化因子载荷，θ_j是第j项的测量误差。如表3–7所示，励志品牌故事价值维度问项的因子载荷均大于0.584，*AVE*大于0.5，符合要求。因此，此励志品牌故事价值维度量表具有良好的收敛效度。

如表3–8中数据所示，每个潜变量*AVE*的平方根大于潜变量与其他潜变量之间的相关系数（Fornell，1981）。为了检验励志品牌故事价值维度量表的判别有效性，本书使用比较从平均方差中提取的平方根与变量之间的相关系数的方法。因此，励志品牌故事价值维度量表通过判别效度检验。

表3–7　　收敛效度分析结果

潜变量	题项	因子载荷	残差	*AVE*
人设榜样性	人设处于某种艰难境遇（残疾性、性别歧视、阶层压迫、事故突发等）	0.942	0.040	0.820
	人设具有不屈服命运积极进取的特点	0.907	0.004	
	人设结局常有反转性	0.748	0.061	

续表

潜变量	题项	因子载荷	残差	*AVE*
情感激励性	能引发情感共鸣	0.884	0.313	0.584
	激起个体成功欲望	0.731	0.291	
	说服受众坚持梦想	0.801	0.316	
宣传有效性	提升品牌知名度	0.938	0.160	0.687
	塑造品牌精神	0.886	0.098	
	提高品牌忠诚度	0.756	0.216	

资料来源：本研究整理所得。

表3–8　判别效度分析结果

潜变量	人设榜样性	情感激励性	宣传有效性
人设榜样性	0.865		
情感激励性	0.521	0.762	
宣传有效性	0.366	0.346	0.826

资料来源：本研究整理所得。

（五）二阶验证性因子分析

依据之前的理论探讨，在人设榜样性，情感激励性和宣传有效性三个维度之间具有共有和较高阶的因子，即励志品牌故事的价值维度。同时，从表3–8中可以看出，励志品牌故事价值维度的每个维度间的相关系数相对较高，并且可能存在一个共同的二阶因子。因此，将“人设榜样性”“情感激励性”和“宣传有效性”三个励志品牌故事价值维度用作一阶因子，将“励志品牌故事价值维度”用作二阶因子，继而构建一个二阶因子模型进行测试。数据分析结果显示（见表3–9），t值均大于5，并且路径系数在0.511—0.789。根据拟合指数，此二阶因子模型非常适合并满足本书的预期要求。励志品牌故事价值维度的三个维度是人设榜样性维度，情感激励性维度以及宣传有效性维度，能运用到励志品牌故事价值维度的二阶变量中去。研究结果表明，使用本书开发的量表来衡量励志品牌故事价值是科学而有效的。

表3–9　二阶验证性因子分析

路径	人设榜样性	情感激励性	宣传有效性
路径系数	0.789	0.702	0.511
t值	6.179	7.843	5.526
$\frac{\chi^2}{df}=1.803$			
NFI=0.941			
RMSEA=0.058			
GFI=0.909			

资料来源：本研究整理所得。

第六节 本章结论及讨论

一、结论

本章通过采用扎根理论研究方法、离散因子分析方法得出励志品牌故事价值维度包括人设榜样性、情感激励性和宣传有效性三个维度的结论。励志品牌故事是通过故事讲述，传播企业对其品牌价值的正向评价，以此实现消费者品牌认同的增加。越来越多的企业都在通过励志品牌故事达到提升企业精神、塑造企业和品牌形象的目的。但是理论界还没有关于励志品牌故事价值维度的研究。基于对励志品牌故事以往实践应用、理论基础等方面的梳理，本书运用扎根理论研究方法和离散因子分析法对励志品牌故事价值维度进行维度识别及测量。

二、讨论

（一）理论贡献

本章运用扎根理论研究方法和离散因子分析方法对励志品牌故事价值维度进行界定和测量，研究成果丰富和发展了励志品牌故事等相关理论。在运用扎根理论验证励志品牌故事价值维度的过程中，本书采用焦点小组、个人访谈、案例分析、调研、实验和仿真等方法，明确并验证励志品牌故事价值维度，从理论上为本书的励志品牌故事对消费者品牌认同的价值识别提供理论前提。本书探析励志品牌故事积极的价值维度，丰富了品牌故事的理论研究。同时，通过确定励志品牌故事自身的价值特征，从理论上为第四章的励志品牌故事价值维度对消费者品牌认同的价值识别提供理论支持。

（二）实践贡献

本章通过扎根理论研究方法验证励志品牌故事的价值维度，可以帮助企业从更细致和全面的角度思考励志品牌故事的价值效用。因为积极主题的励志品牌故事现在已成为一种重要的营销支持方式，本书对于“励志品牌故事”的价值维度的探索有助于企业意识到励志品牌故事的价值和功能所在，可以使企业等相应部门进行积极内容的营销创作时有所借鉴和完善。同时，励志品牌故事维度的更详细地挖掘，可以有助于企业在采用励志品牌故事策略时多维度围绕励志品牌故事展开工作，获得更多的灵感来源和创意角度。企业在实际营销过程中可以更多考虑励志品牌故事这种营销方法的运用，为企业决策实践提供借鉴。

（三）研究局限性及展望

扎根理论研究方法由于很依赖研究人员的概念技能，因此很难在数据的客观性和研究人员的主观意念之间取得非常好的平衡。因此，如果研究人员没有一定的专业知识储备，则很难从原始数据中提取一般理论。扎根理论研究的研究人员应具有强大的分解和整合数据的能力，具有提出有关问题的能力，并具有以反思的方式构建自己理论的能力。在扎根理论未来的研究的过程中，研究人员应更多地将相关问题和自己的“社会学知识储备”引入数据分析中。

第四章

励志品牌故事价值维度对品牌认同的影响

CHAPTER 04

第一节
问题引出

在上一章的研究中，通过运用扎根理论研究方法和离散因子分析得出励志品牌故事价值维度包括人设榜样性、情感激励性和宣传有效性三个价值维度的结论。通过对励志品牌故事价值维度的界定进一步从理论上证实了励志品牌故事的价值特征。

品牌的价值在于其有效地证明企业与营销产品（产品和服务）以及消费者群体之间关系的承诺和实践的能力，而品牌故事的核心价值恰恰是企业对此价值的承诺（Radclyffe，2016）。诸如故事之类的媒体对个体的价值理念、思想态度有微妙的影响（Gerbner，2002），即媒体的“涵化”功能。在故事和电视等媒体的影响下，个人将接受媒体内容所描绘和传达的理想、信念、态度和价值观（Ryu，2019）。本书的第三章对励志品牌故事的价值维度进行了深入研究，并定义了励志品牌故事人设榜样性、情感激励性和宣传有效性三个价值维度。

励志品牌故事独有的价值特性促使消费者对故事中励志人物的喜爱和认可，有效增强励志品牌故事说服力（De Graaf，Hoeken et al.，2012）。企业可以通过讲述励志故事来生动地传达诸如品牌认同和传承之类的核心价值（Vicente，2004）。许多学者证明，具有积极励志意义的材料可以有效地激发个人的热情，从而增强他们的自我效能感，对个体起到激励和示范作用，从而获得个人对企业品牌的更多认同（Abigail Leigh Prestin，2012；石凡、应通等，2015）。

品牌认同会促使消费者产生更多的品牌偏好，形成更强的品牌社区意识，提高顾客满意度，客户忠诚度，增加品牌承诺，提升顾客回购意向，促使消费者产生更多支付溢价意愿，并带来更多正面口碑（Del Rio et al.，2001；Kim，2001；Kuenzel & Halliday，2008）。以往的研究表明，品牌认同主要受品牌个性、客户感知价值、客户参与度、客户体验等因素的影响（沙振全，2010；黄敏学，2017；Saraniemi，2019，等）。目前，尚未有关于励志品牌故事价值维度对品牌认同影响的研究。

结构方程模型（SEM），也称为路径模型，其是基于变量协方差矩阵来分析变量之间关系的一种统计方法，是多元数据分析的重要工具（Reisingger，1990）。在实际操作中，许多变量和指标是难以度量的定性指标，而一些潜变量则不容易观察，这些问题给建模带来了困难。偏最小二乘方法可以克服这些问题，获得更好的估计效果（Hair et al.，2017）。PLS法即偏最小二乘法（Partial Least-square Method），是一种新的多元统计数据分析方法。PLS-结构方程是所有多元校正方法中最小变量受约束的方法，这种灵活性使得它适用于许多不适用传统多元校正方法的情况（Reisingger，1990）。此外，PLS-结构方程可以用作探索性分析工具。在使用传统的线性回归模型之前，可以预测所需的适当数量的变量并消除噪声干扰（Dubey et al.，2018）。近几十年来，PLS-结构方程在理论、方法和应用上得到迅速发展。

鉴于以往的研究现状和不足，本章采用偏最PLS-结构方程模型来验证励志品牌故事价值维度对消费者品牌认同的影响，探索励志品牌故事价值维度对消费者品牌认同影响的内部机理，扩宽励志品牌故事及品牌认同等相关研究视野。

第二节
结构方程模型概述

结构方程模型是基于现有经验或想象力来预先构建模型（Reisingger，1990）。行为、态度和心理等变量无法简单地通过一个指标来衡量，并且经常会发生错误。结构方程模型的潜变量可能是无法直接观察到的一些问题，然后将潜变量反映为可测量变量，并在处理潜变量及其指示变量（显变量）时建立了潜变量模型（Dubey，2018）。结构方程模型建立及分析过程（见表4-1）。

表4-1　　结构方程模型建立及分析过程

步骤	具体内容
确定相应潜变量	可通过探索性因子分析的方式确定潜变量，还可以依据既有的理论内容的既有公认的成熟的定义来确定潜变量
确定因果关系	确定潜变量后，根据已有经验构造潜变量之间的因果关系，并建立结构模型类型
确定可测量变量	可测量变量的选择是否合适直接关系到其是否准确地反映了潜变量
确定测量模型	要派生各种关系，则必须使用可测量的变量来测量潜变量
确定整体结构路径	使用路径图表示潜变量和可测量变量之间的关系
写出结构模型测量方程	根据整体结构方程模型写出测量方程
分析结构方程模型	对结构模型和测量模型及中介关系的分析

资料来源：Reisingger Y. Structural equation modeling with lisrel: application in tourism[J]. Tourism Management，1990, 6(5)：71-88.

结构方程模型在解决诸如社会科学研究等实际问题方面具有广泛的应用。与因子分析和回归分析相比，结构方程模型是一个崭新的发展方向。结构方程模型可以同时处理多个潜变量。而且，结构方程模型的潜变量可通过多个观测指标来测量，并允许变量测量中的误差（Reisingger，1990）。结构方程模型分析主要有偏最小二乘法（PLS）、最大似然估计法（ML）等。近年来，与偏最小二乘法（PLS方法）有关的软件变得越来越流行。

第三节 模型构建

一、确定潜变量

结构模型建立的基础是确定潜变量。本书针对励志品牌故事价值维度对消费者品牌认同影响进行调查。在此品牌认同评价中，消费者为在商场中的顾客，考察内容为商场顾客在阅读相关的励志品牌故事后对其自身的消费者认同产生的影响。

本书在充分考虑商场顾客的特点后，针对本书确定6个潜变量：励志品牌故事价值维度的人设榜样性维度、励志品牌故事价值维度的情感激励性、励志品牌故事价值维度的宣传有效性维度、公平世界信念、品牌认同以及领悟社会支持能力。

二、潜变量间因果关系假设

（一）励志品牌故事人设榜样性价值维度对消费者品牌认同的影响

励志品牌故事人设的榜样性维度主范畴指的是励志品牌故事具有人物“人设特质”特点。其具体对应范畴是人设所处某种艰难境遇，具有某种特质性（残疾性、性别歧视、阶层压迫、事故突发等），人设是具有不屈服命运积极进取特点的，人设结局常有反转的特点。人设是人物设计的简称，主要用于角色、情节、动作和其他形式的具体组装和设计（吴组缃，1987）。

故事情节的发展是通过故事中扮演的人物角色来推进的，没有人物角色的设定，故事的发展就无法进行（维森特，2004）。励志人设塑造无论是平凡小人物还是叱咤风云的大人物，都是苦尽甘来的“英雄”这一标志性人物设定（贺亚玲，2015）。励志影片等文艺作品中的励志人物的形象和时间往往一同生长，个体对励志人物的“认同”也由此产生（Pechpeyrou，2019；Cohen，2001）。

励志主题文艺作品中的“正能量”所具有的积极因素就是让个体产生这种“精神认同”的一个重要来源。具有“正能量”的文艺作品往往会让你联想乐观、无畏等可贵品质，它能带给在绝望窘境状态中想要的最完美的憧憬（闫明，2013），并努力实现劝说的效果。所以，消费者对励志文艺作品中的励志角色的喜爱和认同就可以增加励志故事的说服效果，并且能增强个体的既有的认知和意愿（Graaf，2009）。

励志品牌故事价值维度通过展现励志人物历经千辛万苦努力后得到社会回报的这一过程（Solja，2016）。励志品牌故事中的人设的引导促使个体感知到未来是“可期”公平的，获得积极追求未来美好生活的动力和行为，产生对企业的好感和对企业品牌的认同。

由此提出假设：

假设1：励志品牌故事人设榜样性价值维度对消费者品牌认同有显著的正向影响。

（二）励志品牌故事情感激励性价值维度对消费者品牌认同的影响

励志品牌故事情感激励性维度主范畴指的是指励志品牌故事能够激励个体，振奋精神。其具体对应范畴是向个体传达激励信息，迂回表达品牌关系，激起个体成功欲望，说服受众去坚持梦想，能引发情感共鸣。Van Laer（2014）等发现，每当故事受众体验到故事人设的特点及其联想中情感产生共鸣，故事情感叙事传输就会发生。叙事传输能够增强个体正向认知和积极情感，从而提高励志品牌故事说服力（Melanie et al.，2004）。叙事传输能增加个体对励志品牌故事人物的喜爱和认知（Herman，2003），反过来又使个体倾向于模仿和接受励志品牌故事中人设的行为和态度，并且个体变得与故事人设越来越相似（Bandura，1989），个体退出虚拟体验后会将励志品牌故事“内部故事”与他的“内部故事”联系起来，比如过去经历和记忆。这是由个体对环境事件的反应决定的，所以叙事传输解释了叙事故事人设对个体品牌认同的中介机制（Gang，2016）。

叙事传输具有正向情感的“放大”功能，诸如励志品牌故事媒介内容、人设等因素会对个体认知和行为有很多方面影响（Morgan，2002），会使个体接受企业所讲励志品牌故事叙事传输的描绘和传达的信念、态度与价值观，进而产生更多的如同情情绪类积极认知，并在此基础上实现情绪的应对过程（王承璐，1987），表现人物艰难蜕变的励志故事通过叙事传输“放大”功能更能长久震撼个体内心，产生更多诸如积极情绪感的积极认知（Griskevicius et al.，2010；Escalas，2004）。

所以，叙事传输对品牌认同的影响又受到积极情绪的中介影响。其最终结果是，表现人设艰难励志事迹的故事使个体愿意相信其传输出来的态度和观点，对特定励志品牌故事人设产生积极情绪，进而激励自我，并形成对特定品牌的认同。

由此提出假设：

假设2：励志品牌故事情感激励性价值维度对消费者品牌认同有显著的正向影响。

（三）励志品牌故事宣传有效性价值维度对消费者品牌认同的影响

励志品牌故事宣传有效性维度主范畴指的是励志品牌故事对品牌具有宣传和推广的功能，其对应的具体范畴是提升品牌知名度，塑造品牌精神，提高品牌忠诚度。消费者青睐通过品牌故事体验品牌特定价值，因为这样消费者可以感知到品牌故事所展现给他们的特定的生活方式（Hao，2018），比如红牛的极限运动，进一步增强他们购买的附加价值的动机（Fanning，1999），实现使消费及生活变得更加美好和更有意义的目的（Shankar et al.，2001）。诸如故事、电视等各种媒体对个体价值、信念、信仰具有潜移默化的影响作用（Gerbner，2002），即媒体的“涵化”功能。个体在故事、电视等媒体的影响下会接受媒体内容所描绘和传达的理想、信念、态度与价值观（Sovereign，2020）。涵化的对象不是单一不变的，而是随着时间的推移逐渐地变化的。但是在变化中也形成了具有自身独特特征的社会群体，即所说的“主流”群体。“主流”群体所反映的“主流”思想在一定时期内是相对稳定的（蔡立媛，2015）。这是一个长期的、微妙的“涵化”过程，而不是短期行为。而在直接的经验或替代性的经验基础上进行的劝说会更有效果（Bandura，1977）。

由此提出假设：

假设3：励志品牌故事宣传有效性价值维度对消费者品牌认同有显著的正向影响。

（四）公平世界信念的中介作用

公正世界信念（Personal Belief in a Just World）是人格心理学和社会心理学中的一个重要概念。杜建正指出，世界被认为是一个公平的个体，并且对周围环境具有控制感，从而激发人们追求长期目标。因为他们相信付出才能得到应有的回报。这就隐含这样一种推理：那些收获好的结果的人，好结果是他们应得的（杜建政等，2007）。公平世界信念的作用主要体现在四个方面：第一，对长期目标的追求（Hafer et al.，2005）；第二，现实或认知层面的正义重构（Hafer et al.，2005）；第三，保持主观幸福感和心理健康（Khera et al.，2014）；第四，合理的不公平的社会地位（Beierlein et al.，2011）。

消费者在社会上处于不利地位，容易遭受各种心理困境，引发他们内心的公平感知的缺失，导致违法行为和其他失范行为，从而阻碍和谐社会的建设。有研究显示，长期目标群体生活在一个公正的世界中比短期目标群体更重要（Callan et al.，2013）。励志品牌故事整体价值维度促使消费者通过阅读而沉浸在故事的想象情景中产生的对故事中角色或场景的认同及情感体验的心理过程（Green，2000；Solja，2016），增强个体正向认知和积极情感，从而提高故事的说服力（Lee，2017）。且有多位学者研究证明具有诸如励志积极意义的素材可以有效激发个体的积极性，使个体相信世界的公正性和公平性，从而增强个体的积极感知与情绪（Abigail Leigh Prestin，2012；石凡、应通等，2015），进而增加个体对故事的认同度，巩固或减弱他们既有态度，实现消费群体对故事中人物的热爱、认可及模仿，促使励志人物“人设榜样”效果的形成（Graaf，2009）。

作为一种心理资源，公平世界信念可以帮助消费者应对不公平的威胁，减轻负面的情感体验，并改善主观幸福感。认为世界是公平的个体，对所处的环境有一种控制感，从而激励个体去追求长期目标，因为他们相信付出才能得到应有的回报（杜建政等，2007）。学者把公平世界信念分为个人对正义的信念和广义的正义的信念，个人公正的信念是世界对我是公平的，而世界上普遍的信念是相信世界对别人是公平。如果人们想在未来投资，他们必须考虑是否能够得到他们应得的，所以他们需要相信世界是公平的（Lerner & Miller，1978）。因此，必须高度重视消费者的心理健康问题。包含积极品牌信息的励志品牌故事可以起到“情感激励”的作用，促使个体从颓废、疑问和怀疑的既有思想框架中转向他们想去理解和接受信息的积极情绪上来（Denning，2001b）。

公平世界信念能够激励个人专注于未来的目标（Hafer，2000），有助于个体追求长期目标（Otto et al.，2006；周春燕，2013）。励志品牌故事中的励志人物形象和时间往往一同生长，个体对励志人物的“认同”也由此产生。励志角色“认同”是一个渐进的过程。在这个过程中，个体自我情绪会被强烈的外在环境情绪所取代，从而创造个体与角色的精神互动和共鸣（Cohen，2001）。励志主题文艺作品中的“正能量”所具有的积极因素是能促使个体心理认同产生的一个重要因素。具有积极正向的情绪的作品能让个体在绝境中产生更多的希望和公平感知，有改善个体心智健康、调整行为、增进协调和促进生长等多种功效（Feldman et al.，2009；谢丹等，2016）。因为励志故事主角的震撼是刺激消费个体希望感知信念的因素之一（Meria，2018）。

所以，把励志内容的品牌故事和企业讲故事结合起来是营销研究的一个新视角，消费者对励志品牌故事中的励志角色的喜爱和认同就可以增加励志故事的说服效果，并且能增强个体的既有的认知和意愿（Graaf，2009）。企业通过讲励志品牌故事让消费者在接受励志故事带来的积极价值及“主流”思想的基础上产生更多的基于“公平”的希望感知和对未来的期望，改变消费者情绪，激发消费者的自主潜能，增强消费者的自立自强精神，实现励志品牌故事的价值认知。从而进一步增强品牌宣传的效果，起到“宣传有效”的作用。

由此提出假设：

假设4：励志品牌故事通过公平世界信念感知中介影响消费者的品牌认同，其显著的中介：（1）人设榜样性维度；（2）情感激励性维度；（3）宣传有效性维度。

（五）领悟社会支持的控制因素作用

已有研究发现，心理韧性等积极心理资本因素的发展受到一些因素的影响，如个体的人格特点、认知评价、社会支持等（George，2013；Sarah，2018）。个体领悟社会支持的测量采用社会支持SSS问卷（Furman & Buhrmester，1985），用来评估个人生活中与他人的亲密关系和获得支持的程度。

与实际社会支持相比，领悟社会支持对于理解和预测个体的心理健康更为重要；领悟社会支持更有可能表现出个体心理健康的获取功能，这一点已经得到了大量的研究（Brissette et al.，2002）。良好的社会支持有益于个体的生理和心理健康，其作为一种弹性资源，对个体的身心健康有重要的意义（程虹娟等，2005）。在个体有压力的情况下，领悟社会支持会发挥较强的作用，并解释行为和事件的意义（Lakey et al.，1994）。感知到较高社会支持的个体更有可能将他人的行为解读为支持行为，而感知到较低社会支持的个体则更有可能将同样的行为解读为消极行为（Calsyn et al.，2005）。

同时，公平世界信念可以帮助消费者应对不公平的威胁，减轻负面的情感体验，并改善主观幸福感（Lerner & Miller，1978）。所以，同样的励志品牌故事在传输积极内涵的过程中会因为消费者领悟社会支持能力的不同而产生不同的公平世界感知的效果。领悟社会支持实际上是一种认知过滤器，并且随着时间的推移，对社会支持的理解呈现一定的稳定性（叶俊杰，2005）。适当的具有积极情绪的品牌故事策略能够起到一定的积极作用。企业对消费者采取励志性的品牌故事营销策略进行积极心理干预的过程中，如果消费者的领悟社会支持能力较强，适当的励志品牌故事营销策略更能起到积极作用。

三、问卷设计

本调查问卷是为调查研究消费者对励志品牌故事价值维度的感知而设计的。所有问题的提出都是根据消费者对品牌故事感知的实际情况及特点而设计，旨在根据此调查问卷得到的数据能切实帮助企业了解、分析出消费者对励志品牌故事价值维度感知的真实想法、意见及建议，为企业营销政策的制定和实施做出贡献。

问卷分为3个部分。第一部分：确定问卷的标题、目的和填写方法。第二部分：确定问卷的主要内容。第二部分首先通过3个问题“您认为这是一个励志故事吗？”“您能准确回忆出这个品牌故事中的品牌名称吗？”“这个品牌具有特殊意义吗？”对实验进行前测。其次，对问卷的主题内容进行正式实验。主题内容分为6个部分，即通过问卷测试确定人设榜样性、情感激励性、宣传有效性、公平世界信念、领悟社会支持、品牌认同的6个潜变量。问卷的主要内容共包含40个问题（即测量模型中的每个可测量变量）。第三部分：填写受访者的基本个人信息，包括受访者的性别、年龄、学历等影响因素（简明、金勇进，2004）。其中，构成此研究调查问卷主体的是励志品牌故事价值维度中的人设榜样性维度、情感激励性、宣传有效性、公平世界感知、领悟社会支持以及品牌认同6个变量的问项组成。问卷中6个变量的具体问项如下所述。

（一）变量励志品牌故事价值维度之人设榜样性的具体测量

第三章研究得出励志品牌故事价值维度人设榜样性、情感励志性、宣传有效性3个维度设置。其中，人设榜样性价值维度有“人设具有某种特质性（残疾性、性别歧视、阶层压迫等）”“人设结局反转型”“人设具有不屈服命运积极进取的特点”3个观测指标。

结合本书具体需要，设计如表4–2所示问项。

表4–2 励志品牌故事价值维度：榜样性维度问项

潜变量	题号	观测指标
人设榜样性（ξ_1）	CRM 1	您认为故事中人设具有某种特质性（残疾性、性别歧视、阶层压迫、事故突发等）吗？ X_1
	CRM 2	您认为故事中人设具有不屈服命运积极进取的特点吗？ X_2
	CRM 3	您认为故事中人设结局常有反转性吗？ X_3

资料来源：本研究整理所得。

（二）变量励志品牌故事价值维度之情感激励性的具体测量

第三章得出励志品牌故事情感激励性维度包括“能引发情感共鸣”“能激起个体成功欲望”“能说服受众坚持梦想”3个观测变量，结合本书具体需要，设计如表4–3所示问项。

表4–3 励志品牌故事价值维度：情感激励性维度问项

潜变量	题号	观测指标
情感激励性（ξ_2）	CEM 1	您认为故事能引发情感共鸣吗？ X_4
	CEM 2	您认为故事能激起个体成功欲望吗？ X_5
	CEM 3	您认为故事能说服受众坚持梦想吗？ X_6

资料来源：本研究整理所得。

（三）变量励志品牌故事价值维度之宣传有效性的具体测量

第三章得出励志品牌故事宣传有效性维度包括“能提升品牌知名度”“能塑造品牌精神”“能提高品牌忠诚度”3个观测变量。

结合本书具体需要，设计如表4–4所示问项。

表4–4 励志品牌故事价值维度：宣传有效性维度问项

潜变量	题号	观测指标
宣传有效性（ξ_3）	CPE 1	您认为故事能提升品牌知名度吗？ X_7
	CPE 2	您认为故事能塑造品牌精神吗？ X_8
	CPE 3	您认为这个故事能提高品牌忠诚度吗？ X_9

资料来源：本研究整理所得。

（四）变量公平世界信念的测量

变量公平世界信念的测量采用Dalbert编制的公平世界信念二联量表（Dalbert，1999），即个人公平世界信念量表和一般公平世界信念量表。量表共13个项目，如表4–5所示。

表4–5 公平世界信念问项

潜变量	题号	观测指标
公平世界信念（ξ_4）	BJW 1	您相信，总的来说，您身上发生的一切是您应得的吗？ X_{10}
	BJW 2	您通常得到了公正的对待吗？ X_{11}
	BJW 3	您相信您通常会得到您应得的吗？ X_{12}
	BJW 4	总的来说，您生命中的事件是公正的吗？ X_{13}
	BJW 5	在您的生活中，不公正是一种例外，而不是常态吗？ X_{14}
	BJW 6	您相信您生命中发生的大部分事情都是公正的吗？ X_{15}
	BJW 7	您认为有关您的重要决定通常是公正的吗？ X_{16}
	BJW 8	您认为世界基本上是一个公正的地方吗？ X_{17}
	BJW 9	您相信，总的来说，人们得到了他们应得的吗？ X_{18}
	BJW 10	您相信正义永远战胜不公正吗？ X_{19}
	BJW 11	您相信，从长远来看，人们会因不公正得到补偿吗？ X_{20}
	BJW 12	您认为世界基本上是一个公正的地方吗？ X_{21}
	BJW 13	您相信，总的来说，人们得到了他们应得的吗？ X_{22}

量表来源：Dalbert（1999）公平世界信念量表。

（五）变量领悟社会支持的测量

领悟社会支持程度的测量参照由Zimet等于1986年编制的领悟社会支持量表。量表共12个问项，如表4–6所示。

表 4–6　　领悟社会支持问项

潜变量	题号	观测指标
领悟社会支持（ξ_5）	CSS 1	在您遇到问题时有些人（领导、亲戚、同事）会出现在您身旁吗？ X_{23}
	CSS 2	您能够与有些人（领导、亲戚、同事）共享快乐与忧伤吗？ X_{24}
	CSS 3	您的家庭能够切实具体地给您帮助吗？ X_{25}
	CSS 4	在需要时您能够从家庭获得感情上的帮助和支持吗？ X_{26}
	CSS 5	当您困难时有人是安慰您的真正源泉吗？ X_{27}
	CSS 6	您的朋友们能真正地帮助您吗？ X_{28}
	CSS 7	在发生困难时您可以依靠您的朋友们吗？ X_{29}
	CSS 8	您能与自己的家庭谈论您的难题吗？ X_{30}
	CSS 9	您的朋友们能与您分享快乐与忧伤吗？ X_{31}
	CSS 10	在您的生活中有人（领导、亲戚、同事）关心您的感情吗？ X_{32}
	CSS 11	您的家庭能心甘情愿协助您作出各种决定吗？ X_{33}
	CSS 12	您能与朋友们讨论自己的难题吗？ X_{34}

量表来源：Zimet et al.（1986）社会领悟支持量表。

（六）变量品牌认同的测量

消费者品牌认同的测量参照金立印（2006）编制的品牌认同量表，共包含6个问项，如表4–7所示。

表 4–7　　品牌认同量问项

潜变量	题号	观测指标
品牌认同（η_1）	BI 1	您相信，总的来说，您身上发生的一切是您应得的吗？ X_{35}
	BI 2	您通常得到了公正的对待吗？ X_{36}
	BI 3	您相信您通常会得到您应得的吗？ X_{37}
	BI 4	总的来说，您生命中的事件是公正的吗？ X_{38}
	BI 5	在您的生活中，不公正是一种例外，而不是常态吗？ X_{39}
	BI 6	您相信您生命中发生的大部分事情都是公正的吗？ X_{40}

量表来源：金立印（2006）品牌认同量表。

四、建立结构方程模型路径图

结构方程模型由测量模型（Measurement Model）和结构模型（Structural

Model）两部分组成（Reisingger，1999）。观测指标与潜变量之间的关系由测量方程获得。结构方程推导潜在变量之间的关系。测量方程为：

$$x_{ij} = \lambda_{ij}\xi_j + \varepsilon_{ji} \quad (4.1)$$

结构方程为：

$$\xi_j = \sum \beta_{ji}\xi_i + \zeta_j \quad (4.2)$$

最后，为了得到合理估计值，偏最小二乘法使用一个中间方程：

$$\xi_j = \sum \pi_{ji}x_{ji} + \delta_j \quad (4.3)$$

上述方程中，ξ_j 和 ξ_i 是潜变量；λ_{ji} 和 π_{ji} 为因子符合；β_{ji} 是路径系数，ε_{ji}、δ_{ji}、ζ_j 为误差项，均值均为0（Claes et al.，2000）。

（一）结构模型（见图4–1）

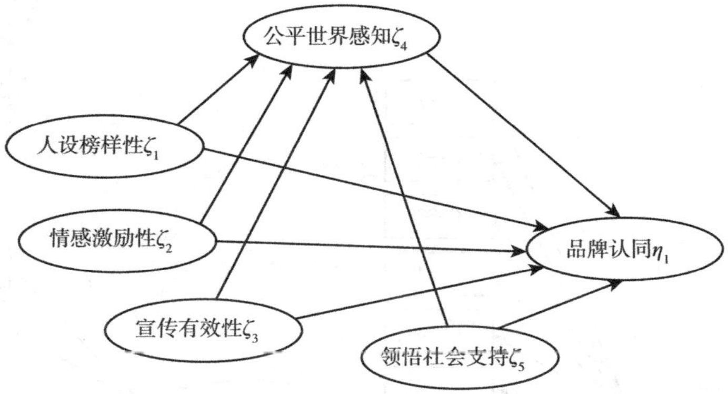

图4–1　结构模型

资料来源：本研究整理所得。

（二）测量模型（见图4–2）

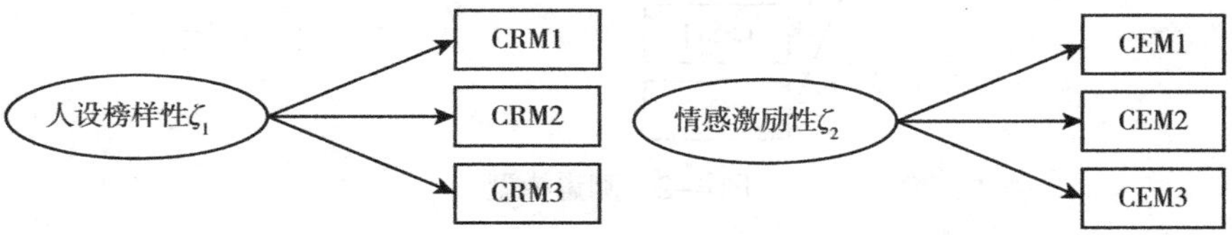

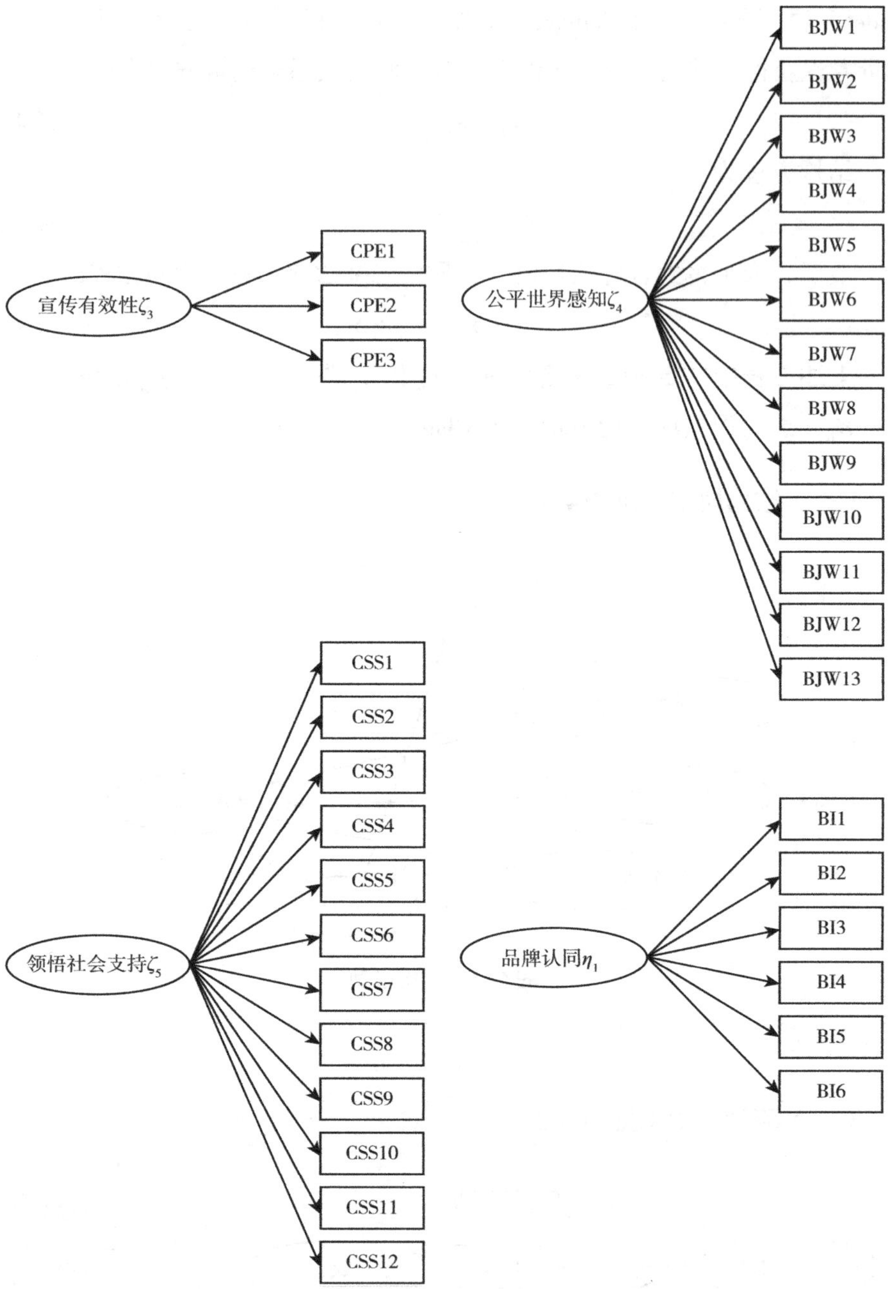

图4–2 测量模型

资料来源：本研究整理所得。

五、样本选取及问卷调查

首先，在网上募集50位被试（年龄17.5—49岁，M=29.682，SD=6.663，女性比例50.55%）参与前测。

为了控制品牌熟悉度对实验结果的影响，设计虚拟品牌为“华丝”的洗发水品牌故事《我梦飞扬》：男孩从小就拥有当演员的梦想，但由于贫困他失去了上学的机会。男孩到一个影视基地的咖啡馆里打工，每天用“华丝”洗发水把自己的头发洗得干净清爽，发丝飞扬。男孩很隐忍，坚韧，默默努力。他在竭力工作之余学习表演知识，结交正能量的朋友，终于有一天一位导演发现了他。最终，男孩成为一位优秀的演员。片场中，习惯用“华丝”洗发水的他依旧发丝飞扬……

等参与前测的被试阅读完品牌故事后，询问参与者这些故事是否是励志故事，以及品牌名称有没有特殊意义。结果表明对于大部分的参与者（96.30%），本书中的故事“我梦飞扬”是励志故事，品牌名称没有特殊意义。

然后，正式开始调查，向受访者分发含有励志品牌故事《我梦飞扬》的自填问卷收集相关数据。样本问卷在郑州不同地区的15家不同的卖场和百货商店外发放，如附录图4–1所示。郑州是河南省省会，2020年人口估计超过1245万人次。在参与研究之前，研究人员均获得了被调查者的同意。受访者是那些有对品牌故事有一定接触的有消费经验的个体。本书采用随机抽样的方法，调查市场上从大卖场和超市出来的消费者。为了确保受访者对品牌故事有足够的了解，在调查受访者之前，先问了一些主要问题，只对那些对品牌故事有认识的人进行了详细的问卷调查。参与调查的受访者的参与完全是自愿的，并请参与调查的人员阅读完“华丝”品牌洗发水品牌故事后依据李克特7级量表回答问题。

第四节
数据分析

一、描述性分析

本章研究共发放调查问卷505份。在收到的问卷中，412份完整有效且可用于研究，问卷的答卷回收率为81.62%。

人口统计特征（demographics）是人口区隔的特征。典型的人口统计特征包括年龄、性别、地区、学历、职业和收入等（吴忠观，1997）。本章研究受访者的人口概况如表4-8所示。

表4-8　　参与者的人口概况

因素	类别	受访者（人）	百分比（%）
性别	男性	219	53.2
	女性	193	46.8
年龄（岁）	18—24	168	40.7
	25—35	171	41.5
	36—45	58	14.1
	45以上	15	3.7
教育程度	高中以下	78	18.9
	中专	87	21.1
	大专	91	22.0
	本科	114	27.7
	硕士及以上	42	10.3
职业划分	学生	104	25.2
	政府人员	62	15.1
	公司员工	129	31.2
	企业主	20	4.9
	家庭主妇	63	15.4
	专业人士	34	8.2

续表

因素	类别	受访者（人）	百分比（%）
收入水平（¥）	<5000	119	28.9
	5000—10000	138	33.5
	10000—15000	81	19.6
	15000—20000	48	11.6
	20000—25000	18	4.4
	>25000	8	2.0

资料来源：本研究整理所得。

二、共同方法偏差

在心理学和行为科学研究中，特别是在使用问卷调查法的研究中，普遍存在共同方法偏差（郭志刚，1999），常用的共同方法偏差对研究结果影响很大。这种人为的协变量会严重混淆研究结果，并可能导致误导性结论，这是系统性的错误。

共同方法偏差的主要原因如下：（1）该方法来自同一来源或评估者。具体细分，主要包括主题一致性、内部相关性、社会期望、容易产生的偏见、默认偏见、情绪状态（正负情绪）、即时情绪状态等原因。（2）问题的特征。具体细分主要包括项目的社会期望、项目的需求特征、问题的模糊性、通用标度格式、通用标度锚、正向和反向编码顺序等原因。（3）问题的内容。详细的细分主要包括情境引起的情绪、量表长度项的开始效果、问卷中分组的问题项和结构、内含的问题项以及量表长度的原因。（4）评估情况的影响。具体细分，主要包括使用统一媒介测得的预测变量和标准变量，在同一时间测得的预测变量和标准变量，在同一位置测得的预测变量和标准变量等原因。

由于这项研究使研究人员从同一受访者那里收集了有关自变量和因变量的数据，因此在这项研究中存在共同方法偏差的可能性。本书选择Harman单因子检验法测量共同方法偏差（Harman，1976；Podsakoff，2003）。采用SPSS24软件对所有项目进行主成分统计分析。生成的结果显示6个特征值大于1.0的提取因子，包括一个控制变量。该因子的总方差为73.701，而第一因子仅占方差的22.04%。因为主成分因子分析不产生单一因子，而且第一个因素没有解释大部分的方差，普通方差可能不是本书的问题。

三、PLS分析方法

研究采用社会科学统计软件包（SPSS 24.0，IBM，Armonk，NY，USA）（Cor，2016）进行描述性分析。为了验证所提出的模型，通过SmartPLS 3.2.4（Ringle，2015）采用偏最小二乘法结构方程建模（PLS-SEM）技术（郭志刚，1999；赵耀华、韩之俊，2007），它可以处理包含大量潜在变量的复杂模型，甚至可以处理三个或更多的项。所以，本章选取PLS分析方法，即偏最小二乘法对提出的模型进行检验。

（一）偏最小二乘法操作原理

结构方程建模是基于现有经验或想象力来预先构建相应的模型，以此来解释相应预先假设的理论逻辑关系及影响机制，得出相应的研究结论（Reisingger，1990）。偏最小二乘法（Partial Least-square Method）是一种将主成分分析与多元回归相结合的迭代估算方法，并采用因果建模方法（Reisingger，1990；Claes et al.，2000）。设有q个因变量和p个自变量。

为了研究因变量与自变量的统计关系，观测了n个样本点，由此构成了自变量与因变量的数据表X和Y，即自变量和因变量数据表：

$$X=\left[X_1,X_2,\cdots,X_p\right]=\begin{bmatrix} x_{11} & x_{12} & \cdots & x_{1p} \\ x_{21} & x_{22} & \cdots & x_{2p} \\ \vdots & \vdots & \ddots & \vdots \\ x_{n1} & x_{n2} & \cdots & x_{np} \end{bmatrix} \tag{4.4}$$

$$Y=\left[Y_1,Y_2,\cdots,Y_q\right]=\begin{bmatrix} y_{11} & y_{12} & \cdots & y_{1q} \\ y_{21} & y_{22} & \cdots & y_{2q} \\ \vdots & \vdots & \ddots & \vdots \\ y_{n1} & y_{n2} & \cdots & y_{nq} \end{bmatrix} \tag{4.5}$$

从自变量集合中提取第一潜因子 t_1（t_1 是 $x_1,x_2,\cdots,x_p$ 的线性组合），并从因变量集合中提取了第一潜因子 u_1（u_1 为 $y_1,y_2,\cdots,y_q$ 的线性组合），同时要求 t_1 和 u_1 的相关度达到最大。然后，建立因变量 $y_1,y_2,\cdots,y_q$ 对 t_1 的回归，若回归方程达到满意精度，则停止。否则继续提取第二潜因子，直至获得满意精度为止。并根据建立的因变量对已提取的成分的回归方程，将其表示为 Y 和自变量 X 的回归方程（Reisingger，1990；王惠文，1999）。

（二）偏最小二乘法算法步骤

对自变量和因变量进行标准化处理。标准化公式如下：

$$x_{ij}^{*}=\frac{x_{ij}-\overline{x}_j}{\sqrt{s_{X_j}^2}} \quad 其中\ \overline{x}_j=\frac{\sum_{i=1}^{n}x_{ij}}{n},s_{X_j}^2=\frac{\sum_{i=1}^{n}(x_{ij}-\overline{x}_j)^2}{n-1},\quad i=1,2,\cdots,n,\ j=1,2\cdots,p \tag{4.6}$$

$$y_{ij}^{*}=\frac{y_{ij}-\overline{y}_j}{\sqrt{s_{Y_j}^2}} \quad 其中\ \overline{y}_j=\frac{\sum_{i=1}^{n}y_{ij}}{n},s_{Y_j}^2=\frac{\sum_{i=1}^{n}(y_{ij}-\overline{y}_j)^2}{n-1},\quad i=1,2,\cdots,n,\ j=1,2\cdots,q \tag{4.7}$$

记 X 标准化后数据矩阵为 $E_0=(E_{01},E_{02},\cdots,E_{0p})$，$Y$ 标准化后数据矩阵为 $F_0=(F_{01},F_{02},\cdots,F_{0q})$。

（三）提取主成分并逐步回归

t_1 是 E_0 的第一成分。$t_1=E_0\omega_1$，ω_1 即 E_0 的第一轴。u_1 是 F_0 的第一个成分，$u_1=F_0c_1$，c_1 是 F_0 的第一个轴。即 t_1 和 u_1 分别代表自变量 X 和因变量 Y 中的数据变化信息。其中，主成分分析原理为：

$$\mathrm{var}(t_1)\to\max \tag{4.8}$$

$$\mathrm{var}(u_1)\to\max \tag{4.9}$$

同时，t_1 对 u_1 还要具有最大解释力，t_1 和 u_1 相关度达到最大，即 $r(t_1,u_1)\to\max$。

因此，模型的偏最小二乘回归的数学表达式为求下列优化问题，即

$$\max(E_0\omega_1, F_0c_1)$$
$$\text{s.t.}\begin{cases}\omega_1^T\omega_1=1\\ c_1^Tc_1=1\end{cases} \tag{4.10}$$

从 E_0 中提取第一主成分 t_1 ，提取的原则是 t_1 与 F_0 之间的协方差达到最大，即求矩阵 $E_0^TF_0F_0^TE_0$ 的最大特征值所对应的特征向量 ω_1 。然后求成分 t_1 和残差矩阵 E_1 。其计算公式为：

$$t_1=E_0\omega_1,\ E_1=E_0-t_1p_1^T, \text{其中} p_1=\frac{E_0^Tt_1}{\|t_1\|^2}; \tag{4.11}$$

求矩阵 $E_1^TF_0F_0^TE_1$ 最大特征值所对应特征向量 ω_2 ，然后求成分 t_2 和残差矩阵 E_2 。其计算公式为：

$$t_2=E_1\omega_2,\ E_2=E_1-t_2p_2^T, \text{其中} p_2=\frac{E_1^Tt_2}{\|t_2\|^2}; \tag{4.12}$$

采用上面的方法一直进行到第 m 步。得出成分 $t_m=E_{m-1}\omega_m$ 。 ω_m 是矩阵 $E_{m-1}^TF_0F_0^TE_{m-1}$ 的最大特征值所对应特征向量。直到提取主成分 t_m 对模型预测效果边际贡献不显著。

若根据交叉有效性，抽取 m 个成分 $t_1,t_2,\cdots,t_m$ ，即得到满意的预测模型。求 F_0 在 $t_1,t_2,\cdots,t_m$ 上的普通最小二乘回归方程为：

$$F_0=t_1r_1^T+t_2r_2^T+\cdots+t_mr_m^T+F_m \tag{4.13}$$

其中 $r_i=\dfrac{F_0^Tt_i}{\|t_i\|^2}$ 。

（四）得出测评模型

最后，把 $F_0=t_1r_1^T+t_2r_2^T+\cdots+t_mr_m^T+F_m$ 还原成为 Y^* 关于 X^* 的回归方程形式，即，

$$y_k^*=a_{k1}x_1^*+a_{k2}x_2^*+\cdots a_{kp}x_p^*+F_{nk},\ k=1,2,\cdots,q \tag{4.14}$$

就得到了测评模型（Reisingger，1990；王惠文、付凌晖，2004）。

四、分析结果

（一）测量模型评估

研究通过收敛性和判别效度对测量模型进行评估。收敛效度（CV）是指运用不同测量方法测定同一特征时测量结果的相似程度（王重鸣，2000）。本书有六个潜变量，为了评估收敛有效性，本书测量了因子载荷值、平均方差提取值（AVE）和综合信度（CR）（Hair et al.，2013）。AVE表示平均提取方差，从表4-9中可知本书所有AVE值为0.609—0.687，超0.5的阈值（Hair et al.，2013）。这说明可测变量为潜变量提供了较好的解释信息。潜变量组合信度*CR*用来评价潜变量所属各个测量指标间内在一致性。*CR*越高，潜变量下各指标一致性越高。通常，*CR*应该大于0.5。*CR*度量的公式为：

$$CR=\frac{(\sum\lambda_j)^2}{(\sum\lambda_j)^2+\sum\theta_j} \tag{4.15}$$

本式中的λ为标准化因子载荷，θ_j是第j项的测量误差。本书所有*CR*在0.836—0.868，超过0.7的阈值（Hair et al.，2013）。本书各潜变量的因子负荷范围为0.701—0.853，超过0.7的临界值。判别效度（DV）是量表效度的指标（戴海琦，2015）。为了检验判别效度，采用Fornell-Larcker's（1981）比率和Heterotrait-Monotrait Ratio（HTMT）比率。两种统计方法的结果如表4-9所示。

为了评价Fornell-Larcker's（1981）比率，每一个潜变量的VE的平方根放在对角线上，能超过它与其他潜变量的最高相关系数，表明判别有效性的实现（Henseler，2015）。而表4-10显示所有潜变量的HTMT值都小于0.90的临界值，达到HTMT. 90的标准。因此，研究对每个潜变量的判别效度结果都是令人满意的。

表4-9 信度分析

变量	载荷	CR	AVE
CRM 1	0.839	0.866	0.689
CRM 2	0.832		
CRM 3	0.817		
CEM 1	0.834	0.845	0.647
CEM 2	0.817		
CEM 3	0.836		
CPE 1	0.746	0.839	0.634
CPE 2	0.814		
CPE 3	0.830		
BJW 1	0.780	0.855	0.610
BJW 2	0.801		
BJW 3	0.829		
BJW 4	0.722		
BJW 5	0.776		
BJW 6	0.797		
BJW 7	0.825		
BJW 8	0.718		
BJW 9	0.778		
BJW 10	0.799		
BJW 11	0.827		
BJW 12	0.718		
BJW 13	0.774		
CSS 1	0.852	0.849	0.658
CSS 2	0.835		
CSS 3	0.736		
CSS 4	0.854		
CSS 5	0.837		
CSS 6	0.738		
CSS 7	0.855		
CSS 8	0.838		
CSS 9	0.739		
CSS 10	0.853		
CSS 11	0.836		
CSS 12	0.737		

续表

变量	载荷	CR	AVE
BI 1	0.701	0.836	0.609
BI 2	0.805		
BI 3	0.806		
BI 4	0.728		
BI 5	0.704		
BI 6	0.724		

资料来源：本研究整理所得。

表 4–10 判别效度

Fornell-Larcker's (1981) Criterion						
	BI	CRM	CPE	BJW	CEM	CSS
BI	0.751					
CRM	0.473	0.828				
CPE	0.289	0.362	0.798			
BJW	0.356	0.371	0.364	0.783		
CEM	0.275	0.187	0.346	0.338	0.830	
CSS	0.198	0.135	0.389	0.175	0.297	0.80
Heterotrait-Monotrait Ratio (HTMT)						
BI						
CRM	0.619					
CPE	0.394	0.496				
BJW	0.454	0.486	0.482			
CEM	0.374	0.249	0.442	0.438		
CSS	0.274	0.189	0.509	0.238	0.387	

资料来源：本研究整理所得。

（二）结构模型评估

结构模型检验采用路径系数（β）评估各潜变量间的相关性，决定系数β系数和相关t统计量的值和维数以及内生变量的R^2也被考虑在内（Hair et al., 2013），以此评估模型准确性。个体公平世界信念感知和消费者品牌认同这两个内生变量的R^2值分别为0.325和0.452，都超过阈值标准0.25。本书采用基于5000个样本的BOOTSTRAPPING方法测量了路径系数及其相对重要性。除了这些标准计算之外，还测量了Hair、Ringle和Sarstedt在结构模型评估中推荐的每个结构路径影响大小（f^2）。f^2值计算公式为：

$$f^2 = \frac{R^2_{included} - R^2_{excluded}}{1 - R^2_{included}} \tag{4.16}$$

其中，本公式中的$R^2_{included}$是包含模型中全部变量的R^2值，而$R^2_{excluded}$是将特定的潜变量剔除后得到的R^2值。f^2为0.02、0.15、0.35分别代表效应小、中、大。本书中f^2值都超过阈值标准0.02。其中采用偏最小二乘算法计算出各指标值，采用偏差校正的非参数百分位BOOTSTRAPPING法分析各指标值的显著性。在表4-11中，显示了每个结构路径的β系数、t值、p值和效应大小f^2的值。

结果表明，人设榜样性（β=0.266，t=5.436，f^2=0.089，p<0.01）、情感激励性（β=0.167，t=3.196，f^2=0.052，p<0.01）、宣传有效应（β=0.123，t=2.297，f^2=0.054，p<0.01）对消费者品牌认同有显著的正向影响。其中，人设榜样性对消费者品牌认同的影响最大，其次是情感激励性。因此，假设H1、H2、H3得到支持，如表4-11所示。

Cohen标准被用于评估效应大小的测量（Cohen，1988），如小、中、大效应分别为0.02、0.15和0.35。人设榜样性、情感激励性、宣传有效性都超过阈值标准0.02。对于控制变量，个体领悟社会支持能力对中介公平世界信念（β=0.155，p<0.01）和因变量消费者品牌认同（β=0.146，p<0.01）都有显著的正向影响。

表4-11　结构估计（假设检验）

假设路径	β值	t值	f^2	p
H1：$\xi_1 \to \eta_1$	0.266	5.436**	0.089	**
H2：$\xi_2 \to \eta_1$	0.167	3.196**	0.052	**
H3：$\xi_3 \to \eta_1$	0.123	2.297**	0.054	**

资料来源：本研究整理所得。

注：**$p \leqslant 0.01$，*$p \leqslant 0.05$。

（三）公平世界信念在励志品牌故事价值维度与消费者品牌认同之间的中介作用

概念模型假设，个体公平世界信念感知将中介励志品牌故事价值维度和消费者品牌认同之间的结构关系（即假设H1到H3）。为了检验中介，本书基于5000个样本（Hair et al.，2013），使用Smart PLS版本3.2.4（SmartPLS GmbH，Bónningstedt，Germany）（Ringle et al.，2015），引入特定间接效应函数研究特定中介路径系数。除p值外，还报告了假设间接结果的显著性，即p值。个体公平世界信念显著中介了人设榜样性与消费者品牌认同的关系（β=0.022，p<0.01），情感激励性与消费者品牌认同的关系（β=0.031，p<0.05），宣传有效性与消费者品牌认同的关系（β=0.032，p<0.01）。这些结果支持H4a、H4b、H4c的假设。

第五节 确定模型联立方程

通过上述讨论，本文所探讨的实证模型如图4-3所示，其联立方程如公式（4.17）所示。

一、潜变量间联立方程

由图4-3实证模型论证结果可得出如下潜变量间的联立方程：

$$\eta_1=0.244\times\xi_1+0.136\times\xi_2+0.091\times\xi_3+0.102\times\xi_4+0.146\times\xi_5 \quad (4.17)$$

其中，

$$\xi_4=0.232\times\xi_1+0.210\times\xi_2+0.214\times\xi_3+0.155\times\xi_5 \quad (4.18)$$

本方程式中的η_1为品牌认同潜变量，ξ_1为人设榜样性潜变量，ξ_2为情感激励性潜变量，ξ_3为宣传有效性潜变量，ξ_4为公平世界感知潜变量，ξ_5为领悟社会支持潜变量。

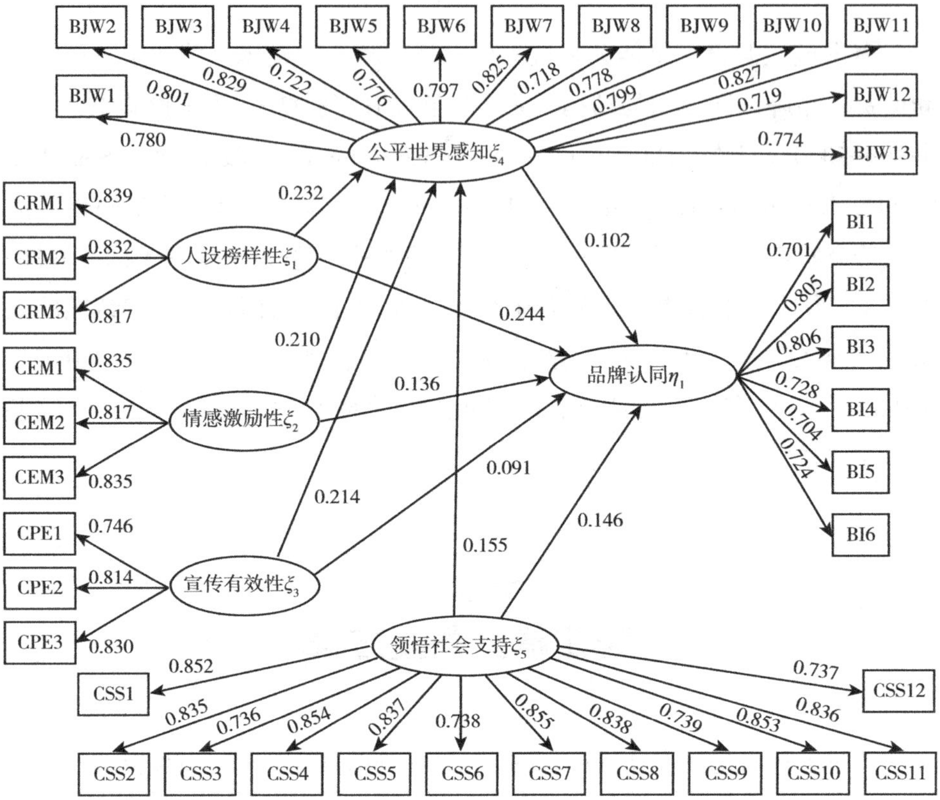

图4–3 实证模型

资料来源：本研究整理所得。

二、各潜变量与其观测指标间联立方程

由各观测变量的外部权重系数（见表4–12），可得出如下各潜变量和其观测变量间的联立方程：

表 4–12 各观测变量的权重系数

变量	权重
人设榜样性 ξ_1	
CRM 1	0.419
CRM 2	0.406
CRM 3	0.381
情感激励性 ξ_2	
CEM 1	0.391
CEM 2	0.348
CEM 3	0.398
宣传有效性 ξ_3	
CPE 1	0.391
CPE 2	0.399
CPE 3	0.463
公平世界信念感知 ξ_4	
BJW 1	0.080
BJW 2	0.084
BJW 3	0.083
BJW 4	0.073
BJW 5	0.076
BJW 6	0.077
BJW 7	0.080
BJW 8	0.069
BJW 9	0.078
BJW 10	0.079
BJW 11	0.082
BJW 12	0.071
BJW 13	0.074
领悟社会支持 ξ_5	
CSS 1	0.086
CSS 2	0.085
CSS 3	0.074
CSS 4	0.088
CSS 5	0.087
CSS 6	0.076
CSS 7	0.089
CSS 8	0.088
CSS 9	0.077
CSS 10	0.087
CSS 11	0.086
CSS 12	0.075

续表

变量	权重
品牌认同η_1	
BI 1	0.149
BI 2	0.184
BI 3	0.188
BI 4	0.168
BI 5	0.146
BI 6	0.167

资料来源：本研究整理所得。

$$\xi_1=0.419\times CRM1+0.406\times CRM2+0.381\times CRM3 \quad (4.19)$$

$$\xi_2=0.391\times CEM1+0.348\times CEM2+0.398\times CEM3 \quad (4.20)$$

$$\xi_3=0.391\times CPE1+0.399\times CPE2+0.463\times CPE3 \quad (4.21)$$

$$\xi_4=0.080\times BJW1+0.084\times BJW2+0.083\times BJW3+0.073\times BJW4+0.076\times BJW5 +0.077\times BJW6+0.080\times BJW7+0.069\times BJW8+0.078\times BJW9+0.079\times BJW10+0.082\times BJW11+0.071\times BJW12+0.074\times BJW13 \quad (4.22)$$

$$\xi_5=0.086\times CSS1+0.085\times CSS2+0.074\times CSS3+0.088\times CSS4+0.087\times CSS5+0.076\times CSS6+0.089\times CSS7+0.088\times CSS8+0.077\times CSS9+0.087\times CSS10+0.086\times CSS11+0.075\times CSS12 \quad (4.23)$$

$$\eta_1=0.149\times BI1+0.184\times BI2+0.188\times BI3+0.168\times BI4+0.146\times BI5+0.167\times BI6 \quad (4.24)$$

公式（4.19）—（4.24）为各潜变量和其观测间的测量方程。其中CRM1–CRM3为人设榜样性（ξ_1）价值维度的观测指标；CEM1– CEM3为情感激励性（ξ_2）价值维度的观测指标；CPE1– CPE3为宣传有效性（ξ_3）价值维度的观测指标；BJW1–BJW13为公平世界信念（ξ_4）的观测指标；CSS1–CSS12为领悟社会支持（ξ_5）的观测指标；BI1– BI6为品牌认同（η_1）的观测指标。

由上述研究得出，励志品牌故事价值维度对消费者品牌认同影响具有以下特征：首先，励志品牌故事价值维度通过公平世界信念中介对消费者品牌认同产生影响。企业通过企业讲励志品牌故事整体价值维度让消费者喜爱、崇拜并模仿励志人物，产生更多的基于“公平”感知和对未来的憧憬，实现企业推广励志品牌故事，实现更多品牌认同的营销初衷。其次，励志品牌故事人设榜样性价值维度通过公平世界信念对消费者品牌认同产生影响。励志品牌故事中的励志角色获得的公平对待可以增强其“榜样”的效果，增加励志故事的说服力，加强消费者既有的认知和意愿。再次，励志品牌故事情感激励性价值维度通过公平世界信念对消费者品牌认同产生影响。表现人物艰难蜕变的励志故事通过叙事传输“放大”功能更能长久震撼个体内心，产生更多诸如公平感知的积极情绪感及积极认知。最后，励志品牌故事宣传有效性价值维度通过公平世界信念对消费者品牌认同产生影响。

企业通过讲励志品牌故事让消费者在接受故事所带来的积极价值及“主流”思想的基础上产生更多的基于“公平”的希望感知和对未来的期望，进一步增强品牌宣传的效果，起到“宣传有效”的作用。个体领悟社会支持水平对励志品牌故事价值维度和消费者品牌认同之间关系的控制作用较为显著。良好的领悟社会支持能力有益于个体的生理和心理健康，其作为一种弹性资源，对个体的身心健康有重要的意义。通过以上研究结果可以看出，把PLS和结构方程有机结合，可以很好地解决励志品牌故事价值维度对消费者品牌认同影响的研究问题。

第六节 本章结论及讨论

一、结论

本章以系统思想为指导，以结构方程原理为基础，结合PLS方法的具体特点，对励志品牌故事价值维度对消费者品牌认同影响的问题进行了研究。

本章结合上一章励志品牌故事价值维度的界定，构造了各潜变量间的结构方程模型。第三章第一个部分就对消费者对励志品牌故事人设榜样性、情感励志性、宣传有效性三个维度进行扎根研究，第二部分进行测量量表的科学性和有效性，进而为评估消费者对励志品牌故事的感知提供理论支持。本章以品牌认同为内生潜变量，以人设榜样性、情感激励性、宣传有效性、公平世界感知、领悟社会支持为外生潜变量的励志品牌故事价值维度对消费者品牌认同影响的模型，建立了品牌认同评价模型的指标体系。根据统计学的基本原理设计问卷调查表，以模型指标体系为中心，研究励志品牌故事价值维度对消费者品牌认同的影响，并对调查数据进行了整理和标准化。

本章结合路径系数、因子载荷系数及外部权重系数的具体情况，系统分析了励志品牌故事各价值维度及其观测指标影响品牌认同的程度。本章结合具体情况的路径系数和因子载荷系数分析了影响品牌认同的主要因素，验证了具有积极价值维度的励志品牌故事对消费者品牌认同的影响。验证了消费者在励志品牌故事“感染”下获得更多的公平世界信念，激发更多的人生希望，继而产生更多品牌认同，同时考察了个体社会领悟对基于公平世界信念中介的励志品牌故事对品牌认同影响的控制因素作用。

本章在构造各变量间的结构方程模型基础上，按照PLS-结构方程的基本原理，考察了拟合模型通径系数的稳定性，从而给出了具有良好统计检验的应用模型。由于偏最小二乘法是主成分分析和多元回归分析方法的结合，根据PLS-结构方程的具体特点，其具有的递归迭代的方法原理可以对模型进行相应的拟合分析与统计检验。

二、讨论

（一）理论贡献

首先，本章构造了励志品牌故事价值维度各变量间的结构方程模型。本书在对励志品牌故事人设榜样性、情感励志性、宣传有效性三个维度进行扎根研究及进行量表认定的基础上，对励志品牌故事价值维度和消费者品牌认同的影响之间的关系进行探析。本章考察了品牌认同为内生潜变量，以人设的榜样性、情感的激励性、宣传的有效性、公平世界感知、领悟社会支持为外生潜变量的励志品牌故事价值维度对消费者品牌认同影响的因果关系，建立了励志品牌故事价值维度对品牌认同影响的模型，并建立了评价模型相应指标体系。

最后，本章系统分析了励志品牌故事各价值维度及其观测指标影响品牌认同的程度。本章研究发现，消费者在励志品牌故事感染下获得更多的公平世界信念，激发更多的人生希望，继而产生更多品牌认同，同时考察了个体领悟社会支持对基于公平世界信念中介的励志品牌故事对品牌认同影响的控制因素作用。本章结合具体情况的路径系数和因子载荷系数分析了影响品牌认同的主要因素，验证了具有积极价值维度的励志品牌故事对消费者品牌认同的影响。

再次，本章把“公平世界信念”这个社会学概念引入品牌故事的构建研究，丰富了营销研究的新维度。公平世界信念具有从内因激发为主扩展到以媒介内容等外部刺激诱发为主的作用机制，从而具有增强公平世界信念，激励个人专注未来规划，追求长期目标的作用。本书发现，励志品牌故事人设榜样性、情感激励性和宣传有效性三个价值维度通过公平世界信念对品牌认同中介作用分析。本章研究把社会学概念“公平世界信念”引入营销学研究，拓展了品牌故事的研究内容。

（二）实践贡献

首先，由于励志品牌故事价值维度对品牌认同影响的结构估计结果显示人设榜样性维度对品牌认同的影响系数最大，高于情感激励性和宣传有效性。所以，企业可以在营销实践中结合人设榜样性维度中的相关内容开展营销工作及进行相应的营销控制。同时，在对各维度观测指标进行权重分析时发现人设榜样性维度中的“人设处于某种艰难境遇，具有某种人设特质（残疾性、性别歧视、阶层压迫、事故突发等）”这个观测指标在人设榜样性维度各观测指标中权重最高。那么，企业则可以在营销创作过程中充分考虑人设的因素，从故事人设的角度进行更多相应的品牌故事及其他营销内容创作的灵感捕捉。

其次，本章研究成果对于企业品牌故事创新及品牌形象的塑造具有一定的推动作用。本章研究结果提醒企业在进行品牌故事等营销内容创作时可以积极考虑诸如励志品牌故事等多种类型的品牌故事，这样既丰富了营销内容创作来源，同时也实现了消费者对企业品牌认同程度的增加。励志形象在品牌故事内容的出现，以及那些常被称为“正能量”的东西，往往会让消费者联想积极、乐观的优秀和美好的品质，促使其模仿“榜样”的力量，实现其人生观、价值观的洗礼和现实行为的纠偏，进而达到宣传企业目标及塑造品牌形象的目的，并形成更广泛的社会认同和品牌认同。

（三）研究局限性及展望

研究结果表明，励志品牌故事价值维度会让消费者觉得品牌更具能力，认同度更高。那么，这一结论是否也适合于其他情境？企业可以继续在以往研究的基础上，多维度全方位地探索不同主题品牌故事的传播及其对企业品牌的影响。在此研究的基础上，可以进行更多领域探索，进而进一步验证励志品牌故事价值维度与企业品牌塑造之间的关系。

第五章

励志品牌故事人设特质性对品牌认同的影响

CHAPTER 05

第一节
问题引出

上一章中对励志品牌故事价值维度对品牌认同影响的结构估计（假设检验）结果显示，人设榜样性维度对品牌认同的影响系数最大，β值为0.266，高于情感激励性（β=0.167）和宣传有效性（β=0.123）。同时，在对各维度观测指标进行权重分析时发现，人设榜样性维度中的“人设处于某种艰难境遇，具有某种人设特质（残疾性、性别歧视、阶层压迫、事故突发等）”这个观测指标的权重系数为0.419，其在人设榜样性维度各观测指标中权重最高。而在第三章的励志品牌故事价值维度扎根理论研究中，人设榜样性维度中的“人设处于某种艰难境遇，具有某种人设特质（残疾性、性别歧视、阶层压迫、事故突发等）”这个观测指标被受访者提及最多的是人设健全性和人设性别这两个人设因素。

“人设”概念主要用于角色、情节等的具体设计，故事情节的发展是通过故事中扮演的人物角色来推进的，没有人物角色的设定，故事的发展就无法进行（吴组缃，1987；维森特，2004）。已有关于戏剧、电影、故事等的相关研究证明，人设的健全性和人设的性别对文艺作品的被接纳度的影响非常大（Luce Irigaray，1993；庄冬文，2010；陈彦旭，2015；顾玲菁、叶继奋，2015）。所以，研究励志品牌故事人设特质性中的人设残疾性和人设性别对进一步分析励志品牌故事价值维度对消费者品牌认同影响就显得尤为必要。

同时，以往研究表明，诸如故事等叙事作品的读者对包含“特殊字符”的信息传播时具有更高的敏感性（Greene，1994），“残疾”“女性”就是具有“特殊字符”的信息（Luce Irigaray，1993；陈彦旭，2015）。读者会通过编码和使用人物特征（如非健全人设、弱势群体的女性）来加深对故事的理解（Love，2010）。以往文艺作品励志人设的塑造无论是平凡小人物还是叱咤风云的大人物，都是苦尽甘来的“英雄”这一标志性人物设定（贺亚玲，2015；Xie，2017）。消费者对励志品牌故事中的励志人设的喜爱和认同可以增加励志故事的说服效果，增强个体对品牌既有的认知和意愿，极大地促进对企业品牌的认同和接纳程度（Graaf，2009）。但以往关于励志品牌故事维度中的特质人设对消费者品牌认同影响的纵深研究则极少。

本书基于以往品牌故事理论研究的现状和不足探索企业能否通过讲具有特质人设的励志品牌故事更好的让消费群体沉浸在励志故事中并影响他们的品牌认同度（Green，2004）。从而验证弱势特质励志人设对于社会的积极正向的一面，考察弱势群体对于构建励志品牌故事的作用，实现采用自强自立的弱势个体作为励志故事人设时消费者可以获得更多的角色认同和情感认同的营销目的。

单因素方差分析是两个样本平均数比较的引申，它是用来检验多个平均数之间的差异，从而确定因素对试验结果有无显著性影响的一种统计方法。励志品牌故事价值维度中的人设特质是从单 因素角度去考察励志品牌故事对消费者品牌认同的影响，故可以采用单因素方差分析法进行分析。本章采用单因素方差分析方法进一步加深消费者对励志品牌故事价值维度的理解，探寻励志品牌故事价值维度对消费者品牌认同的更为深层次的影响机制。同时也为企业进行励志品牌故事创作提供一个新的思考角度。

第二节
单因素方差分析

一、单因素方差分析概述

如果实验过程中只有一个因素变化，则称为单因素试验。如果有两个或两个以上因素变化，则称为多因素试验（郭志刚，1999）。单因素方差分析的任务是根据实际情况提出零假设 H_0 和备择假设 H_1，并基于数据作出相应的统计推断。假设因素 A 有 S 个水平，即 $A_j(j=1,2,\cdots,S)$。同时，在第 A_j 水平下进行 n_j 个独立试验。将每个水平下的平均值表示为 $\mu_1,\mu_2,\cdots,\mu_S$，并建立如下假设检验：

$$H_0:\mu_1=\mu_2=\cdots=\mu_S$$

$$H_1:\mu_1,\mu_2,\cdots,\mu_S\text{不全相等。} \quad (5.1)$$

总体均值 μ 的计算公式为：$\mu=\frac{1}{n}\sum_{j=1}^{S}n_j\mu_j$，其中 $n=\sum_{j=1}^{S}n_j$。

水平 A_j 的效应 δ_j 的计算公式为：

$$\delta_j=\mu_j-\mu\,(j=1,2,\cdots,S) \quad (5.2)$$

上述假设检验即可转化为：

$$H_0:\delta_1=\delta_2=\cdots=\delta_S=0$$

$$H_1:\delta_1,\delta_2,\cdots,\delta_S\text{不全为零。} \quad (5.3)$$

单因素方差分析的目的是检验 S 个水平下的均值 μ_j 是否相等。即检验各水平 A_j 的效应 δ_j 是否均等于零（Cox et al.，1985）。

二、单因素方差检验所需统计量

假设每个总体均服从正态分布且具有相同的方差。即假定每个水平 A_j

下的样本$x_{1j},x_{2j},\cdots,x_{nj}$是来自正态总体$N(\mu_j,\sigma^2)$的简单随机样本，而$\mu_j$与$\sigma^2$未知，并且假定不同水平的样本彼此间相互独立的，单因素方差分析所需的检验统计量可以从总平方和的分解中得出。其中，A_j下的样本平均值为：

$$\bar{x}_{\cdot j}=\frac{1}{n_j}\sum_{i=1}^{n_j}x_{ij} \tag{5.4}$$

数据的总平均：

$$\bar{x}=\frac{1}{n}\sum_{j=1}^{S}\sum_{i=1}^{n_j}x_{ij}=\frac{1}{n}\sum_{j=1}^{S}n_j\bar{x}_{\cdot j} \tag{5.5}$$

总平方和：

$$S_T=\sum_{j=1}^{S}\sum_{i=1}^{n_j}(x_{ij}-\bar{x})^2 \tag{5.6}$$

S_T反映所有数据间差异。其可分解为公式：

$$S_T=S_E+S_A \tag{5.7}$$

其中，

$$S_E=\sum_{j=1}^{S}\sum_{i=1}^{n_j}(x_{ij}-\bar{x}_{\cdot j})^2 \tag{5.8}$$

$$S_A=\sum_{j=1}^{S}\sum_{j=1}^{n_j}(\bar{x}_{\cdot j}-\bar{x})^2=\sum_{j=1}^{S}n_j(\bar{x}_{\cdot j}-\bar{x})^2 \tag{5.9}$$

总的误差平方和S_E中的$(x_{ij}-\bar{x}_{\cdot j})^2$为样本观测值与$A_j$水平下样本平均值间差异，其是由随机误差引起的。效应平方之和S_A的各项$(\bar{x}_{\cdot j}-\bar{x})^2$表示在水平$A_j$下样本平均值与数据总平均值之间的差异，其是由水平之间的差异和随机误差两部分引起的，且S_A和S_E相互独立。

当$H_0:\delta_1=\delta_2=\cdots=\delta_S=0$为真时，$\frac{S_A}{\sigma^2}$和$\frac{S_E}{\sigma^2}$分别服从自由度为$S-1$和$n-S$的$\chi^2$分布，即，

$$\frac{S_A}{\sigma^2}\sim\chi^2(S-1) \tag{5.10}$$

$$\frac{S_E}{\sigma^2}\sim\chi^2(n-S) \tag{5.11}$$

在$H_0:\delta_1=\delta_2=\cdots=\delta_S=0$为真时，

$$F=\frac{(S_A)/(S-1)}{(S_E)/(n-S)}\sim F(S-1,n-S) \quad (5.12)$$

其即为单因素方差分析所需的检验统计量（Cox，1985）。

三、假设检验的拒绝域

在显著性水平 α 下，该检验的拒绝域为：

$$F\leqslant F_{\alpha}(S-1,n-S) \quad (5.13)$$

通常将上述分析结果安排在方差分析表中，如表5–1所示。

表5–1 单因素方差分析表

方差来源	平方和	自由度	均方	F
因素A	S_A	$S-1$	$\bar{S}_A=\frac{S_A}{S-1}$	$F=\frac{\bar{S}_A}{\bar{S}_E}$
误差	S_E	$n-S$	$\bar{S}_E=\frac{S_E}{n-S}$	
总和	S_T	$n-1$		

资料来源：郭志刚.社会统计分析方法——SPSS软件应用［M］.北京：中国人民大学出版社，1999.

第三节 励志品牌故事人设的健全性对品牌认同的影响

一、问题引出

在以往的影视剧、戏剧和小说等一系列的作品中成功塑造的身残志坚的“非健全人设（人物设计的缩写）”就是具有“特殊字符”的信息。相比一般的励志品牌故事，由残疾人中的励志人物演绎的励志品牌故事这一特殊媒介应该更能打动消费者内心（贺亚玲，2015；Xie，2017）。比如，“耐克”最新发布的Air Justins视频广告，采用脑瘫患者Justin Gallegos在2018年

4月跑完美国Oregon半程马拉松赛的实例，唤起读者/观众对敢于挑战困境奋斗上进的残疾人的鼓励和关爱，体现出企业的社会人文关怀，从而引起作为普通消费者的读者/观众对企业社会责任的好感，从而更认可耐克品牌（网易，2018）。

虽然近年来残疾人的战争与残疾的展示、残疾对儿童的影响、残疾人文学作品的利弊等关于残疾人的文艺作品在不同地区有了较为深入的研究（姚莉莉，2016）。但是企业运用残疾人题材在营销领域影响消费者的认知、态度和行为，尤其是企业通过讲何种类型的励志主题故事来塑造品牌形象的国内外研究甚少，缺乏系统的研究体系。所以，本书鉴于品牌故事理论研究的现状和不足，在考察诸如品牌故事类型、内容、产品、品牌等因素都一致的基础上验证残疾这一特殊人设的特征是否会比健全人设能带来更强的品牌认同及其内部解释机制。比如，反映攀登生命高峰克服困难和充满正能量精神的“残疾人”这一更具“特殊符号”特征的人群能否作为企业创作和创新品牌故事时的素材来源？

本书基于美国心理学家Bandura的OLT理论（观察学习理论），运用叙事传输到自我效能，继而到品牌认同这一链型中介机制探索企业在励志品牌故事中采用非健全人设会对消费者品牌认同产生怎样的影响。首先，实验1验证励志品牌故事中非健全人设比健全人设更能激发消费者的品牌认同，且验证自我效能在励志品牌故事中人设的健全性和消费者品牌认同之间起中介作用。实验2验证个体对励志品牌故事真实性感知程度对消费者的品牌认同有调节作用。与个体的低真实性感知相比，在高真实性感知条件下，励志品牌故事中植入残疾的人设会对品牌认同产生更为显著的影响。实验2同时还验证励志品牌故事中人设的健全性和个体的真实性感知的交互作用对品牌认同的影响通过影响个体的自我效能感的中介而起作用。实验3验证在个体高真实性感知情况下，励志品牌故事中人设的健全性对品牌认同的自我效能中介机制进一步受到叙事传输的中介解释。本书既能丰富现有品牌管理理论，又能为企业进行品牌故事创作及品牌形象的打造提供实践指导。

二、假设推演

（一）励志品牌故事人设的健全性对消费者品牌认同的影响

“残疾”的传统定义来自病理学和医学。文学评论家Mitchell认为，跛足可能是社会意识形态缺陷的反映，眼睛盲视则可以理解为人性对未来的近视（David，2001）。联合国残疾人权利公约规定：残疾人有长期来自身体、精神、智力或感觉的障碍。西方文学史上的残疾人人物形象设计经历了“妖魔化”“英雄化”到“正常人”的变化过程（陈彦旭，2015）。具体而言，19世纪的美国文学作品表现出对残疾人极端歧视和恐惧的“妖魔化”倾向。Murphy认为“残疾”被认为与健康和健全相反，预示着一种“可怕的可能性”，并且（在社会意义上）他们实际上已经死亡（Baena，2016）。从19世纪末到20世纪60年代，“英雄化”的人物形象在残疾文学作品中不断出现，残疾人不再只是文学作品写作中边缘化的没有话语权的文学形象。如Hemingway的作品《In Our Time》中的Nike就是这些文学人物的代表。而20世纪70年代以后的文学作品则更多地表达了残疾作家作为“正常人”的乐观积极的精神。社会整体日益清晰地认识到现实世界中残疾人权利和社会地位的悄然变化（陈彦旭，2015）。

Adler和Meyer提出并发展的“心理补偿”理论也给予残疾人文学一个很好的引导和机制解释（Solomon，1977）。“心理补偿”是一个很好的策略，会让更多自卑的残疾个体获得心理平衡。个体通过“定向虚构”建立调节身体缺陷或精神缺陷的机制，从而由自卑转化为优越获得心理平衡和补偿。如果没有相应的补偿机制，残疾个体在社会歧视的凝视下，身体的非完整性会变成精神上的创伤（Solomon，1977）。后期，“心理补偿”被应用于神经症心理学。一个个励志残疾人就是一个个“心理补偿”的实施者，诸如励志影片所塑造的励志形象一样，他们的励志故事也具备强烈感染性。Davis也指出，医学，心理学，伦理学和其他学科都有助于残疾文学的建设和发展（Davis，2002）。因此，根据残疾人文学未来的发展趋势和基于以往研究成果的不足，可以以残疾人为研究对象，采用管理学科的方法和观点，重点研究“残疾人”这一特定人设在营销领域的作用和意义。这样的结合，不仅具有学术意义，而且具有道德意义。企业通过讲述“不健全”的励志残疾人的故事，可以在社会现实中发挥见证（witness）和协调（negotiation）的重要作用（Kaplan，1974）。比如，Love，Mckoon和Gerrig认为，读者会通过编码和使用人物特征（如非健全人设）来加深对故事的理解（Love，2010）。残疾人是励志故事常用的人物设定之一。“残疾人”即“残疾人”，其将面临来自文化和社会的多重障碍，从而限制了他们与其他社会成员平等共处的机会和权利。这是因为社会多数个体缺乏健康个体普遍认可的生理标准，“残疾”作为偏离的少数的特征才会被放大。

Adler和Meyer认为，残疾个体的自卑感使个体通过对自己不足的理解来决定自己的优势目标并追求这一目标，以克服各种设想的或真正的弊端和弱点，这就是所谓的“补偿效应”（Solomon，1917）。同时，Davis认为，正常的每个人终将有一日都会由于事故、疾病、身体功能的老化而失去正常的机制、功能和作用，变成另外一种意义上的实质性的残疾（Davis，2002）。所以，从这个意义上讲，对于残疾人及对残疾文学的关注，是对这一消费者的现实关怀，也是对每个个体的未来的关注。正是这一思维假设攥住了每个个体的内心，因为好的品牌故事能提供一种不断变化的“承诺”，这个承诺基本上就是向消费者隐含地保证，一旦故事中的品牌被购买或使用，它就能够实现类似励志故事中的主角那样的能量。关于这个隐喻性变化的信息附于故事的表面之下（Denning，2004；Xie，2017），如果消费者可以发现它并将其转化为自己的信息，那么这个故事就更具说服力。所以，这些“励志残疾”人物形象的展示实质上是在提供一种“承诺”，类似间接的劝说和榜样的示范（Bandura，1965）。残疾励志人物以他们的精神提醒每个个体应具有积极、乐观、不懈、无畏的优秀品质（Bandura，1977）。有效的品牌故事将与社会契约相同，可以使听故事的个体从目标群体的规范中学习（Morgan，1997）。并且，故事自身不论是真实的还是虚构的，同样可以使个体在态度、信念及行为方面作出相应的改变（Green，2000；Caputo，2011），同时，也进一步验证了Bandura的OLT理论。

由此提出假设：

假设1a：励志品牌故事非健全人设比健全人设更能激发消费者对品牌认同。

（二）自我效能在励志品牌故事人设的健全性和消费者品牌认同间的中介作用

Bandura认为，环境和个体认知及其他内部因素和行为之间的相互作用决定了个体行为（Bandura，2005），自我效能意味着个体有能力应对各种挑战并对各种情况具有整体信心，也就是说，当面对活动任务时，主体感到确定、自信、自尊和自爱等。社会认知理论认为，影响人类行为的其他激励因素（包括环境因素）可能源于个体的核心信念，即个体的思想和信念在行为中起关键作用，个体有能力通过他的行为产生效果。如自我效能会影响到选择行为的积极认知和情绪因素，从而对个体的发展产生深远的定向作用（Bandura，1994）。且有多位学者研究证明具有诸如励志积极意义的素材可以有效激发个体的积极性，从而增强个体的自我效能度（石凡，2012）。

由于人的许多效能期望来源于与观察者较相同的榜样的替代经验，消费者从颓废、疑问和怀疑的既有思想框架中转向他们想去理解和接受信息的积极情绪（Denning，2001）。在自我效能感的价值基础上建立的SVAM接受度模型可以更好地用来解释用户的采用目的（朱阁等，2010）。综上所述，以往虽然有自我效能对品牌认同产生影响的相关研究，但并没有涉及残疾人这一消费者的“心理补偿”的管理应用。残疾人的励志故事的震撼力就是刺激消费个体自我效能信念的因素之一。所以，把这种“心理补偿”所带来的自我效能的激励作用和企业如何更好地将故事结合起来并解释其背后的理论机制就很有研究的价值和必要性。

自我效能有提高个体解决生活中问题的能力和信心，赋予他们更强的意志和心理依恋的刺激作用（Bandura，2005）。从本质上讲，叙述的残疾人励志故事描述了残疾人生活中发生的变化，揭示了变化的方式和原因（Caroline，2002），反映了残疾人的经历、态度、动机及意见等（Herman，2003）。根据态度结构诸因素趋于和谐的原则，认知的改变会引起相应的情感和行为倾向的改变（王承璐，1987）。任何影响选择行为的因素都会对个体的缓慢发展产生深刻的方向性影响（Bandura，1994）。过去的研究也证实了这一观点。如Griskevicius等相信为了使广告更具特色或具有说服力，广告商通常使用具有积极内容的广告来使消费者感到希望、快乐、愉悦和有力量，激发消费者的自我效能等积极认知和情感，进而提高购买意向（Griskevicius，2010）。而朱阁、马龙和Sunanda等也证实在自愿消费市场中（特别是当消费者缺乏基本经验时）消费者的自我效能影响其对产品（服务）的感知价值，直接影响消费者的态度和偏好（朱阁等，2010）。因而，励志品牌故事中人设的健全性对品牌认同的影响通过自我效能起中介作用。

由此提出假设：

假设1b：自我效能在励志品牌故事中人设的健全性和消费者品牌认同之间起中介作用。

（三）真实性感知在励志品牌故事人设的健全性和消费者品牌认同之间起调节作用

“真实性”最早产生于旅游学领域，学术界至今没有清晰概念。其研究的主要问题有：真实性的概念及真实性的产生发生的条件，游客真实性的原动力等。真实性感知的概念也因消费者的观点而异（Beverland，2007）。从客观性的角度来看，真实性感知来自消费者的经验或现实。有指出消费者会通过具有某种特定意义的物品而联想起特定的诸如励志故事发生的情景所展示的特殊事件。所以，虽然某种物品与励志意义在现实中没有丝毫联系，但企业通过媒介传播使消费者通过主观构建赋予这一物品励志象征意义，进而感知这种励志象征意义的真实性。同时个体也认为该物品成了个体不可替代的物品。以往研究证明，真实性感知不仅能在电视等媒介的内容接触中对个体态度的影响中起调节的作用（Jochen，2010），还能在相关媒介内容接触中对个体行为和物理性使用行为产生影响（Wilkerson，2013）。所以，在品牌故事的讲述中，对故事的真实性感知也应该是企业和营销人员重点考虑影响因素（Solja，2016）。同时在非常低的真实性感知状态下，信息就失去了其原本的意义。在控制其他因素的情况下，个体对媒介内容的真实性感知能显著预示个体对媒介内容所描绘内容和价值及态度的认可水平（Rivadeneyra，2005；Mckee，2003）。以往研究证明，真实性感知能在电视等媒介的内容接触中对个体态度的影响起调节中介的作用（Jochen，2010）。

由此提出假设：

假设2a：当个体对故事的真实性感知高的时候，个体因为励志故事非健全人设的植入产生更强的自我效能，进而产生更强的品牌认同。

假设2b：当个体对故事的真实性感知低的时候，个体因为励志品牌故事不同健全程度人设的植入而产生的自我效能差异不显著，对品牌认同产生影响的差异也不显著。

假设3：励志品牌故事中人设的健全性和个体的真实性感知的交互作用对品牌认同的影响通过影响个体的自我效能的中介而起作用。

（四）叙事传输对励志品牌故事人设的健全性与自我效能的中介解释效应

叙事传输是人们通过阅读而沉浸在故事的想象情景中产生的对叙事故事中角色或场景的认同和情感体验的心理过程。叙事传输能够增强个体正向认知和积极情感，从而提高故事的说服力（Melanie，2004；Solja，2016）。每当故事受众体验到故事人设的特点及其联想中情感产生共鸣，故事中的情感叙事传输就会发生（Van Laer，2014）。叙事传输能增加个体对故事人物的喜爱和认知（Herman，2003），这反过来又使个体倾向于模仿和接受角色的行为和态度，并且变得与故事角色越来越相似（Bandura，1989），个体退出虚拟体验后，他会将品牌故事的“内部故事”与他的“内部故事”联系起来，比如过去的经历和记忆。这是由个人对环境事件的反应决定的，所以叙事传输解释了叙事故事人设的健全性对品牌认同的中介机制。

鉴于叙事传输对品牌认同的影响受到自我效能的中介影响，诸如品牌故事的媒介内容、人设等因素会对个体的认知和行为有很多方面的影响（Morgan，2002），会使个体接受企业所讲品牌故事描绘和传达的信念、态度与价值观，进而产生更多的如自我效能类的积极认知（应通，2015），并在此基础上实现了自我效能感和应对过程的性质（王承璐，1987），而这种心理过程就是通过叙事传输实现的。同时，表现残疾人艰难励志的故事通过叙事传输的正向情感的“放大”功能更能长久震撼个体的内心，产生更多的诸如自我效能感的积极认知（Griskevicius，2010；Escalas，2004）。其最终结果是，消费者愿意相信品牌故事，并且召唤消费者对品牌的渴望并说服自己购买（维森特，2004）。因而，根据Green和Brock的理论模型，叙事传输中的心理状态能够解释故事对于体验叙事传输的读者的说服力（Green，2002）。由此，提出叙事传输进一步在励志品牌故事人设的健全性和消费者自我效能之间起中介作用。换言之，励志品牌故事中的人设的健全性到叙事传输到自我效能再到消费者品牌认同的因果链模型，进一步揭示了主效应的理论逻辑。

由此提出假设：

假设4：在个体高真实性感知情况下，励志品牌故事中的人设的健全性对消费者品牌认同的自我效能中介机制进一步受到叙事传输的中介解释。

三、实证研究

本书通过3个实验来验证励志品牌故事人设的健全性对消费者品牌认同的影响。实验1验证了励志品牌故事中非健全人设比健全人设更能激发消费者的品牌认同，且自我效能在励志品牌故事中人设的健全性和消费者品牌认同之间起中介作用。实验2考察个体对励志品牌故事真实性感知程度对消费者的品牌认同有调节作用。实验3对励志品牌故事中的人设的健全性对品牌认同的自我效能感中介机制进一步受到叙事传输的中介作用做了解释。

（一）实验1

实验1的实验目的是验证励志品牌故事人设的健全性对品牌认同的影响。证实假设1a和假设1b，即励志品牌故事中的非健全人设比健全人设更能激发消费者对品牌的积极态度和偏好，且验证自我效能感在励志品牌故事中的人设的健全性和消费者品牌认同之间起中介作用。

1. 被试选择

实验1在武汉群光广场征集了65名有效参与者（年龄19—34岁，M=26.05，SD=6.486，女性比例为51.55%）去完成一系列关于洗发水的品牌调查活动。参与者被随机分配到2组（非健全人设vs.健全人设），各组样本容量为（n非健全人设=33，n健全人设=32）。

2. 刺激物设计和实验流程

某些故事和品牌名称可能会带有特殊性，例如，有的故事可能不被认为是励志故事，主角的健全性受到质疑等。为了排除这一效应的影响，在网上募集38位参与者进行了实验前测（年龄17—40岁，M=29.47，SD=5.648，女性比例49.01%）。为了控制品牌熟悉度对实验结果的影响，创立虚拟洗发水品牌“乐漾”，为参与者依次呈现实验中使用的所有品牌故事（呈现顺序随机《你能行（非健全人设版）》《你能行（健全人设版）》）。参与前测的各组被试阅读完各自的品牌故事后，询问参与者这些故事是否是励志故事，人设的健全与否以及品牌名称有没有特殊意义。结果表明对于大部分的参与者（98.01%），实验1中这些故事是励志故事，人设的健全性与故事匹配、品牌名称没有特殊意义。

实验1创建了一个虚拟的洗发水品牌“乐漾”，通过附加不同的人设的特点来表现消费者对品牌的感知差异。首先，为参与者介绍什么是品牌故事和励志品牌故事。其次，对于非健全人设组，给予参与者的品牌故事《你能行（非健全人设版）》的人设为聋哑贫穷的残疾小女孩；对于健全人设组，给予参与者的品牌故事《你能行（健全人设版）》的人设为健全的贫穷的小女孩。

其中，非健全人设组的励志品牌故事为一个贫穷的聋哑小女孩克服成才道路上的种种困难最终成功的故事。而健全人设组的励志品牌故事则是一个贫穷的健全小女孩克服成才道路上的种种困难最终成功的故事（详见附录2）。为了控制实验影响因素，除了故事主角生理健全性的区别，两个故事的情节、文字长度及阅读时间限制一样。以此让参与者感知励志品牌故事人设健全性的不同带来的自我效能感知区别及品牌认同的不同。

本实验变量自我效能采用翻译修订自Schwarzer等编制的一般自我效能感量表（GSES）的问卷进行测量（见表5-2）。量表包括10个问项（Schwarzer，1995），如“您是否会受到故事中人物的鼓舞而认为如果您尽力去做的话，您总是能够解决问题的”“您是否会受到故事中人物的鼓舞而认为以后即使别人反对您，您仍有办法取得您所要的”等问项，自我效能测量工具的信度达到令人满意的水平（α=0.901）。

依旧和第四章一样，品牌认同变量的测量参照金立印（2006）的品牌认同量表。采用7点计分（1分是表示非常不同意，7分是表示非常同意）。品牌认同量表内部一致性系数为0.871。让参与者汇报其读完特定人设的励志品牌故事后消费者感受到的自我效能及品牌认同的评估情况。

表5-2 自我效能问项

题号	观测指标
SE1	您是否会受到故事中人物的鼓舞而认为如果您尽力去做的话，您总是能够解决问题的？
SE2	您是否会受到故事中人物的鼓舞而认为即使别人反对您，您仍有办法取得您所要的？
SE3	您是否会受到故事中人物的鼓舞而认为对您来说，坚持理想和达成目标是轻而易举的？
SE4	您是否会受到故事中人物的鼓舞而认为您自信能有效地应对任何突如其来的事情？
SE5	您是否会受到故事中人物的鼓舞而认为以您的才智，您定能应对意料之外的情况？
SE6	您是否会受到故事中人物的鼓舞而认为如果您付出必要的努力，您一定能解决大多数的难题？
SE7	您是否会受到故事中人物的鼓舞而认为您能冷静地面对困难，因为您可信赖自己处理问题的能力？
SE8	您是否会受到故事中人物的鼓舞而认为面对一个难题时，您通常能找到几个解决方法？

续表

题号	观测指标
SE9	您是否会受到故事中人物的鼓舞而认为有麻烦的时候，您通常能想到一些应对的方法？
SE10	您是否会受到故事中人物的鼓舞而认为无论什么事在您身上发生，您都能够应对自如？

量表来源：Schwarzer等（1995）编制的一般自我效能感量表。

3.数据分析和讨论

本实验采用单因素方差分析法进行数据统计，验证励志品牌故事中的人设的健全性会显著地影响消费者的自我效能，且采用独立样本T检验来验证相关分析。T检验使用T分布理论来推断差异发生的可能性，从而比较两个平均值之间的差异是否显著（Fisher Box、Joan. Guinness，1987；尹希果，2009）。独立样本T检验统计公式为：

$$t=\frac{\bar{X}_1-\bar{X}_2}{\sqrt{\frac{(n_1-1)S_1^{\ 2}+(n_2-1)S_2^{\ 2}}{n_1+n_2-2}\left(\frac{1}{n_1}+\frac{1}{n_2}\right)}} \tag{5.14}$$

$S_1^{\ 2}$ 和 $S_2^{\ 2}$ 为两样本方差；n_1 和 n_2 为两样本容量。数据分析结果表明，非健全人设组的参与者倾向认为其获得更高的自我效能感［M非健全人设=4.376，SD=0. 967；M健全人设=3.834，SD=1.063，$t(64)=4.623$，$p<0.05$，$d=0.533$］，如表5–3所示。同时，非健全人设组的参与者获得的品牌认同显著高于健全人设组的参与者［M非健全=4.546，SD=1.092；M健全=3.688，SD=1.749，$t(64)=5.662$，$p<0.05$，$d=0.588$］，如表5–3所示。假设1a得到支持。

表5–3　　励志品牌故事人设的健全性对品牌认同影响的差异

品牌故事	非健全（M ± SD）	健全（M ± SD）	t	Cohen's d
自我效能	4.376 ± 0.967	3.834 ± 1.063	4.623*	0.533
品牌认同	4.546 ± 1.092	3.688 ± 1.749	5.662*	0.588

资料来源：本研究整理所得。

注：* $p<0.05$，** $p<0.01$。

中介作用分析：为进一步验证励志品牌故事中人设的健全性与消费者自我效能和消费者品牌认同之间的关系，本书采用BOOTSTRAPPING

（PROCESS Model 4）对自我效能的中介作用进行分析（Hayes，2013）。结果发现消费者的自我效能中介了励志品牌故事中的人设的健全性对消费者品牌认同有显著影响（β=0.421；CI = 0.054—0.905）。

其中，置信区间是一种常用的区间估计方法。所谓置信区间是分别由统计信息的上下置信区间的上限和下限组成的区间。置信区间以预定的显著性水平计算，在大多数情况下设置为0.05。置信度为（1–α）或100×（1–α)%。如果α=0.05，则置信度为0.95或95%。置信区间的常用计算公式如下：

$$\Pr(c_1 \leqslant \mu \leqslant c_2) = 1 - \alpha \tag{5.15}$$

本式中的α是显著性水平，Pr表示概率。具有不同健全程度的人设的励志品牌故事会影响个体的自我效能感的激发（β=0.541；CI=0.038—1.045）。如图5–1所示，在加入中介变量（自我效能）后，励志品牌故事中人设的健全性对消费者品牌认同直接影响不显著（β=0.437；CI=–0.195—1.069），表明自我效能对励志品牌故事中人设的健全性和消费者品牌认同之间的关系起完全中介作用，验证了假设1b。

讨论：实验1的数据结果验证了假设1a和1b，表明品牌故事中的非健全人设比健全人设更能激发消费者对品牌的积极态度，并检验了自我效能在励志品牌故事中的人设的健全性和消费者品牌认同之间的中介作用，构建了内部机制模型。

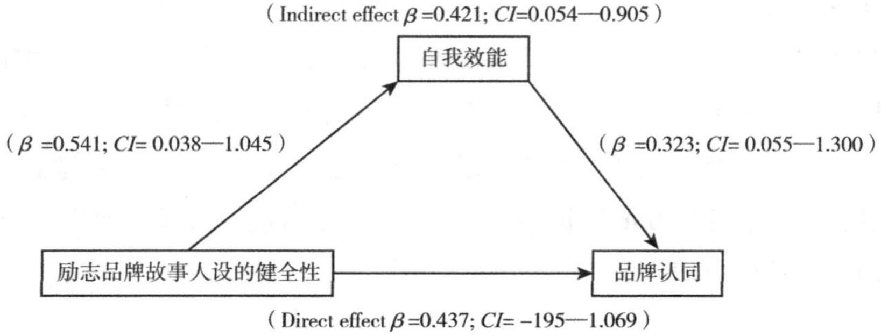

图5–1 实验1中介作用分析

资料来源：本研究整理所得。

（二）实验2

实验2的实验目的是探索励志品牌故事人设的健全性对品牌认同的影响：个体真实性感知在励志品牌故事人设的健全性与品牌认同之间的调节作用。验证假设2以及假设2a和假设2b。

1.被试选择

在中国地质大学征集了154名有效参与者，其中包括本科生、研究生及博士生（年龄18—39岁，M=27.45，SD=6.469，女性比例49.66%）完成一系列关于钻石的品牌调查活动。参与者被分配到2（残疾vs.健全）×2（真实性感知程度：高vs.低）的实验中进行实验。

2.刺激物设计和实验流程

在网上募集43位被试（年龄18—48岁，M=28.79，SD=5.245，女性比例51.53%）参与前测。为了控制品牌熟悉度对实验结果的影响，创立虚拟钻石品牌“艾泰”，为参与者依次呈现实验2中使用的所有品牌故事（《闪亮的钻石（非健全人设版）》《闪亮的钻石（健全人设版）》）。等参与前测的各组被试阅读完各自的品牌故事后，询问参与者这些故事是否是励志故事，人设的健全与否以及品牌名称有没有特殊意义。结果表明对于大部分的参与者（97.91%），实验2中这些故事是励志故事，人设的健全性与故事匹配、品牌名称没有特殊意义。

主实验开始前，参与者填写改编自Rubin编制的媒介内容真实性感知量表的故事真实性感知量表，并对原始问卷翻译修订（真实性感知的测量工具信度达到令人满意的水平（α=0.878）。该量表有5个问项，如表5-4所示。正式试验开始，参与者按实验2要求分到2组（n非健全=77，n健全=77）。测量获得的真实性感知的数据用于实验2中的主效应、边缘主效应、交互作用效应及简单效应的分析。

表5-4 真实性感知问项

题号	观测指标
RS1	日常所读故事的内容呈现的就是事情或人物在现实生活中本来的样子吗？
RS2	日常所读故事的内容常常能让您身临其境吗？

续表

题号	观测指标
RS3	通过日常所读故事内容的描述可以使您真切地看到其他人是如何生活的吗？
RS4	您不太确定日常所读故事中描述的情节在现实中也会是那样的吗？
RS5	日常所读故事的内容往往并不能呈现出生活本来的样子吗？

资料来源：Rubin（1981）媒介真实性感知量表。

首先，为参与者介绍什么是品牌故事和励志品牌故事。对于非健全人设组，给予参与者的品牌故事《闪亮的钻石（非健全人设版）》的人设为失去双腿和妈妈的坚强的小女孩；对于健全人设组，给予参与者的品牌故事《闪亮的钻石（健全人设版）》的人设为健全的失去妈妈的坚强的小女孩。其中，非健全人设组的励志品牌故事为一个地震中失去妈妈和双腿的非健全小女孩克服成才道路上的种种困难最终成功的故事。而健全人设组的励志品牌故事则是一个地震中失去妈妈的健全小女孩克服成才道路上的种种困难最终成功的故事（见附录2）。为了控制实验影响因素，除了故事人设生理健全性的区别之外，两个故事的情节、文字长度及阅读时间限制都一样。以此让参与者感知励志品牌故事人设健全性的不同带来的自我效能感知区别及品牌认同的不同。

实验2自我效能和品牌认同的测量工具与实验1相同。自我效能的测量工具的信度达到令人满意的水平（α=0.887）；品牌认同的测量工具的信度达到令人满意的水平（α=0.896）。让参与者依据李克特7分量表（1分表示非常不同意，7分表示非常同意）汇报其读完特定人设的励志品牌故事后消费者感受到的不同真实性感知及不同真实性感知下的自我效能及品牌认同的评估情况。

3.数据分析和讨论

本实验依旧采用单因素方差分析的方法进数据分析，且结合运用齐性方差检验。齐性方差检验通常是用来分析超过一个参数的统计模型，以判断该模型中的全部或一部分参数是否适合用来估计母体（Lomax、Richard G，2007）。其中，S^2为样本标准偏差的平方，即，

$$S^2=\frac{1}{n-1}\sum_{i=1}^{n}(X_i-\bar{X})^2 \qquad (5.16)$$

两组数据就能得到两个S^2值。

$$F=\frac{S^2}{S^{2'}} \qquad (5.17)$$

然后计算的F值与查表得到的F表值比较。如果$F<F_{表}$表明两组数据没有显著差异；如果$F \geq F_{表}$表明两组数据存在显著差异。

主效应分析：统计分析结果显示，励志品牌故事人设的健全性对品牌认同的主效应差异显著［$F(1, 153)=55.250$，$p<0.05$］，再次验证假设1a。个体的真实性感知对品牌认同的边缘主效应也显著［$F(1, 153)=4.882$，$p<0.05$］。交互作用分析：方差分析结果表明励志品牌故事中的人设的健全性和个体真实性感知的交互作用显著地影响个体对产品的态度［$F(1, 153)=4.131$，$p<0.05$］，验证了假设2。

简单效应分析：在证明了主效应、边缘主效应及交互效应显著的基础上，将参与者以平均分为标准（$M=3.889$）分为高真实性感知组和低真实性感知组。参与者被分配到2（非健全vs.健全）×2（真实性感知程度：高vs.低）的实验中进行简单效应分析。各组样本容量为（n非健全，高真实性感知=40；n非健全，低真实性感知=37；n健全，高真实性感知=38；n健全，低真实性感知=39）。进一步的简单效应分析结果如图5-2所示，在高真实性感知的情况下，励志品牌故事非健全人设会显著影响消费者的品牌认同［$F(1, 76)=30.540$，$p<0.05$；M非健全人设=5.757，SD=0.895，健全人设=4.162，SD=1.482，$d=1.303$］；而低真实性感知的情况下，励志品牌故事中的人设的健全性对消费者的品牌认同影响没有显著差异［$F(1, 76)=0.030$，$p>0.05$；M非健全人设=3.568，SD=1.237，M健全人设=3.514，SD=1.387，$d=0.041$］。因而，假设2a和假设2b得到了支持。

调节作用的中介分析：由于本书中个体的真实性感知（调节变量）通过自我效能（中介变量）来影响励志品牌故事中人设的健全性和消费者品牌认同之间的关系，本书采用BOOTSTRAPPING（PROCESS Model 4）分析个体的真实性感知的中介调节作用（Hayes，2013）。结果显示个体真实性感知会通过自我效能感有效地调节励志品牌故事中的人设的健全性和消费者品牌认同之间的关系（β=0.429；CI=0.156—0.782）。加入中介变量后，原来的自变量与因变量关系依旧显著（β=0.433；CI=-0.019—0.886），故而显示了自我效能的完全中介关系。励志品牌故事人设的健全性会影响个体自我效能（β=0.541；CI=0.253—0.836），励志故事中人设的健全性和个体的真实性感知的交互作用能够显著地影响个体的自我效能感（β=0.480；CI=0.201—0.759），从而使消费者产生不同的品牌认同（β=0.893；CI=0.636—1.150），假设3得到了支持，如图5-2所示。

进一步对高低真实性感知程度分别做中介检验。结果发现，在高真实性感知情况下励志品牌故事人设的健全性对品牌认同影响关系得到自我效能中介显著（β=0.513；CI=0.249—1.126），而在低真实性感知情况下这个关系则不显著（β=0.244；CI=-0.009—0.549）。这里自我效能的不同影响表明了自我效能的中介关系受到真实性感知的调节。

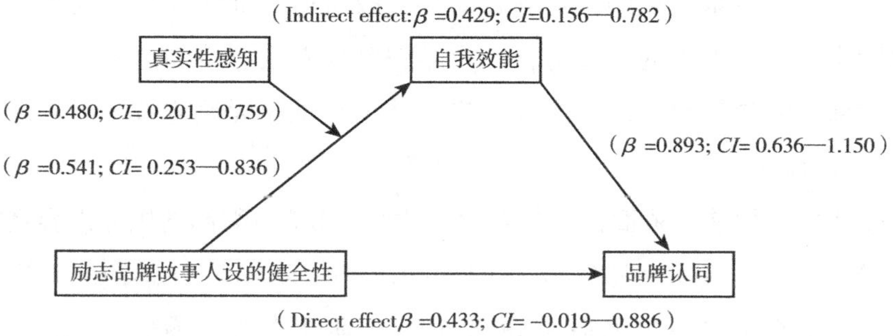

图5-2　实验2调节中介分析

资料来源：本研究整理所得。

讨论：实验2表明个体对励志品牌故事真实性感知程度对消费者的品牌认同有调节作用，验证了假设2、假设2a和假设2b。同时，结果进一步证明了真实性感知的调节作用受到自我效能的中介影响而起作用，支持了假设3。

（三）实验3

实验3实验目的是验证在个体高真实性感知情况下，励志品牌故事中人设的健全性到叙事传输到自我效能再到消费者品牌认同的因果链模型，验证假设4。

1.被试选择

在武汉大学募集了183名有效参与者，包括本科生、研究生及博士生（年龄18—45岁，M=27.74，SD=5.771，女性比例49.81%），要求参与者完成一系列关于品牌故事的调查活动。

2.刺激物设计和实验流程

通过网上募集了41位参与者进行前测（年龄19—42岁，M=26.46，SD=8.683，女性比例50.01%）。为了控制品牌熟悉度对实验结果的影响，创立虚拟西装品牌“罗勒”，为参与者依次呈现实验3中使用的所有品牌故事[呈现顺序随机《再试一次（非健全人设版）》《再试一次（健全人设版）》]。等参与前测的各组被试阅读完各自的品牌故事后，询问参与者这些故事是否是励志故事，人设的健全与否以及品牌名称有没有特殊意义。结果表明对于大部分的参与者（97.60%），实验3中这些故事是励志故事，人设的健全性与故事匹配，品牌名称没有特殊意义。

主实验开始前，依旧让参与者填写改编自Rubin编制的媒介内容真实性感知量表的故事真实性感知量表（Rubin，1981），真实性感知的测量工具的信度达到令人满意的水平（α=0.866）。按所测真实性感知程度的平均分（M=4.104）把参与者分为2组（n高真实性感知=94，n低真实性感知=89）。因为实验2已验证低真实性感知的情况下，真实性感知的调节作用消失，励志品牌故事人设的健全性对消费者品牌认同的影响没有显著差异。所以，实验3研究人员只把测量获得的高真实性感知的样本容量为（n高真实性感知=94）的参与者随机分配到2组（非健全，健全），各组样本容量为（n非健全，高真实性感知=46，n健全，高真实性感知=48）。分组结果用于实验3主实验中的主效应和因果链型双中介的分析，进而验证假设4。

实验3创建了一个虚拟的西装品牌“罗勒”，通过附加不同的人设的特点来表现消费者对品牌的感知差异。首先，为参与者介绍什么是品牌故事和励志品牌故事。对于非健全人设组，给予参与者的品牌故事《再试一次（非健全人设版）》的人设为残疾的独臂的有韧性的残疾青年；对于健全人设组，给予参与者的品牌故事《再试一次（健全人设版）》的人设为健全的有韧性的青年。其中，非健全人设组的励志品牌故事是一个求职于竞争激烈的国际大公司的独臂男孩克服求职道路上的种种困难最终成功的故事。而健全人设组的励志品牌故事则是一个求职于竞争激烈的国际大公司的男孩克服求职道路上的种种困难最终成功的故事（见附录2）。为了控制实验影响因素，除了故事人设生理健全性的区别之外，两个故事的情节、文字长度及阅读时间限制都一样。以此让参与者感知励志品牌故事人设健全性的不同带来的自我效能感知区别及品牌认同的不同。实验3变量叙事传输采用翻译修订自Escalas创建的简易传输量表的问卷进行测量，量表包含3个问项（Escalas，2004）（见表5-5）。

表5-5 叙事传输问项

编号	观测指标
NT1	您感觉自己沉浸在这个品牌故事中了吗？
NT2	当您想到这个品牌故事时，您能轻易地描绘其所呈现事件吗？
NT3	您可以把自己置身品牌故事所描述的情境之中吗？

量表来源：Escalas（2004）的简易传输量表。

叙事传输的测量工具的信度达到令人满意的水平（α=0.812）。自我效能和品牌认同的测量工具与实验1相同。自我效能的测量工具的信度达到令人满意的水平（α=0.893）；品牌认同的测量工具的信度达到了令人满意的水平（α=0.900）。让参与者依据李克特7分量表（1分表示非常不同意，7分表示非常同意）汇报其读完特定人设的励志品牌故事后消费者感受到的叙事传输效果、自我效能及品牌认同的评估情况。

3.数据分析和讨论

本实验依旧采用单因素方差分析的方法进数据分析。品牌认同：实验3结果显示在个体高真实性感知情况下，非健全人设组参与者对品牌的品牌认同显著高于健全人设组参与者［M非健全，高真实性感知=4.544，SD=1.394；M健全，高真实性感知=3.563，SD=1.844，t(100)=8.412，p<0.05，d=0.600］。假设1a再次得到支持。消费者感知到更多的自我效能［M非健全=4.233，SD=0.827；M 健 全=4.398，SD=0.929，t(100)=1.831，p<0.05，d=0.870］，如表5-6所示。

表5-6　励志品牌故事健全性对消费者品牌认同影响的差异（主效应的因果链模型检验）

品牌故事	非健全（M±SD）	健全（M±SD）	t	Cohen's d
叙事传输	4.775±0.835	3.833±0.987	24.866**	1.030
自我效能	4.998±0.827	4.233±0.929	1.831*	0.870
品牌认同	4.544±1.394	3.563±1.844	8.412 **	0.600

资料来源：本研究整理所得。

注：* p<0.05，** p<0.01。

双中介分析：本书中在个体高真实性感知情况下，品牌励志故事人设的健全性在消费者意念中形成不同的叙事传输效果。结果验证了在个体高真实性感知情况下，从励志品牌故事人设的健全性到叙事传输到自我效能再到消费者品牌认同的因果链模型（β=0.135；CI=0.029—0.366）成立。励志品牌故事人设的健全性会影响个体对产品的叙事传输效果（path a1：β=0.942；CI=0.567—1.317），叙事传输效果又能够有效地影响自我效能（path a2：β=0.262；CI=0.069—0.455）。从而使消费者产生不同的品牌认同（path a3：β=0.546；CI=0.169—0.922）。本书进一步验证了品牌励志故事人设的健全性到自我效能到叙事传输再到消费者品牌认同的双中介模型，结果表明更换两个中介变量的位置后的因果链模型不成立（β=0.013；CI=- 0.007—0.115）。如图5-3所示。

讨论：实验3验证了在个体高真实性感知情况下，从励志品牌故事人设的健全性到叙事传输到自我效能再到消费者品牌认同的因果链模型，验证了假设4关于励志品牌故事中人设的健全性对品牌认同的自我效能中介机制进一步受到叙事传输中介解释。结果表明具有非健全人设的励志品牌故事可以更有效地影响励志品牌故事叙事传输效果，使消费者产生不同的自我效能，从而影响个体的品牌认同，进一步检验了主效应的理论逻辑，揭示了叙事传输理论的中介作用机制。

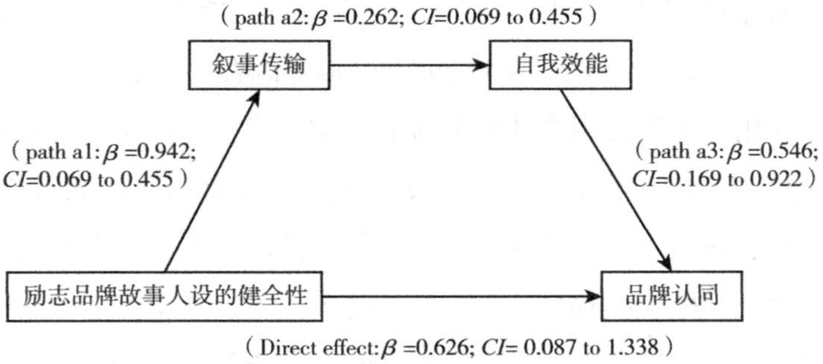

图5-3 实验3双中介分析

资料来源：本研究整理所得。

（四）结论及讨论

1.结论

通过研究得出以下结论：首先，励志品牌故事采用残疾故事人设能给消费者带来更强的心灵体验和价值观改变。植入非健全人物形象的品牌故事能在消费者心理形成较强的自我效能，从而更能增强消费者的品牌认同。其次，个体对励志品牌故事真实性感知程度对消费者的品牌认同有调节作用。只有在高真实性感知情况下，非健全的励志品牌故事人设才对消费者的品牌认同有显著影响。最后，验证了在个体高真实性感知情况下，励志品牌故事人设的健全性到叙事传输进而到自我效能再到消费者品牌认同的因果链模型的成立，进一步证明了励志品牌故事人设的健全性对消费者品牌认同的影响，其关系通过叙事传输和自我效能的双重中介机制得到解释。

2.理论贡献

通过本书探索在励志品牌故事中人设的健全性对消费者偏好的影响，其理论贡献主要有以下三个方面：

第一，将品牌故事的研究视角从叙事特征扩展到主题品牌故事的人设状态对消费者品牌认同的影响，进一步验证了Bandura的观察学习理论（OLT理论）。以往虽然也有少量关于品牌故事的研究，但这些研究多聚焦整体类型品牌故事对消费者知觉偏好的影响（Boje，2006；Bruce，2001），很少有研究考察励志品牌故事人设的，且以自我效能为中介作用机制。

第二，研究发现个体的真实性感知对励志品牌故事人设的健全性和品牌之间的调节作用。尤其是当个体对品牌故事的人设真实性感知程度低的时候，人设的健全性激发的自我效能及品牌认同差异不显著。这点能为企业在运用人物特点创作品牌故事，塑造企业形象时提供理论借鉴和边界界定。

第三，率先考察励志品牌故事中“残疾”人设的健全性对于消费者知觉和偏好的作用。采用自强自立的非健全人设作为励志故事可以获得受众更多的角色认同和正面认知及积极情感（Morgan，1997）。现实中，诸如残疾人等这样的弱势群体，占有的各类资源相对较少，在分配中处于劣势，很容易产生较强的社会不公正感，以及相对剥夺感和不良的负面情绪情感体验等心理困境，进而就会引发违法犯罪等行为。Bandura证实“榜样”尤其是能让个体“感同身受”的“榜样”的力量是无穷的。残疾人等弱势群体获得精神上的理解、支持和包容等社会支持不仅直接关系这一群体的生存及发展，也直接或间接关系着社会的稳定和可持续发展。

3. 营销实践启示

本书发现，仅仅是励志品牌故事中人设的健全与否就会影响消费者的消费者自我效能和消费者品牌认同，这对于企业创作品牌故事及塑造品牌形象具有如下启示：

首先，企业可以更多地考虑运用励志品牌故事和励志品牌故事人设的健全性等特点开展营销工作。只要这种主题及人设与企业特征更加匹配，就可以看作一种价值上的“暗示性”品牌，更有利于品牌的记忆和传播。实际上，在现实生活中可能会发现，已经有很多企业采用励志品牌故事开展其营销工作。这可能是由于有些企业已经意识到了励志品牌故事与消费者偏好之间的联系。

其次，企业在做营销支持工作时要充分考虑到消费者对营销信息的真实性感知。企业可以根据自己或其他个体的真实性感知程度来选择合适的品牌故事内容，通过提高故事与品牌真实性的匹配度来提升消费者的偏好。避免顾客感知到信息的虚假使企业或收效甚微，或徒劳无功，甚至会引起反感，损坏既有的品牌利益和资产。

再次，关注和爱护诸如“残疾人”这样的消费者可以提醒企业及行业关注自身的营销道德问题。如果让残疾人等消费者感到有未来，就必须让他们感受得到他们能够得到他们应得的，所以他们需要相信世界是公平的（Lener，1978）；同时，能够减弱他们由于身体残疾等带来的孤独、尴尬、抑郁、焦虑等社会痛苦的情绪（Leary，2015）。从“耐克”采用脑瘫患者的Air Justins视频广告也可以看出，更多的企业强调积极上进的一面可以激发消费者更多的正向能量以及对企业的社会责任和人文情怀的认同从而产生较强的品牌认同，其可以在社会现实中发挥见证（witness）和协调（negotiation）的重要作用（Kaplan，1974）。同时，营销等其他学科的发展也有助于残疾文学的建设和发展（Davis，2002）。

最后，本书以健全/非健全人设作为品牌励志故事之一作为实验背景，由于这种品牌励志故事在现实中应用广泛，所以各种企业的各种产品对各种消费人群具有较强的适用性。采用非健全人设的目的是通过励志品牌故事这些“残疾励志”人物形象励志事迹的展示来向残疾人等消费者说明“他们也能行”这样一个理念。本书的实质旨在阐述励志品牌故事人设特征选择问题，说明可以采用励志品牌故事企业品牌可以酌情优先考虑使用非健全特征的故事人设。比如本书实验采用的产品包括洗发水、钻石、西装，显示励志故事对品牌态度的影响同样适用于多种产品的外在效度。而在现实生活中的各种类型的品牌励志故事则包括针对广泛消费者群体的红牛（饮料）、移动（通信）、华为（手机）和耐克（球鞋）等产品。所以，企业品牌可以采用励志品牌故事就可以考虑本书的积极适用，并不局限于某种特定产品和特定消费者。

4. 未来研究展望

由于本书以非健全人设为研究焦点探讨励志品牌故事对消费者品牌认同的影响及其内在机制，在研究的广度和深度上都有进一步扩展和推进的必要。

首先，本书重点在探讨励志故事对品牌态度的影响，可以扩展研究范围继续在其他领域验证励志主题与个体感知的关系。本书的结果表明，非健全励志品牌故事人设会让消费者觉得品牌更具能力，偏好程度更高。那么，接下来可以继续研究这一结论是否也适合于其他消费者对品牌的认知，情感和行为倾向。

其次，品牌故事对消费者品牌认同的影响可以从不同品牌故事主题的不同角度来考察。而非健全人设也只是侧重于品牌励志故事中的一种广告执行形式。本书仅仅考察了励志这种故事主题及健全/非健全人设的影响，但事实上品牌故事的可供挖掘的研究角度还很多。

第四节 励志品牌故事人设的性别对品牌认同的影响

一、问题引出

近年来很多女性地位比较低的东方地区的励志影视剧中采用女性励志人设并取得巨大成功。比如，素有东方好莱坞的印度宝莱坞推出的经典励志作品《摔跤吧！爸爸》《神秘巨星》《嗝嗝老师》都是采用女性作为励志剧情人设并备受推崇。其中的《摔跤吧！爸爸》自2016年12月23日在印度上映以来，一直备受喜爱和推崇，其在印度、英国、美国等地区都获得不菲的票房收入。截至2017年5月9日，该片票房总收入已达到54亿美元（Netti，2018），创造了电影票房奇迹。“女性”这一“被歧视”的性别屡屡出现在类似印度等男女性别差异极大的地区的励志影视剧作品中，并取得很大成功的现象值得营销工作者关注和重视。

善意性别歧视（Benevolent Sexism）是一种通过特定角色限制女性的性别偏见态度（Glick，1996）。过去，学者们都在研究他的局限性，批评他的虚伪，认为它试图以一种看似良好和可接受的方式使现有性别等级合法化（Sibley & Wilson，2004），认为其反映一种跨文化的普遍性别关系（Glick & Fiske，2002），被称为“天鹅绒下的铁腕”。现有关于善意性别偏见的研究往往将女性视为简单而脆弱的主体，需要男性保护来显示男性优越性，研究集中在女性对传统性别角色的遵从性、择偶、就业公平、性犯罪等方面（Glick，2000）。其实善意性别歧视也有其积极的一面，其包含一种积极的同情，即对女性的主观关怀，其往往表现为个人（包括男人和女人）帮助女性的倾向增加。一系列研究发现，由于善意性别偏见及其引起的个体其他感知的潜意识存在，女性往往会被分为两类极端的子类型，并且不同子类型女性会受到不同待遇，表现女性坚韧品质的内容会激发起个体更多同情、支持和认同（Glick & Fiske，1996；Cao，2018）。

而女性频繁出现在女性被严重歧视地区励志影视剧中（如《摔跤吧！爸爸》）并取得巨大成功，且以往很多研究证实文学作品中被同情的女性人设会获得更多的源自同情的认同，即“同情式认同”（Luce Irigaray，1993），这些现象都给企业品牌故事的营销创作者以思考和启示，即为什么东方的励志影视剧等文艺作品制作者偏爱女性人设而非占据社会主导地位的男性人设？励志形象塑造过程中女性人设相比于男性人设有何优势？能不能把励志影视剧这种特定励志女性人设的模式移植到励志品牌故事创作和传播中去？国内外关于文艺作品中励志成功女性人设的研究很多，但主要集中在文学领域和传播领域（庄冬文，2010；顾玲菁、叶继奋，2015），企业运用女性题材在营销领域影响消费者的认知、态度和行为甚少，尤其是企业通过讲何种人设励志品牌故事来塑造品牌形象的国内外研究更少。所以，本书鉴于品牌故事理论研究的现状和不足，在考察诸如品牌故事类型、内容、产品、品牌等因素都一致的基础上，探索采用女性人设的励志品牌故事是否会比采用男性人设的励志品牌故事带来更强的品牌认同（Whipple &

McManamon，1989），并进而解释其内部机制和理论边界。本书以Glick善意性别偏见理论（BS）为理论基础，通过3个实验探索励志品牌故事人设性别选择对消费者品牌认同影响。实验1验证励志品牌故事人设性别会通过同情情绪这一中介机制影响消费者品牌认同；实验2验证个体感知到的励志品牌故事人设符合传统性别角色的程度在励志品牌故事人设的性别和消费者品牌认同之间的调节作用。实验3验证从励志故事人设的性别到叙事传输到同情情绪再到消费者品牌认同的因果链型双中介模型。这些成果既可以丰富现有品牌管理理论，也能为企业品牌故事创作及品牌形象的塑造提供实践指导。

二、假设推演

（一）励志品牌故事人设性别对品牌认同的影响及同情情绪的中介作用

在人类社会几种文化体系中，女性一直是被歧视的群体，大部分权力集中在男性身上。但无论哪种文化，“女性”都是一个鲜明的文学形象。人类文学始于女性，而人类文学史是女性文学形象的精彩画廊（Luce Irigaray，1993）。历史上很多文艺作品的故事情节的发展是通过故事中的女性角色来推进的，没有女性人物角色的设定，故事的发展就无法进行（吴组缃，1987），但初期的女性形象较为保守和传统。20世纪60年代以来，随着女权主义运动的影响不断扩大，关于女性问题的讨论逐渐从社会问题扩展到精神文化方面。因此，女性问题得到了进一步的研究和探索（Luce Irigaray，2001；魏国英、陈诚，2007）。在21世纪，女性的社会和家庭角色再次得到重新定位。近年来，许多女性励志形象出现在影视作品中（Luce Irigaray，2009；魏国英、陈诚，2007）。通过对各种影视文学作品中女性文艺形象的透视，可以找到各种现实生活的折射，同时也可以深刻理解“女性”文学反对禁欲，抵制愚昧，把人看作“人”等超越特定时代意义的更深层次的意识形态内容（庄冬文，2010；罗婷，2002；荒林、王光明，2001）。鉴于以上分析，根据女性文学未来发展趋势及以往研究成果的不足，可以女性为研究对象，采用管理学科的方法和观点，重点研究“女性”这一特定人设在营销领域的作用和意义。这样的结合，不仅具有学术意义，而且具有社会意义。如附录图5-1所示。

励志品牌故事特质决定了其不论任何性别的人设都要克服来自环境的困难，其人设都已经被注入积极向上、令人敬佩的精神实质。励志品牌故事中女性人设柔弱的性别特质注定了其在艰难的励志环境和“蜕变”过程中会遭受更多的艰辛。表现女性坚韧品质的内容会激发起男性消费者更多善意性别偏见继而引发更多同情情绪（Glick et al.，1997）。Adam Smith认为同情情绪是人类的一种本能或本性，是一种特殊的道德情感，是一种心理认同（康静，2016），同情情绪引起的情感依赖于他人而不是自己，但其强度因人而异。Adam Smith认为，同情情绪作为一种纽带促进社会成员之间的沟通，建立支持社会秩序的正义法则，抑制不公正的冲动，为人们的情感和行为提供适当的奖励。实验发现，高同情情绪条件下的被试比低同情情绪条件下的被试更有可能表现得更富有爱心和社会责任感（Batson，1991）。Carlo等的短期纵向研究表明，同情情绪可以预测亲社会行为和攻击行为，同情情绪可以显著预测正向的亲社会行为（Carlo，2010），个体的同情情绪与其亲社会行为是有显著正相关关系的（Eisenberg et al.，2014；Baston，1991）。当然，国内也有很多研究发现同情情绪能够正向预测亲社会行为（洪丽，2005；马晓辉、雷雳，2011）。同时，同情情绪的理解不需要个体有过完全一样的情感经历（Malti et al.，2007）。以往虽然有同情情绪对品牌认同产生影响的相关研究，但并没有涉及女性这一消费者的“同情式认同”的管理应用。女性励志品牌故事震撼力是促使消费者产生更多同情情绪因素之一。所以，把这种“同情式认同”所带来的积极情绪作用和企业如何更好地讲故事结合起来并解释其背后的理论机制就很有研究价值。

制度正当化理论认为个体有维护现实世界秩序和规范的动机，这表现在对现有社会结构和制度的承认和接受。当一个群体的身份是与生俱来的（如性别）时就会出现外部群体偏好现象。外部群体偏好是利用社会判断和信仰来维持和支持现有不平等的一种方式。其表现为消费者成员倾向于支持和内化现有的不平等。在社会层面，消费者成员通过对自己的同类群体提供更多同情、认可和帮助，进而维持现有不公平社会制度秩序（Eagly & Crowley，1986）。因而，善意性别偏见也间接导致女性向自身所处的女性群体提供更多同情、帮助（Eagly & Crowley，1986）。所以，总体来讲相较于男性人设消费者会更加怜悯这类不屈于生活的女性，产生更强烈的同情情绪（Green，2000，2010）。以往研究证实文学作品中被同情的女性人设能获得更多的源自同情的认同，即“同情式认同”（庄冬文，2010；顾玲菁、叶继奋，2015）。同时，关于代言人的很多研究证实，代言人的被认同度会影响其代言品牌的被认同度。代言人被认同度越高，被代言产品的品牌被认同度就越高（凌卓，2008）。励志品牌故事这种“特殊”文艺作品的女性人设其实就是代言人的一种，其是通过品牌故事构建出来或虚拟或来源真实事件的“女性品牌代言人”。每种产品都具有特定的性别特征，这反映在产品的用户、购买者甚至赞助商的特定性别特征上（Kanungo，1973；Kahle，1985）。女性产品的广告效应更易受广告代言人的性别的影响，男性产品广告效果则没有明显受到广告代言人性别的影响，而中性的不具性别特征的产品其广告效果受广告代言人性别的影响最小（Beverland，2007）。所以，个体对励志品牌故事女性人设比男性人设产生更多的品牌认同。

由此提出假设：

假设1：励志品牌故事人设的性别对消费者品牌认同的影响存在差异，女性人设能获得更多品牌认同。

假设2：同情情绪中介了励志品牌故事人设性别与消费者品牌认同之间关系。

（二）个体感知到的励志品牌故事人设符合传统性别角色的调节作用

性别角色是特定性别群体行为模式、态度和特征的总称（Bem，1981；Ballard & Elton，1992）。之前研究发现，面对需要帮助的女性，男性和女性提供的帮助不同，男性提供的帮助多于女性（Eagly & Crowley，1986）。另有研究表明，相比于低温暖高能力的女性，高温暖低能力的女性更符合传统女性角色；而高温暖低能力和低温暖高能力的男性在符合传统男性角色方面差异却不明显（Eckes，2002）。所以，在励志品牌故事讲述中不同性别人设符合传统性别角色程度应该是企业和营销人员重点考虑影响因素。

现实中大多数社会文化呈现出的男性角色是主导型的，勇敢、独立、大胆和强大是其性别特征。而女性角色则是被动的，被期望具有温柔、善良、敏感性格特质。研究发现，满足传统性别角色的女性，如温柔隐忍的家庭主妇，往往被认为是高热情和低权力，从而引起同情和支持（Bridges et al.，2002），非传统性别角色的女性，如强势凛冽的职业女性，被认为是高权力和低热情的，从而导致嫉妒和怨恨（Bridges et al.，2002）。据以往研究发现，个体向展现出符合传统性别角色特质较多的女性提供更多支持和认同（Nadler，2009）。Morrison的研究还证实，具有较符合传统性别角色刻板印象的代言人广告的受众购买欲望更高。所以，符合传统性别角色程度对个体评价特定性别角色的行为起调节作用（钱晓萍、王美芳，2012）。

由此提出假设：

假设3a：当个体感知到的励志品牌故事人设符合传统性别角色的程度高，励志品牌故事女性人设对消费者所产生品牌认同的改变显著高于男性人设。

假设3b：个体感知到的励志品牌故事人设符合传统性别角色的程度低，励志品牌故事女性人设对消费者所产生品牌认同的改变相较于男性人设不显著。

假设4：励志品牌故事人设的性别和励志品牌故事人设符合传统性别角色程度的交互作用对品牌认同的影响通过影响个体同情情绪的中介而起作用。

（三）叙事传输对励志品牌故事人设的性别与同情情绪的中介解释效应

Van Laer等发现，每当故事受众体验到故事人设的特点及其联想中情感产生共鸣，故事情感叙事传输就会发生（Van Laer et al.，2014）。叙事传输能够增强个体正向认知和积极情感，从而提高励志品牌故事说服力（Melanie et al.，2004）。叙事传输能增加个体对励志品牌故事人物的喜爱和认知（Herman，2003），反过来又使个体倾向于模仿和接受励志品牌故事中人设的行为和态度，并且个体变得与故事人设越来越相似（Bandura，1989），个体退出虚拟体验后会将励志品牌故事“内部故事”与他的“内部故事”联系起来，比如过去经历和记忆。这是由个体对环境事件的反应决定的，所以叙事传输解释了叙事故事人设性别对个体品牌认同的中介机制。

叙事传输具有正向情感的“放大”功能，诸如励志品牌故事媒介内容、人设等因素会对个体认知和行为有很多方面影响（Morgan，2002），会使个体接受企业所讲励志品牌故事叙事传输的描绘和传达的信念、态度与价值观，进而产生更多的如同情情绪类的积极认知，并在此基础上实现同情情绪和应对过程（王承璐，1987），表现女性艰难励志的故事通过叙事传输“放大”功能更能长久震撼个体内心，产生更多诸如同情情绪感的积极认知（Griskevicius et al.，2010；Escalas，2004）。所以，叙事传输对品牌认同的影响又受到同情情绪的中介影响。其最终结果是，表现人设艰难励志事迹的故事使个体愿意相信其传输出来的态度和观点，对特定励志品牌故事人设产生同情情绪，并形成对特定品牌的认同。

由此提出假设：

假设5：在个体高符合传统性别角色情况下，励志品牌故事人设的性别对消费者品牌认同的同情情绪中介机制进一步受到叙事传输的中介解释。

三、实证研究

（一）实验1

实验1的实验目的是验证励志品牌故事人设的性别对消费者品牌认同的影响及同情情绪的中介作用。

1. 实验设计及过程

实验1在武汉市的光谷步行街征集了63名有效被试（年龄18—44岁，平均年龄28.06岁，SD=8.472，女性比例为51.00%）。本实验采用单因素组间设计，把63名有效被试随机分配到2组（女性人设vs.男性人设），各组样本容量为（*n*女性人设=32，*n*男性人设=31）。

研究使用的是虚拟旅游品牌“嘉愿”，以期控制消费者原有品牌体验和知识等干扰变量的影响。且设计励志品牌故事《梦中的海（女性人设）》和励志品牌故事《梦中的海（男性人设）》。在网上募集43位被试（年龄18—38岁，平均年龄27.42，SD=8.204，女性比例51.13%）参与前测。

为被试依次呈现实验1中使用励志品牌故事《梦中的海（女性人设）》和励志品牌故事《梦中的海（男性人设）》。等参与前测各组被试阅读完各自的品牌故事后，询问被试这些故事是否是励志故事，品牌名称有没有特殊意义。结果表明对于大部分被试（97.31%），实验1中这些故事是励志故事，品牌名称没有特殊意义。要求被试根据他们所看到的励志品牌故事对该品牌的认同度进行评价。《梦中的海（女性人设）》是一个女青年克服求学道路上的种种困难最终成功的故事。而男性人设组的励志品牌故事《梦中的海（男性人设）》则是一个男青年克服求学道路上的种种困难最终成功的故事（见附录2）。

为了控制实验影响因素，除了故事主角性别的区别，两个故事的情节、文字长度、阅读时间限制及实验时长均完全一样。以此让被试感知励志品牌故事人设性别的不同带来的同情情绪区别及品牌认同的不同。为了激活故事的叙事传输效果，要求被试先仔细阅读励志品牌故事（Green，2010），再进行相关测评。

参照前人研究（Eisenberg et al.，1996），采用5个项目来测量被试的同情情绪（见表5–7）。采用7点计分（1分表示非常不同意，7分表示非常同意），得分越低，表示该品牌激发被试同情情绪越低，得分越高，表示该品牌激发被试同情情绪越高。同情情绪量表内部一致性系数为0.839。且参照前人研究（金立印，2006），通过6个项目来测量品牌认同，采用7点计分

（1分表示非常不同意，7分表示非常同意）。品牌认同量表内部一致性系数为0.892。汇报其读完特定人设励志品牌故事后消费者感受到的同情情绪及品牌认同的评估情况。

表5-7　同情情绪问项

编号	观测指标
SE1	您很同情这个品牌故事的主角吗？
SE2	对于这个品牌故事中主角的遭遇您感到难过吗？
SE3	看到这个品牌故事中主角的生活如此艰难，您觉得难受吗？
SE4	您认为生活不该再让这个品牌故事主角如此艰难吗？
SE5	如果有可能，您愿意支持和帮助这个品牌故事的主角吗？

量表来源：Eisenberg et al.（1996）的同情情绪量表。

2. 实验结果

本实验依旧采用单因素方差分析的方法进数据分析。

同情情绪：结果表明励志品牌故事人设的性别会显著地影响消费者的同情情绪。女性人设组的被试认为其获得更高的同情情绪［M女性人设=4.391，SD=0.979，M男性人设=3.842，SD=1.079，$F(1, 62)=4.476$，$p<0.05$，$d=0.533$］。

品牌认同：结果表明励志品牌故事人设的性别会显著地影响消费者的品牌认同。女性人设组的被试认为其获得更高的品牌认同［M女性人设=4.531，SD=1.107；M男性人设=3.677，SD=1.777，$F(1, 62)=5.275$，$p<0.05$，$d=0.573$］。所以，与男性人设励志品牌故事相比，励志品牌故事女性人设更能激发个体的同情情绪，品牌认同程度更高，假设1得到支持。如表5-8所示。

表5-8　女性人设与男性人设的励志品牌故事对消费者品牌认同影响的差异

品牌故事	女性人设（M±SD）	男性人设（M±SD）	*F*	Cohen'd
同情情绪	4.391±0.979	3.842±1.079	4.476*	0.533
品牌认同	4.531±1.107	3.677±1.777	5.275**	0.573

资料来源：本研究整理所得。

注：* $p<0.05$，** $p<0.01$。

中介作用分析：为进一步验证励志品牌故事中人设性别与消费者同情情绪和消费者品牌认同之间关系，本书通过BOOTSTRAPPING（PROCESS Model 4）对同情情绪中介作用进行分析（Hayes，2013）。

结果发现消费者同情情绪中介了励志品牌故事人设的性别对消费者品牌认同的影响（Indirect effect β=0.431；CI=0.046—0.942）。具有不同性别的人设励志品牌故事会影响个体同情情绪的激发（β=0.549；CI=0.300—1.067）。加入中介变量（同情情绪）后，励志品牌故事人设的性别对消费者品牌认同直接影响不显著（Direct effect β=0.423；CI=−0.227—1.072），表明同情情绪对励志品牌故事人设的性别和消费者品牌认同之间关系起完全中介作用，验证了假设2。如图5–4所示。

研究1的结果验证了假设1、假设2，验证了与男性人设相比，励志品牌故事女性人设会让消费者感知到更多同情情绪，更能增加消费者的品牌认同，同情情绪在励志品牌故事人设的性别与品牌认同之间起完全中介作用。

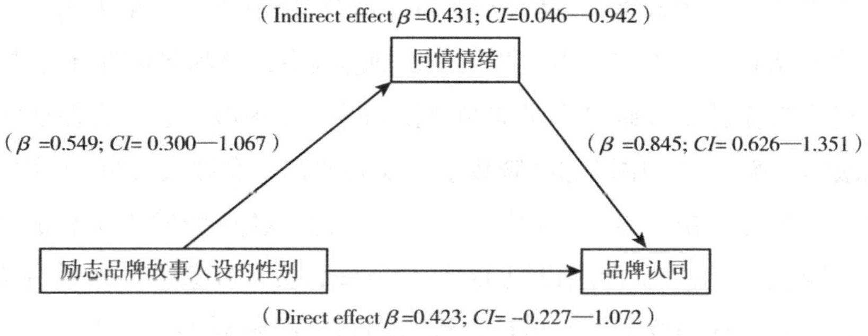

图5–4　实验1中介作用分析

资料来源：本研究整理所得。

（二）实验2

实验2的实验目的是验证个体感知到的励志品牌故事人设符合传统性别角色程度的调节作用。

1. 实验设计及过程

在武汉银泰创意城征集了178名有效被试（年龄17—45岁，平均年龄30.35岁，SD=8.641，女性比例49.40%）。被试被分配到2（女性人设vs.男性人设）×2（符合传统性别角色的程度：高符合vs.低符合）的实验中进行实验。

本书把洗发水作为研究对象，避免产品性别对特定性别消费者品牌认同的影响，控制产品性别因素对相关实验的影响。本书使用的是虚拟钢琴品牌“健悦”，以期控制消费者原有品牌体验和知识等干扰变量的影响。且设计了励志品牌故事《我心如初（女性人设版）》和励志品牌故事《我心如初（男性人设版）》。

研究人员在网上募集40位被试进行了实验前测（年龄18—47岁，平均年龄26.80岁，SD=8.253，女性比例48.03%）。为被试依次呈现实验2中使用的励志品牌故事《我心如初（女性人设版）》和励志品牌故事《我心如初（男性人设版）》。等参与前测各组被试阅读完各自的品牌故事后，询问被试这些故事是否是励志故事，品牌名称有没有特殊意义。结果表明对于大部分被试（97.92%），实验2中这些故事是励志故事，品牌名称没有特殊意义。

正式实验开始，研究人员向被试随机发放178份问卷，为保证实验材料刺激的均衡性，其中励志品牌故事《我心如初（女性人设版）》和励志品牌故事《我心如初（男性人设版）》按1∶1比例随机派发给所有被试，各89份。《我心如初（女性人设版）》是一个著名女钢琴家失去右手后从自暴自弃到自强不息的故事。而男性人设组的励志品牌故事《我心如初（男性人设版）》则是一个著名男钢琴家失去右手后从自暴自弃到自强不息的故事（见附录2）。为了控制实验影响因素，除了故事人设性别的区别，两个故事的情节、文字长度、阅读时间限制及实验时长均完全一样。以此让被试感知励志品牌故事主角性别的不同带来的同情情绪区别及品牌认同的不同。为了激活故事的叙事传输效果，要求被试先仔细阅读励志品牌故事（Green，2010），再进行相关测评。本实验对于符合传统性别角色的测量采用以下问项（见表5–9）。

表5-9 符合传统性别角色问项

编号	观测指标
CTGR1	您认为男女各自具有性别特质吗?
CTGR2	您认为这个品牌故事的主角符合您认为的传统性别角色特征吗?

资料来源：Eckes（2002）性别角色量表。

符合传统性别角色量表内部一致性系数为0.864。采用7点计分（1分表示非常不同意，7分表示非常同意），得分越低，表示被试认为该品牌人设符合传统性别角色程度越低，得分越高，表示被试认为该品牌人设符合传统性别角色程度越高。同情情绪测量和实验1相同，同情情绪量表内部一致性系数为0.907。品牌认同测量和实验1相同。品牌认同量表内部一致性系数为0.898。汇报其读完特定人设励志品牌故事后消费者感受到的符合传统性别角色情况及不同符合传统性别角色程度下的同情情绪及品牌认同评估情况，还有一些混淆项目等。实验结束时让被试回忆目标品牌名称，汇报品牌名称是否具有特殊意义，对产品的评估是否依赖过去购物经验，有无猜测到本次调查目的。

2. 实验结果

对178份问卷关于个体感知到的励志品牌故事人设符合传统性别角色的程度的问项进行提前统计分析。在此前分析的基础上，根据个体感知到的励志品牌故事人设符合传统性别角色的程度的中位数（m=3.863）把所有被试分为高符合组和低符合组。中位数，也称为中点。中位数是有序数据集中间的数字，其中一半的数据大于而另一半的数据小于此处。如果存在一组数据：$X_1 \cdots X_N$，从最小到最大的顺序为：$X_{(1)} \cdots X_{(N)}$。一组中最多半数的值小于中位数，并且最多半数的值大于中位数。如果大于或小于中位数的值的数量小于一半，则必须有等于该集合中位数的值的数量。如果连续随机变量X的分布函数为$F(X)$，则满足条件$P(X<m)=F(m)=1/2$的数字称为X或分布F的中位数。

当N为奇数时，中位数公式为：

$$m_{0.5} = X_{\left(\frac{N+1}{2}\right)} \tag{5.18}$$

当N为偶数时，中位数公式为：

$$m_{0.5} = \frac{X_{\left(\frac{N+1}{2}\right)} + X_{\left(\frac{N}{2}+1\right)}}{2} \tag{5.19}$$

进而把被试分为2×2组（高符合女性人设组、高符合男性人设组、低符合女性人设组、低符合男性人设组）进行分析，各组样本容量为（n女性人设，高符合传统性别角色=46；n男性人设，高符合传统性别角色=43；n女性人设，低符合传统性别角色=44；n男性人设，低符合传统性别角色=45）。测量获得的个体感知到的励志品牌故事人设符合传统性别角色的程度的数据用于本实验后续的主效应、边缘主效应、交互作用效应及简单效应的分析。本实验依旧采用单因素方差分析方法进行数据统计。

主效应分析：统计分析结果显示，励志品牌故事人设的性别对品牌认同的主效应差异显著［$F(1, 177)=33.037$，$p<0.05$］，再次验证假设1。个体感知到的励志品牌故事人设符合传统性别角色的程度对品牌认同的边缘主效应也显著［$F(1, 177)=4.629$，$p<0.05$］。

交互作用分析：方差分析结果表明励志品牌故事人设的性别和个体感知到的励志品牌故事人设符合传统性别角色的程度的交互作用显著地影响消费者品牌认同［$F(1, 177)=4.277$，$p<0.05$］，验证了假设3。

简单效应分析：采用Syntax两因素分析方法进行简单效应分析。在高符合传统性别角色情况下，励志品牌故事女性人设会显著影响消费者品牌认同［$F(1, 88)=33.690$，$p<0.05$；M女性人设=5.804，SD=0.934，M男性人设=4.326，SD=1.459，d=1.201］；而低符合传统性别角色情况下，励志品牌故事人设的性别对消费者品牌认同的影响没有显著差异［$F(1, 88)=1.810$，$p>0.05$；M女性人设=3.682，SD=1.253，M男性人设=3.289，SD=1.471，d=0.286］。因而，假设3a和假设3b得到支持。如图5-5所示。

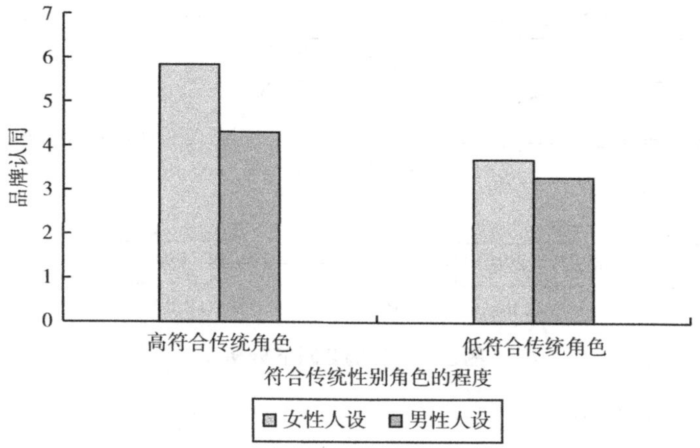

图5–5　实验2个体感知到的励志品牌故事人设符合传统性别角色的程度的调节作用

资料来源：本研究整理所得。

中介作用分析：本书中个体感知到的励志品牌故事人设符合传统性别角色的程度（调节变量）通过同情情绪（中介变量）来影响励志品牌故事中人设性别和消费者品牌认同之间关系。研究采用BOOTSTRAPPING（PROCESS Model 7）分析个体感知到的励志品牌故事人设符合传统性别角色的程度的中介调节作用（Hayes，2013）。结果显示个体感知到的励志品牌故事人设符合传统性别角色的程度会通过同情情绪有效地调节励志品牌故事中人设的性别和消费者品牌认同之间的关系（β=0.300；CI=0.050—0.595）。

加入中介变量后，原来的自变量与因变量关系依旧显著（β=0.411；CI=0.009—0. 812），显示了同情情绪的部分中介作用。励志故事中人设的性别和个体感知到的励志品牌故事人设符合传统性别角色程度的交互作用能够显著地影响个体的同情情绪感的激发（β=0.399；CI=0.081—0.557），从而使消费者产生不同的品牌认同（β=0.941；CI=0.728—1.153），假设4得到支持，如图5–6所示。

实验2的结果验证了假设3、假设3a、假设3b、假设4，说明励志品牌故事人设的性别对消费者认同的影响受到个体感知到的励志品牌故事人设符合传统性别角色的程度的调节。

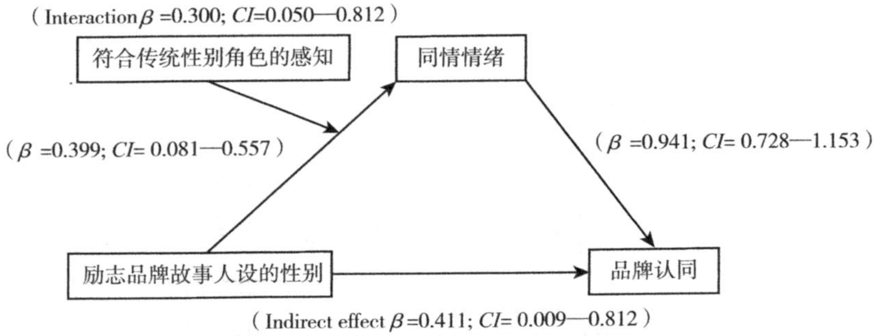

图5–6 实验2调节分析

资料来源：本研究整理所得。

（三）实验3

实验3的实验目的是验证女性人设与男性人设的励志品牌故事对消费者品牌认同影响的主效应的因果链模型。

1.实验设计及过程

实验3在武汉太平洋购物中心募集了207名有效被试（年龄19—48岁，平均年龄29.75，SD=7.771，女性比例48.93%）。本书把手表作为研究对象，避免产品性别对特定性别消费者品牌认同的影响，控制产品性别因素对相关实验的影响。本书使用的是虚拟品牌，以期控制消费者原有品牌体验和知识等干扰变量的影响。

在网上募集39位被试进行前测（年龄19—41岁，平均年龄26.45，SD=6.634，女性比例49.04%）。创立虚拟家政品牌“家美”，为被试依次呈现实验2中使用的励志品牌故事《我的前半生（女性人设）》和励志品牌故事《我的前半生（男性人设）》。等参与前测各组被试阅读完各自的品牌故事后，询问被试这些故事是否是励志故事，品牌名称有没有特殊意义。结果表明对于大部分的被试（98.81%），实验3中这些故事是励志故事，品牌名称没有特殊意义。

要求被试根据他们所看到的励志品牌故事对该品牌认同度进行评价。《我的前半生（女性人设）》是一个下岗中年女性历尽艰辛成功再就业的故事。而男性人设组的励志品牌故事《我的前半生（男性人设版）》则是一个下岗中年男性历尽艰辛成功再就业的故事（见附录2）。为了控制实验影响因素，除了故事人设性别区别，两个故事的情节、文字长度、阅读时间限制及实验时长均完全一样。以此让被试感知励志品牌故事主角性别不同带来的同情情绪区别及品牌认同的不同。为了激活故事的叙事传输效果，要求被试先仔细阅读励志品牌故事（Green，2010），再进行相关测评。

实验3变量叙事传输采用翻译修订自Escalas创建的简易传输量表问卷进行测量（Escalas，2002）。叙事传输量表的内部一致性系数为0.817。同情情绪测量和实验1相同，同情情绪量表内部一致性系数为0.874。品牌认同测量和实验1相同。品牌认同量表内部一致性系数为0.901。汇报读完特定人设的励志品牌故事后被试感受到的叙事传输、同情情绪及品牌认同评估情况。

2. 实验结果

研究人员对207份问卷中关于符合传统性别角色问项进行提前统计分析。在此基础上根据符合传统性别角色的平均分（M=4.025）把所有被试分为高符合组和低符合组（*n*高符合传统性别角色=102，*n*低符合传统性别角色=105）。因为在实验2已验证低符合传统性别角色的情况下，符合传统性别角色的调节作用消失，励志品牌故事人设性别对消费者品牌认同的影响没有显著差异。所以，实验3研究人员只把测量获得的高符合传统性别角色的被试（样本容量为*n*高符合传统性别角色=102）分配到2组（女性人设vs.男性人设），各组样本容量为*n*女性人设，高符合传统性别角色=50，*n*男性人设，高符合传统性别角色=52。分组结果用于实验3主实验中的主效应和因果链型双中介分析，进而验证假设5。

品牌认同：结果表明女性人设组被试对品牌的认同显著高于男性人设组被试［M女性人设=4.599，SD=1.370；M男性人设=3.558，SD=1.798，$F(101)=10.783$，$p<0.05$，$d=0.650$］，再次验证假设1。叙事传输：结果表明具有不同性别人设的励志品牌故事会显著影响人们获得的叙事传输效

果。女性人设组被试比男性人设组被试获得的叙事传输效果更好［M女性人设=4.747，SD=0.845；M男性人设=3.834，SD=0.958，F（101）=20.997，p<0.05，d=1.015］。

同情情绪：结果表明具有不同性别人设的励志品牌故事会显著影响同情情绪的产生。女性人设组被试比男性人设组被试获得更多同情情绪［M女性人设=4.394，SD=0.958；M男性人设=4.167，SD=0.938，F（101）=2.071，p<0.05，d=0.323］，如表5–10所示。

表5–10　女性人设与男性人设的励志品牌故事对消费者品牌认同影响的差异

品牌故事	女性人设（M±SD）	男性人设（M±SD）	F	Cohen'd
叙事传输	4.747±0.845	3.834±0.958	20.997**	1.105
同情情绪	4.394±0.958	4.167±0.938	2.071*	0.323
品牌认同	4.599±1.370	3.558±1.798	10.783**	0.651

资料来源：本研究整理所得。

注：* p<0.05，** p<0.01。

中介作用分析：本书中具有不同性别的人设励志故事在个体意念中形成不同叙事传输效果，进而影响消费者同情情绪，最终导致不同的品牌认同。本书采用BOOTSTRAPPING（PROCESS Model 6，Hayes，2013）对双中介作用进行分析（Hayes，2013）。结果验证了从具有不同性别人设的励志品牌故事到叙事传输到同情情绪再到品牌认同的因果链型模型（β=0.142；CI=0.040—0.349）。具有不同性别人设的励志故事会影响个体对产品的叙事传输效果（path a1：β=0.913；CI=0.558—1.269），叙事传输效果又能够有效影响同情情绪（path a2：β=0.282；CI=0.095—0.469），从而使消费者产生不同的品牌认同（path a3：β=0.553；CI=0.203—0.904）。

本书进一步验证从具有不同性别人设的励志品牌故事到同情情绪到叙事传输再到品牌认同双中介模型，结果表明更换两个中介变量的位置后因果链模型不能成立（β=0.018；CI=−0.004—0.110）。如图5–7所示。

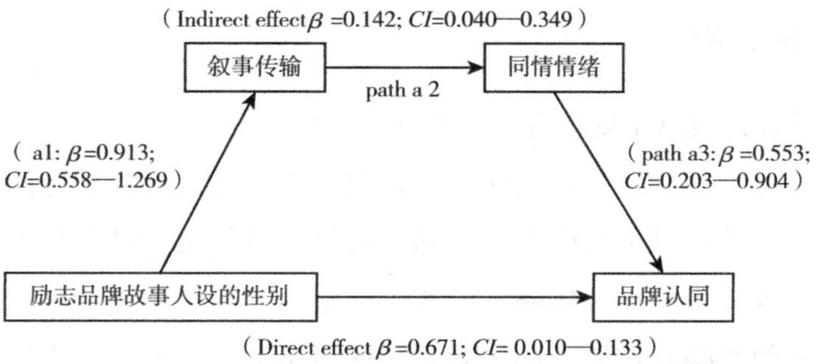

图5-7 实验3双中介分析

资料来源：本研究整理所得。

四、结论及讨论

（一）结论

本书基于善意性别偏见理论考察了励志品牌故事人设的性别对消费者品牌认同的影响，研究结果发现：励志品牌故事人设的性别对消费者品牌认同有影响。与男性励志人设相比，女性励志人设会让消费者感受到更强烈的同情情绪，产生更强的“同情式认同”，进而影响消费者的品牌认同。个体感知到的励志品牌故事人设符合传统性别角色的程度在不同性别励志品牌故事人设和消费者品牌认同之间起调节作用。当个体感知到的励志品牌故事人设符合传统性别角色的程度高时，女性励志品牌故事人设对于消费者品牌认同的影响显著高于男性人设。反之，当个体感知到的励志品牌故事人设符合传统性别角色的程度低时，相较于男性人设，女性励志品牌故事人设对于消费者品牌认同影响差异不显著。验证了在个体感知到的励志品牌故事人设符合传统性别角色的程度高时，不同性别励志品牌故事人设到叙事传输进而到同情情绪再到消费者品牌认同的因果链模型成立。进一步证明了励志品牌故事人设的性别对消费者品牌认同的影响，其关系通过叙事传输和同情情绪双重中介机制得到解释。

（二）理论贡献

本书的理论贡献主要体现在以下三个方面：

第一，将品牌故事的研究从单一研究励志主题扩展到励志品牌故事人设性别研究，并探讨了其中作用机制和边界。以往关于品牌故事的研究主要从品牌故事叙事创作、传播手段及传播意义等角度阐述品牌故事对消费者购买意愿的影响和作用，很少有研究探讨不同品牌故事人设性别对营销研究和实践的影响区别。本书率先研究品牌故事的人设性别对于消费者品牌认同的作用，拓宽了励志品牌故事研究范畴及维度。在作用机制方面，发现不同性别的励志品牌故事人设是通过叙事传输对消费者同情情绪产生影响。在边界效应方面，本书发现个体感知到的励志品牌故事人设符合传统性别角色的程度影响励志品牌故事人设的性别对同情情绪的影响程度，进而影响消费者的品牌认同。

第二，将叙事传输的研究从文学、新闻学领域进一步扩展到营销领域。虽然以往有大量关于叙事传输的研究，考察了叙事传输对受众的影响；但是这些研究都聚焦叙事传输文学领域的应用。本书首次考察了叙事传输对于消费者同情情绪及品牌认同的影响，结果发现叙事传输依然具有情感和认知放大功能，即女性励志人设会让消费者产生更高程度的同情情绪和品牌认同。

第三，对善意性别偏见理论研究和实践的深化，进一步拓展了刻板印象内容模型的理论内涵。以往对善意性别偏见的研究主要基于其负面作用研究，而本书探究了善意性别偏见正面和积极的价值。其通过女性励志人设的成功塑造，向营销人员说明即使是“性别偏见”，如果在营销工作中积极运用其正面意义和价值，仍然能够取得良好的营销效果。

第四，本书揭示了在当前的社会条件下，女性必须与男性一起建立一个平等对待男性和女性的社会环境。如《摔跤吧！爸爸》中的女性摔跤冠军吉塔和巴比塔就是在父亲马哈维亚（阿米尔·汗饰）和表哥奥姆卡尔帮助下实现了自身成长和蜕变。真正的平等不是女权主义的宣传，相反，是女性自身不再从男性的角度约束自己。女性主义对绝对平等的过度强烈要求，恰恰表明对自身特点的不满，其是一个缺乏自爱的社会问题。不论是东方女性还是西方女性要实现解放，要真正唤醒女性意识，追求女性自由，就必须改变女性消极悲观仇恨心态，需与男性建立手足互助关系。这样更多的女性才能在未来变得独立和自由。

（三）营销启示

本书发现，仅仅是女性励志人设和男性励志人设的不同性别人设的选择就会影响消费者的叙事传输、同情情绪及消费者品牌认同，这对于企业品牌故事的塑造具有一定的营销启示作用。

首先，对于定位于积极励志意义的品牌故事，企业可以更多考虑女性人设的品牌故事。这种品牌故事与企业形象更加匹配，可以看作一种意义上的暗示，有利于品牌的传播和发展。企业在通过励志品牌故事构建品牌形象时，可以根据需求考虑女性励志人设和男性励志人设的品牌故事。如果企业是为了强调引起消费者更多同情情绪及品牌认同，可以考虑多采用女性励志人设的品牌故事。

其次，在企业化背景下营销工作者应更全面辩证地看待各种思想和理论。作为应看到每种思想和理论的积极方面，诸如善意性别偏见这类局限性很强的思想在营销工作中也有其积极的作用。《摔跤吧！爸爸》这部影片成功的事实证明，即使是“善意性别偏见”这类有局限性的思想在企业化背景下，如果在营销工作中积极运用其正面意义和价值，仍然能够取得良好的营销效果，因为企业化对个体思想价值体系的影响是相似的。

最后，在营销过程中应该理性和全面地看待性别平等，要接受“不同性别的有差异的真正平等”，实现男女性别的和解。《摔跤吧！爸爸》是典型的男性和女性和解前提下实现女性的突破和发展，进而实现了印度电影的票房奇迹，所以，女性不能盲目地模仿和比较男性。这样男女性之间才会真正共生而不仅是对抗。具有社会公平和谐意识的企业和品牌定能在消费者心目中占据一定的位置，获得更多的偏爱和认同。

（四）研究局限及未来展望

本节考察了人设性别特征对消费者品牌认同的影响，但人设特征还有很多，值得去探索它们对于品牌故事的作用。本章可以继续从其他特征的角度考察品牌故事对消费者产生品牌认同的影响。同时，本章仅考察了励志这种故事主题及励志/非励志的影响，但品牌故事的可供挖掘的角度还很多，例如，不同的性别角度，如男性/女性角度；不同的主题，如幽默/非幽默、喜剧/非喜剧故事等角度。这些都值得去探索其对消费者品牌认同的作用机制及影响。

第五节 励志品牌故事人设的柔弱性对品牌认同的影响

一、问题引出

2018年10月中央对脱贫攻坚工作作出重要指示，“咬定目标加油干，如期打赢脱贫攻坚战，小康社会一个都不能少”（光明日报，2018）。2019年中华人民共和国成立70周年之际，中央号召我们向14亿人民的每一个“1”致敬。14亿人中的每一个“我们”都是党和国家的牵挂，包括占有社会资源相对较少的每一个弱势群体。贫困等弱势群体是指在政治、经济和社会机会方面处于障碍状态且缺乏地位的群体（Figueroa，2008；郑杭生、李迎生，2003）。弱势群体主要由城市下岗工人、农民工、农村贫困群体、残疾人、儿童、老年人和妇女组成（Mbugua et al.，1995；陈吉学，2013）。弱势群体很容易产生较强的相对剥夺感进而引发犯罪行为。2013年夏天发生的两起案件就是典型的例子：一是2013年6月7日发生在厦门的陈水总纵火导致的BRT快1线爆炸案。事故造成47人死亡、34人受伤。二是2013年7月20日发生在北京机场的冀中星爆炸案。爆炸造成当事人受伤，未造成周围人员伤亡。这两起案件中，行为人均认为自身权益没有得到保障，都是在多方寻求权利救济无果之后才实施的犯罪，因而可以将其作为弱势群体犯罪的典型代表。这两起典型案件引发我们对弱势群体的长期和广泛的关注。一直以来，政府都在密切关注弱势群体的生存和发展。2015年中共中央政治局在召开会议审议《关于打赢脱贫攻坚战的决定》时明确指出，“到2020年通过产业扶持、转移就业、易地搬迁、教育支持、医疗救助等措施解决5000万人左右贫困人口脱贫，完全或部分丧失劳动能力的2000多万人口全部纳入农村低保制度覆盖范围，实行社保政策兜底脱贫”（中共中央党校，2015）。而2018年中央的“一个不能少”的指示和举措更是对贫困等弱势群体的精神上的理解，物质上的全面支持。转变弱势群体的思想观念实现“一个不能少”的目标是政府的责任，同时也是作为社会重要组成部分的企业应该努力的方向。

涵化理论是用来说明媒体（包括品牌故事）对个体价值、信念、信仰等潜移默化的影响作用（Gerbner，2002），个体在各种媒体的影响下会接受媒体内容所描绘和传达的理想、信念、态度与价值观。媒体涵化是保持一定社会结构方式，使受众对世界的感知符合现有价值观、体制结构和政治经济秩序要求的重要手段（Greene，1994）。近年来，越来越多的企业通过讲“柔弱人设的励志品牌故事”这一有效方式来进一步提升企业的文化精神，塑造企业及品牌更高端、更积极的形象。2018年5月10日，是第二个“中国品牌日”主题定为“中国品牌世界共享”,《中国经济周刊》发文《第二个“中国品牌日”启幕，讲好中国品牌故事》。如华为、中国移动、红牛等一系列优秀品牌都通过讲励志品牌故事（励志品牌故事是指具有励志主题的品牌故事）在国内外消费者心目中留下深刻的印象。而关心和关注弱势群体可以增强个体的社会公平感知，减弱个体社会疼痛感。引导弱势群体形成正确的世界人生观、价值观可以尽可能减少弱势群体犯罪的可能性，从而实现最大化的社会和谐，形成更广范围的社会认同。那么，我们能不能把具有“涵化”功能的励志品牌故事应用到对弱势群体人生观，价值观的形成和纠偏发挥作用中呢？以往关于品牌故事的研究主要从品牌故事的叙事创作（汪涛等，2011）、传播手段（Cracken，1989）及传播意义（Fanning，1999）等角度阐述了品牌故事对消费者品牌认同的影响和作用。虽然近年来关于消费群体的文艺作品在国内外有了较为深入的研究（Baena，2016；Davis，2002；Solomon，1917；姚莉莉，2016），也有研究关注励志品牌故事人设的健全性和性别对消费者品牌偏好影响的探讨（Wang，2019；汪涛，2019），但关于柔弱人设的励志品牌故事对消费者产生营销影响的研究则没有。本研究鉴于品牌故事研究现状和不足探索能否通过企业讲励志品牌故事实现让"弱势群体"设计在励志故事中并通过他们影响消费者的态度（Green，2004），从而最大化弱势群体与企业品牌之间的情感联系；研究"励志"这一更具有"特殊符号"特征的故事主题能否通过创新品牌故事向消费群体传递积极的企业文化，影响弱势群体人生观、价值观精神输出和连接，为实现"14亿的我们，一个不能少"的国家目标提供一个新的研究视角和实践维度。

二、理论回顾

（一）弱势群体与弱势群体犯罪

学术界通常将弱势群体分为两类：生理弱势群体和社会弱势群体。前者是一个脆弱的群体，具有明显的生理原因，如年龄和疾病。后者基本上是由社会原因引起的，如职位、失业和排斥。弱势群体具有以下特点：首先，其家庭或个人不符合社会公认的最基本的生活条件；其次，依靠自己的力量，他们不能改变现有的地位和处境不利的地位。同样，他们需要国家和社会力量，需要他人的物质和精神支持与帮助（王文祥，2009）。作为一个现代国家，必须从人文关怀的角度制定其法律制度和公共政策，以免人为地造成弱势群体。弱势群体融入主流社会必须改变其自身的文化心理、价值观和行为。可以说，这种融合过程也是重新社会化的过程。但是，强势的团体并没有为他们提供良好的过渡环境，某些强势人物的冷漠，歧视和疏远，加强了弱势人群的焦虑心理，促使他们更加自卑和敏感。具体而言，弱势群体通常存在三种不良心理，一是很强的防卫心理。防卫心理过强，容易放大自己的遭遇并采取偏激做法。二是过分忍让求安心理。当其忍耐到一定极限仍不能求得安定时，就会使用暴力来解决。三是无度的侥幸放纵心理。1922年，北美犯罪社会学家莫里斯·帕米利也提出过犯罪的成因不存在于客观的贫困之中，而存在于对贫困的感觉之中。根据相对剥夺理论，当弱者无法通过合法手段获得预期的财富时，他们会感到被剥夺，并可能通过非法手段寻求补偿，最极端的方式是弱势群体犯罪。

（二）励志品牌故事及对消费者的“涵化”功能

作为营销支持因素（促销支持等）的品牌故事显著影响品牌绩效。品牌的重要性在于它能够有效地展示企业及营销产品（产品和服务）与消费群体之间关系的承诺和实践，而品牌故事的核心恰恰是企业对消费群体的承诺。对企业而言，品牌故事这一特定媒介之所以引起企业的重视是因为品牌识别与传承等核心价值可以通过讲故事生动传递（维森特，2004）。消费群体青睐通过品牌故事体验品牌特定价值，因为这样消费群体可以感知到品牌故事所展现给他们的特定的生活方式，比如红牛的极限运动，进一步增强他们购买附加价值的动机（Fanning，1999），实现使消费及生活变得更加美好和更有意义的目的（Shankar et al.，2001）。诸如故事、电视等各种媒体对个体价值、信念、信仰具有潜移默化的影响作用（Gerbner，2002），即媒体的“涵化”功能。个体在故事、电视等媒体的影响下会接受媒体内容所描绘和传达的理想、信念、态度与价值观。涵化的对象不是单一不变的，而是随着时间的推移逐渐变化的。但是在变化中也形成了具有自身独特特征的社会群体，即所说的“主流”群体。“主流”群体所反映的“主流”思想在一定时期内是相对稳定的。这是一个长期的、微妙的“培养”过程，而不是短期行为。所以，消费者对故事中励志角色的喜爱和认同就可以增加励志故事的说服效果，并且能增强或减弱人们既有的态度（De Graaf，Hoeken，Sanders & Beentjes，2012）。而言语劝说（verbal persuasion)，在直接的经验或替代性的经验基础上进行的劝说会更有效果（Bandura，1977）。且有多位学者研究证明具有诸如励志积极意义的素材可以有效激发个体的积极性，从而增强个体的自我效能度（Abigail Leigh Prestin，2012；石凡、应通等，2015）。

（三）公平性感知和社会疼痛感知

公平性感知意味着人们需要相信自己生活的世界是正义的，能够使个人面对复杂的物理和社会环境，并在遵守社会规范的同时追求长期目标（Lerner & Miller，1978）。杜建正指出，世界被认为是一个公平的个体，并且对周围环境具有控制感，从而激发了人们追求长期目标。因为他们相信付出才能得到应有的回报。这就隐含这样一种推理：那些收获好的结果的人，好结果是他们应得的（杜建政等，2007）。学者把公平性感知分为个人对正义的信念和广义的正义的信念，个人公平性感知是认为世界对我是公平的，而世界上普遍的信念是相信世界对别人是公平。如果人们想在未来投资，他们必须考虑是否能够得到他们应得的，所以他们需要相信世界是公平的（Lerner & Miller，1978）。公平性感知的作用主要体现在三个方面：第一，对长期目标的追求（Hafer et al.，2005）；第二，现实或认知层面的正义重构（Hafer et al.，2005）；第三，保持主观幸福感和心理健康（Khera et al.，2014）；第四，合理的不公平的社会地位（Beierlein et al.，2011）。有研究显示，长期目标群体生活在一个公正的世界中比短期目标群体更重要（Callan et al.，2013）。

Panksepp和他的同事最先提出了社会痛苦的概念，“社会疼痛”是情感疼痛的一种重要形式。它指的是当个体意识到他所渴望的社会关系受到威胁或社会关系受到贬损时所产生的一种特定的情绪的反应，这种威胁和贬损会给个体的精神带来直接或者间接的伤害，从而形成特定的创伤后的心理特征（Panksepp，1999）。研究表明，感到社会痛苦的人会比那些没有经历过社会痛苦的人表现出更多的愤怒、悲伤、易怒、羞愧、伤害及焦虑。现实生活中，他们往往扮演着伤害他人的角色，其实他们自己也是受害者

（Engel & Gross，2009）。社会痛苦也可以表现为个体自我调节能力的下降。自我感知的缺失会导致个体自控能力的减弱，从而导致反社会行为（Gross，2009）。为了被团体接受，人们需要在团体中做出适当的举止，建立良好的社会关系，并获得社会声誉（Zellner，1998）。为此，人们必须具有改变其刺激以适应社会规则的能力。这种能力是自我调节的，自我调节对于产生适应性和社会认同的行为至关重要。

（四）故事的结局类型

叙事艺术作品的结局不仅是故事发展的必然环节，而且是创作者价值观念的集中体现形式之一。故事的结局可以简单分为封闭结局和开放结局（罗伯特，2002）。励志品牌故事自身的故事特质决定了其如果是封闭结局必然是奋斗后的收获和皆大欢喜，也就是中国人喜欢的圆满结局。但是目标的实现总会因为个体能力、环境等诸多因素存在差异性和既有目标有出入。而开放结局则是在结尾处形成发散结构，它不对文艺作品内涵做特殊的界定，而是喻指悠远，引发无限遐思。开放结尾所产生的多维度释义还来自刻意营造的“矛盾”和“歧义”，这样的终结留给读者巨大的思考空间（米勒，2002）。目标设置理论认为目标难度拟定上要适当才能收到良好激励效果。设定一个合适的目标可以有效地影响目标达成（Armor & Taylor，2003；Bargh，Gollwitzer & Oettingen，2010；Brandstätter & Frank，2002；Fujita，Gollwitzer & Oettingen，2007）。开放结局的实质是“多层目标”的设定在励志影视剧的运用。

三、假设演绎

（一）基于公平性感知中介的柔弱人设的励志品牌故事对品牌认同的影响

柔弱人设的励志品牌故事促使消费者通过阅读沉浸在故事的想象情景中以产生对故事中角色或场景的认同及情感体验的心理过程（Green，

2000），增强个体正向认知和积极情感，从而提高故事的说服力。故事的“涵化”功能会促使消费群体对故事中人物的热爱和认可增加故事的认同度，巩固或减弱他们既有态度（Graaf，2009）。弱势群体在社会上处于不利地位，容易遭受各种心理困境，引发他们内心的公平感知的缺失，导致违法行为和其他失范行为，从而阻碍和谐社会的建设。因此，我们必须高度重视弱势群体的心理健康问题。公平世界信念能够激励个人专注于未来的目标（Hafer，2000），有助于个体追求长期目标（Otto et al.，2006；周春燕，2013）。作为一种心理资源，公平世界信念可以帮助弱势群体应对不公平的威胁，减轻负面的情感体验，并改善主观幸福感。包含积极品牌信息的品牌故事可以促使个体从颓废、疑问和怀疑的既有思想框架中转向他们想去理解和接受信息的积极情绪上来（Denning，2001b）。企业通过企业讲柔弱人设的励志品牌故事让弱势群体在接受励志故事带来的积极价值及“主流”思想的基础上产生更多的基于“公平”的希望感知和对未来的期望，改变弱势群体颓废、怀疑的情绪，激发弱势群体的自助潜能，培养弱势群体的自立自强精神。励志角色塑造无论是平凡小人物还是叱咤风云的大人物，都是苦尽甘来的“英雄”这一标志性人物设定（贺亚玲，2015）。柔弱人设的励志品牌故事通过展现励志人物经历千辛万苦的努力得到社会回报的这一过程使个体感知到未来是“可期”的，是公平的，获得积极追求未来美好生活的动力和行为，产生对企业的好感和对企业品牌的认同。

由此提出假设：

假设1：公平性感知中介柔弱人设的励志品牌故事对品牌认同的影响。

（二）基于社会疼痛中介的柔弱人设的励志品牌故事对品牌认同的影响

弱势群体具有更多的社会疼痛感，而社会疼痛所带来的社会痛苦往往使其不愿有自我意识，因为自我意识可能会导致他们发现自己的缺点可能是被排斥的原因。未能感知自我会导致自律的减弱（Engel & Gross，2009；Gross，2009）。社会疼痛感会暂时干扰人们的情绪反应，降低人们对他人的同理心，同理心在亲社会行为的形成中非常重要。研究表明，社会疼痛感知会阻碍个体自身的归属感，降低自尊水平，威胁个体的基本需求，使主体感到“受伤”。同时，社会疼痛感会降低个体的积极情绪，引发消极情绪。降低由社会排斥带来的社会疼痛感有助于个体积极情感的培养（Williams et al.，2010）。励志角色“认同”是一个渐进的过程。在这个过程中，个体的自我意识逐渐丧失，并暂时被强烈的情绪所取代，从而创造个体与角色的精神联系（Cohen，2001）。品牌故事具有的独有的“涵化”功能能使讲故事成为将企业和品牌所提倡的积极思想传输给消费者，影响消费者人生观、价值观，进而提高品牌对企业品牌形象的感知（贺亚玲，2015）。弱势群体在社会中会面临周围环境的各种压力，励志品牌故事所具有的积极效能能促使消费者形成正向的情感，进而降低个体的社会疼痛感，进而形成对故事表达载体的企业品牌的认同。

由此提出假设：

假设2：个体社会疼痛感知中介柔弱人设的励志品牌故事对品牌认同的影响。

（三）结局类型在柔弱人设的励志品牌故事和品牌认同之间的调节作用—基于公平世界信念中介

柔弱人设的励志品牌故事自身的故事特质决定了其如果是封闭式结局必然是柔弱人设奋斗后的收获和皆大欢喜，也就是中国人喜欢的圆满结局。但是目标的实现会因为消费者能力、环境等诸多因素存在差异性和“圆满”的励志目标有出入（Brandstätter & Frank，2002）。柔弱人设的励志品牌故事创作的结局不应该都是圆满性、封闭式性的，开放式的留些想象空间的结局才是更为现实的。由柔弱人设的励志品牌故事的结局方式决定的个体感知励志目标，可影响个体对励志故事设定目标的认同程度及其后期努力程度。针对不同个体能力间的差异设置合适的目标，将目标难度的设立与个体能力的高低结合起来（Gollwitzer & Oettiingen，2015）。开放结局的设定其实是“模糊”了目标设定，其目标的实现能够根据个体的能力差异及认知调整，不会让个体尤其是拥有较少社会资源的弱势群体在“圆满结局”

前感觉“渺茫和无助”，但却在目标的追求过程中实现了自身蜕变，进而增加个体公平感。而目标相对“单一”的封闭式故事结局则不具有这方面的优势。

由此提出假设：

假设3：故事结局类型在基于公平感知中介的柔弱人设的励志品牌故事和品牌认同之间具有调节作用。

（四）结局类型在柔弱人设的励志品牌故事和品牌认同之间的调节作用——基于个体社会疼痛感中介

柔弱人设的励志品牌故事强调励志过程中消费者精神的自强独立，强调消费者不屈服于坎坷命运的自救过程，但最终的结果是因人而异的。而柔弱人设的励志品牌故事开放式结局因为其发散的结局模式，没有“固定”和“唯一”的结果，很大程度上实现了“多层目标”的目标设置模式，消费者可以依据自我能力根据故事情境设置自我意念中的“励志目标”（Armor & Taylor，2003）。消费者感知到的柔弱人设的品牌故事励志目标的可达性决定了消费者对励志故事本身的认同，进而影响消费者对品牌的认同。消费者只要达到自我能力和认知范围内的成功，就实现了励志品牌故事的创作目的，就能实现自我设置的“励志目标”，实现自我心灵的救赎和成长（Adams，1965；王彤、杨庆、黄希庭，2017），达到既有的目标达成预期，减少消费者尤其是处于社会边缘地带的消费群体的受挫感和社会疼痛感。而封闭式的结局就相对固定，缺乏对励志目标实现的灵活性。

由此提出假设：

假设4：故事结局类型在基于社会疼痛感知中介的励志品牌故事和品牌认同之间具有调节作用。

本研究通过4个实验来验证柔弱人设的励志品牌故事对消费群体品牌认同的影响。实验1验证了基于公平世界信念中介的柔弱人设的励志品牌故事对品牌认同的影响。实验2验证了基于个体社会疼痛感知中介的柔弱人设的励志品牌故事对品牌认同的影响。实验3考察了故事结局方式（封闭结局/

开放结局）对基于公平世界信念中介的柔弱人设的励志品牌故事对品牌认同影响的调节作用。实验4考察了故事结局方式（封闭结局/开放结局）对基于个体社会疼痛感知中介的柔弱人设的励志品牌故事对品牌认同影响的调节作用。

四、研究方法

（一）实验1：柔弱人设的励志品牌故事通过公平性感知中介影响品牌认同

实验1的实验目的是要验证基于公平世界信念中介的柔弱人设的励志品牌故事对品牌认同的影响，证实假设1。

1.被试选择

实验1研究者以个体职业为标准划分弱势群体和非弱势群体。研究者在某家政中心征集35名家政服务人员（年龄分布为27—53岁，M=34.06，SD=8.471），在某市公务员活动中心征集了32名公务员作为被试（年龄分布为25—51岁，M=32.14，SD=5.459）。受试者随机分为两组（弱势群体vs.非弱势群体），每组样本量（*n*弱势群体=35，*n*非弱势群体=32）。

2.刺激物选择

研究者创建了一个虚拟旅游公司品牌“嘉愿”及品牌故事《梦中的海》。《梦中的海》是一个有韧性的青年在逆境中成才的故事。青年从初中开始就梦想去看“嘉愿”旅游公司品牌宣传中的马尔代夫澄绿的海。几乎要辍学的家庭境况让他的梦想只是梦想，但却成为他走向远方看世界的精神支柱。青年学习很坚韧、刻苦，同时又乐于助人，理解家人的悲苦与无助。为了节省开支，最艰苦的日子里他常常是就开水吃家里带来的冷馒头，月末步行几个小时往返学校。青年的坚强努力终于迎来了高考的犒劳，青年被重点大学录取。在学校的表彰大会上主持人问起青年的梦想，青年说起“嘉愿”的梦。这个消息传到“嘉愿”旅游公司，公司领导很感动。为了表扬青年面对困难的无畏坚韧和对“嘉愿”的梦想坚持，公司决定让青年做一次放飞，免费去马尔代夫看一下梦想中的海。

3.流程设计

首先，向被试介绍什么是品牌故事和具有柔弱人设的励志品牌故事。然后，进行实验前测。为了进行实验前测，研究者征集43位被试（年龄分布为18—27岁，M=24.42，SD=8.202，其中女性比例为51%）。为参加前测的被试依次呈现实验1中使用的“嘉愿”的品牌故事《梦在远方》。询问被试品牌故事的励志性及“嘉愿”这个品牌名称有没有特殊意义。结果表明对于大部分的参与者（98.67%），实验1中的品牌故事《梦中的海》是励志故事，且品牌名称没有特殊意义。正式试验开始时，研究者给予被试品牌故事《梦中的海》。研究人员要求被试根据他们所看到的励志品牌故事对该品牌的认同度进行评价。变量公平世界信念的测量采用Dalbert编制的公平性感知（Personal Belief in a Just World）二联量表（Dalbert，1999）。量表共13个项目，包括个人公平性感知项目7个，如“您认为您通常得到了公正的对待的吗？”“您认为总的说来发生在您身上的事件都是公正的吗？”该量表α系数为0.825 。包括一般公平性感知量表项目6个，如“您认为大体上人们得到了他们应得到的东西了吗？”“您认为在做重要决策时人们应尽力保证公平吗？”该量表α系数为0.812。变量品牌认同的测量参照金立印（2006）编制的品牌认同量表，问项为“您认为该品牌的个性形象同您的个性形象相符吗？”等6个问题。该量表α系数为0.830。研究者让被试依据Likert的7分量表汇报其读完品牌故事后各变量的评估情况。最后，研究人员要求被试再次回顾目标品牌的名称，报告品牌名称是否具有特殊意义，以及产品的评估是否依赖于过去的购物体验，是否猜测到本次调查的目的。

4.结果分析及结论

结果表明，相比于非弱势群体，柔弱人设的励志品牌故事会显著影响弱势群体的品牌认同和公平世界信念；弱势群体组被试获得的品牌认同显著高于非弱势群体组被试（M弱势群体=4.914，SD=1.554；M非弱势群体=3.750，SD=1.292，$F(1, 66)=7.612$，$p=0.002$，$d=0.675$）；弱势群体组被试倾向认为其获得更高的公平世界信念（M弱势群体=4.666，SD=0.992；M非弱势群体=3.984，SD=1.028，F（1，66）=7.612，p=0.008，d=0.815）。

本研究通过BOOTSTRAPPING（PROCESS Model 4，Hayes，2013）对公平世界信念的中介作用进行分析（Hayes et al.，2013）。结果发现公平世界信念中介了励志品牌故事对品牌认同的影响（β=0.588；CI=0.182—1.119），同时品牌故事对品牌认同的直接效应不显著（β=0.576；CI=−0.027—1.180），表明公平性感知完全中介了柔弱人设的品牌故事和品牌认同之间的关系。

实验1验证了基于公平性感知中介的柔弱人设的励志品牌故事对品牌认同的影响，假设1得到证实。

（二）实验2：励志品牌故事通过社会疼痛感中介影响品牌认同

实验2的实验目的是要验证基于社会疼痛感中介的柔弱人设的励志品牌故事对品牌认同的影响，证实假设2。

1. 被试选择

实验2研究者以个体身体健全性为标准划分弱势群体和非弱势群体。研究者在某市特殊教育中心征集了31名不同程度残障人士（年龄分布为21—45岁，M=31.06，SD=6.439）作为有效被试，在某高级写字楼征集33名公司白领（年龄分布为23—46岁，M=30.16，SD=4.272）作为有效被试。受试者随机分为两组（弱势群体vs.非弱势群体），每组样本量（n弱势=31，n非弱势=33）。

2. 刺激物选择

研究者创建了一个虚拟钢琴品牌“健悦”及品牌故事《我心如初》。《我心如初》是一个著名钢琴家失去双手后涅槃领悟的故事。钢琴家少年成名，事业的发展一路绿灯。他最享受的时刻是在家中弹奏他最爱的那台“健悦”钢琴。但不幸的是，这名钢琴家在一次事故中失去了双手。这对于一个钢琴家是致命的打击，他由此也失去了人们的追捧，原来的门庭若市变成了门可罗雀。相当长一段时间，他都非常暴躁抑郁，甚至一度失去了活下去的意义。但是孩子的眼睛是纯净无瑕的。有一天，钢琴家原来执导过的一个孩子很虔诚地请求钢琴家继续教授他乐理知识并指导他，孩子弹奏钢琴家自己最喜爱的那台“健悦”钢琴。笼罩在钢琴家心头的雾霾一下子散开了，他意识到自己虽然不能弹琴了，但音乐应该是永恒的，他可以通过自己以往的经验培养这个孩子成才，继而实现他艺术梦想的延续。在他教导和培养下，这个孩子最终也成为著名的钢琴家，成年后孩子日常在家演奏用的钢琴依旧是这位钢琴家挚爱的那台“健悦”钢琴。

3.流程设计

首先，研究者为被试介绍什么是品牌故事和励志品牌故事。然后，进行实验前测。研究者网上募集43位被试（年龄19—44岁，M=27.81，SD=6.254，女性比例49%）参与前测。主实验开始前，为被试呈现实验2中使用品牌故事《我心如初》。询问被试品牌故事的励志性，“尚意”这个品牌名称有没有特殊意义。结果表明对于大部分被试（97.49%），品牌故事《我心如初》是励志故事，且“健悦”品牌名称没有特殊意义。主实验开始时，研究者给予被试品牌故事《我心如初》。研究人员要求被试根据他们所看到的励志品牌故事对该品牌认同度进行评价。变量社会疼痛感的测量采用Rosenberg自尊量表和周欣悦等在其金钱缓冲社会疼痛的系列实验中所用社会疼痛感测量综合起来共8个项目的量表（Greenberger，2003；Zhou，2009），如“您感到您是一个有价值的人，至少与其他人在同一水平上吗？”“总的来说，您对自己是满意的吗？”“您有感觉自己受到他人的排斥/抛弃吗？”量表α系数为0.880。品牌认同变量的测量和实验1相同。研究者让被试依据Likert的7分量表汇报其读完特定品牌故事后各变量的评估情况。最后，研究人员要求被试再次回顾目标品牌的名称，报告品牌名称是否具有特殊意义，以及产品的评估是否依赖于过去的购物体验，是否猜测到本次调查目的。

4.结果分析及结论

结果表明，相比于非弱势群体，柔弱人设的励志品牌故事会显著影响弱势群体的品牌认同和社会疼痛感知。弱势群体组被试获得的品牌认同显著高于非弱势群体组被试（M弱势群体=4.581，SD=1.089；M非弱势群体=3.636，

SD=1.747，F(1，63)=6.635，p=0.012，d=0.649)，弱势群体组被试倾向认为其获得较大程度个体社会疼痛感知的减弱（M弱势群体=4.426，SD=0.974；M非弱势群体=3.842，SD=1.053，F(1，63)=5.272，p=0.025，d=0.576)。

本研究通过BOOTSTRAPPING（PROCESS Model 4，Hayes，2013）对个体社会疼痛感知的中介作用进行分析（Hayes et al.，2013）。结果发现社会疼痛感知中介了励志品牌故事对品牌认同的影响（β=0.457；CI=0.097—0.958)，同时品牌故事对品牌认同的直接效应不显著（β=0.487；CI=−0.159—1.113)，个体社会疼痛感知完全中介了励志品牌故事和品牌认同之间的关系。

实验2验证了基于社会疼痛感中介的柔弱人设的励志品牌故事对品牌认同的影响，假设2得到证实。

（三）实验3：基于公平性感知中介的柔弱人设的励志品牌故事的结局类型对品牌认同影响的调节作用

实验3的实验目的是要验证基于公平性感知中介的柔弱人设的励志品牌故事的结局类型对品牌认同影响的调节作用，证实假设3。

1. 被试选择

实验3研究者以个体受教育程度为标准划分弱势群体和非弱势群体。研究者在某快递公司征集82名快递人员（年龄分布为19—37岁，M=26.09，SD=5.370）作为弱势群体有效被试样本，在某高校征集80名本科以上的学生（年龄分布为18—39岁，M=24.06，SD=4.491）作为非弱势群体有效被试样本。参与者被分配到2（弱势群体vs.非弱势群体）×2（开放结局vs.封闭结局），各组样本容量为（n弱势，开放结局=40，n非弱势，封闭结局=39，n弱势，开放结局=41，n非弱势，封闭结局=42）。

2. 刺激物选择

研究者创建了一个虚拟家政品牌“家美”及品牌故事《我的前半生（开放结局）》和《我的前半生（封闭结局）》。

开放结局：《我的前半生（开放结局）》是一位下岗中年女性历尽艰辛成功再就业的故事。一个前半生享尽衣食无忧的女性在近四十岁时连续遭遇到人生的不幸。丈夫因病去世，并因病花尽家里的积蓄；因为经济不景气她被单位被裁员，下岗后身无所长。生活剩下的除了一地鸡毛就是一对尚未成年等待她去养育的孩子。彷徨的她不知做什么好。偶然一天，她看到“家美”家政公司招聘家政服务员，中年女性决定试试。刚开始的业务不熟练、自己内心及生活境遇的巨大落差、旁人的眼光与冷嘲热讽都让她无数次想放弃。但是她还是咬紧牙关，努力工作，不屈不挠……

封闭结局:《我的前半生（封闭结局）》是一个下岗中年女性历尽艰辛成功再就业的故事。一个前半生享尽衣食无忧的女性在近四十岁时连续遭遇到人生的不幸。丈夫因病去世，并因病花尽家里的积蓄；因为经济不景气她被单位被裁员，下岗后身无所长。生活剩下的除了一地鸡毛就是一对尚未成年等待她去养育的孩子。彷徨的她不知做什么好。偶然一天，她看到“家美”家政公司招聘家政服务员，中年女性决定试试。刚开始的业务不熟练、自己内心及生活境遇的巨大落差、旁人的眼光与冷嘲热讽都让她无数次地想放弃。但是她还是咬紧牙关，克服无数困难坚持了下来。她努力工作，不屈不挠。两年后，她成长为“家美”家政公司的一名高层管理人员……

3.流程设计

首先，研究者为被试介绍什么是品牌故事和励志品牌故事。然后，进行实验前测。研究者从网上募集40位被试（年龄18—47岁，M=26.80，SD=8.251，女性比例52%）参与前测。主实验开始前研究者为被试呈现实验2中使用的品牌故事《我的前半生》。询问被试品牌故事的励志性，“家美”品牌名称有没有特殊意义。结果表明对于大部分被试（96.71%），实验3中的品牌故事《我的前半生》是励志故事，品牌名称没有特殊意义。正式试验开始时，研究者给予被试品牌故事《我的前半生》。研究人员要求被试根据他们所看到的励志品牌故事对该品牌认同度进行评价。研究者让被试依据Likert的7分量表汇报其读完品牌故事对相关变量的评估。变量公平世界信念和品牌认同的测量都和实验1相同。最后，研究人员要求被试再次回顾目标品牌的名称，报告品牌名称是否具有特殊意义，以及产品的评估是否依赖于过去的购物体验，是否猜测到本次调查目的。

4.结果分析及结论

结果表明柔弱人设的励志品牌故事对品牌认同影响的主效应差异显著［$F(1, 161)=28.714$，$p=0.000$］。故事结局类型对品牌认同影响的边缘主效应也显著［$F(1, 161)=4.418$，$p=0.000$］。励志品牌故事和故事结局类型的交互作用显著地影响公平性感知［$F(1, 161)=30.782$，$p=0.000$］。相比于非弱势群体，在故事开放结局情况下，励志品牌故事显著地影响弱势群体的品牌认同［M弱势=5.816，SD=0.926；M非弱势=4.343，SD=1.589，$F(1, 78)=25.592$，$p=0.000$，$d=1.135$］；而在故事封闭结局情况下，故事结局类型对弱势群体和非弱势群体公平性感知影响的差异不显著［M弱势=3.595，SD=1.289；M非弱势=3.488，SD=1.412，$F(1, 82)=0.127$，$p=0.722$，$d=0.078$］，如图5-8所示。本研究采用BOOTSTRAPPING（PROCESS Model 8，Hayes，2013）分析励志品牌故事结局类型的中介调节作用（Hayes et al.，2013）。励志品牌故事和故事结局类型（开放结局/封闭结局）的交互作用能够显著影响公平性感知的激发（$\beta=0.434$；CI=0.197—0.671），同时，公平性感知又会有效影响对品牌的认同（$\beta=0.923$；CI=0.684—1.161）。结果验证了故事结局类型会通过公平性感知有效调节柔弱人设的励志品牌故事和对品牌认同影响之间的关系（$\beta=0.400$；CI=0.166—0.704）。

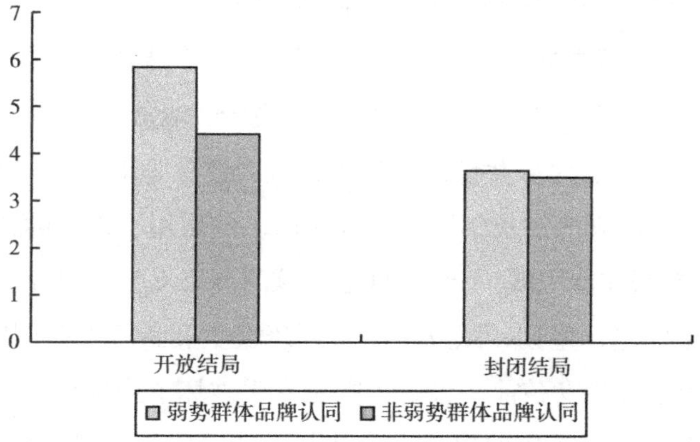

图5-8 基于公平性感知中介的柔弱人设的励志品牌故事结局类型对品牌认同的影响

资料来源：本研究整理所得。

实验3验证了柔弱人设的励志品牌故事结局类型对基于公平性感知中介的励志品牌故事对品牌认同影响的调节作用，假设3得到证实。

（四）实验4：基于社会疼痛感知中介的柔弱人设的励志品牌故事的结局类型对品牌认同影响的调节作用

实验4的实验目的是要验证基于社会疼痛感知中介的励志品牌故事的结局类型对品牌认同影响的调节作用，证实假设4。

1.被试选择

实验4研究者以个体性别为标准划分弱势群体和非弱势群体。研究者在某人才交流中心征集154名有效被试。其中女性77名（年龄分布为19—41岁，M=26.65，SD=7.539）作为弱势群体样本，男性77名（年龄分布为20—39岁，M=25.89，SD=3.390）作为非弱势群体样本。参与者被分配到2（弱势群体vs.非弱势群体）×2（开放结局vs.封闭结局），各组样本容量为（*n*弱势，开放结局=35，*n*非弱势，封闭结局=33，*n*弱势，开放结局=32，*n*非弱势，封闭结局=34）。

2.刺激物选择

研究者创建了一个虚拟黄金品牌“福泰”以及两个品牌故事《闪亮的金子（开放结局）》和《闪亮的金子（封闭结局）》。

开放结局：《闪亮的金子（开放结局）》是一个聋哑女孩在贫穷环境中成长的故事。女孩从小就拥有音乐梦想，但由于聋哑贫困，她经常被同学蔑视和打击。为了鼓励聋哑女孩，每当她怀疑自己价值时，妈妈总是带她去离家最近的一个品牌为“福泰”黄金专卖店，然后用手语告诉聋哑女孩说：“金子，需要打磨才能闪耀。”经常打击女孩的同班女生练习弹奏的是钢琴，但聋哑女孩很隐忍，坚韧，默默努力。同班女生和聋哑女孩同时报了音乐大赛。为了阻止聋哑女孩前去参赛，同班女生破坏了聋哑小女孩的小提琴。但比赛那天聋哑小女孩依旧出现在了赛场，怀里，是她用胶带捆绑着的小提琴。原本悠扬舒缓的音乐从残破的小提琴疯狂而猛烈地“迸出”……

封闭结局：《闪亮的金子（封闭结局）》是一个聋哑女孩在贫穷环境

中成长的故事。女孩从小就拥有音乐梦想，但由于聋哑贫困，她经常被同学蔑视和打击。为了鼓励聋哑女孩，每当她怀疑自己价值时，妈妈总是带她去离家最近的一个品牌为“福泰”黄金专卖店，然后用手语告诉聋哑女孩说：“金子，需要打磨才能闪耀。”经常打击女孩的同班女生练习弹奏的是钢琴，但聋哑女孩很隐忍，坚韧，默默努力。同班女生和聋哑女孩同时报了音乐大赛。为了阻止聋哑女孩前去参赛，同班女生破坏了聋哑小女孩的小提琴。但比赛那天聋哑小女孩依旧出现在了赛场，怀里，是她用胶带捆绑着的小提琴。原本悠扬舒缓的音乐从残破的小提琴疯狂而猛烈地“迸出”，震撼着每个人的心。演出结束，全场爆发出雷鸣般的掌声，女孩获得比赛的冠军。领奖台上，女孩恬然地笑了，笑容像“福泰”的金子一样闪亮。

3.流程设计

首先，研究者为被试介绍什么是品牌故事和励志品牌故事。然后，进行实验前测。研究者在网上募集45位被试（年龄19—48.5岁，M=27.79，SD=7.242，女性比例51.5%）参与前测。研究者为参与前测的被试依次呈现实验中使用的品牌故事《闪亮的金子》，询问被试这些品牌故事励志与否以及“福泰”品牌名称有没有特殊意义。结果表明对于大部分被试（98.41%），实验4中故事《闪亮的金子》是励志品牌故事，品牌名称没有特殊意义。正式试验开始时，研究者给予被试的品牌故事为《闪亮的金子》。研究人员要求被试根据他们所看到的励志品牌故事对该品牌的认同度进行评价。社会疼痛感变量的测量和社会认同变量的测量都和实验2相同。之后，研究者让被试依据李克特7分量表（7分量表，1分非常不同意，7分非常同意）汇报其读完故事后感受到的品牌认同和个体社会疼痛感的评估情况。最后，研究人员要求被试再次回顾目标品牌的名称，报告品牌名称是否具有特殊意义，以及产品的评估是否依赖于过去的购物体验，是否猜测到本次调查目的。

4.结果分析及结论

结果显示柔弱人设的励志品牌故事对品牌认同影响的主效应差异显

著［F(1，153)=32.440，p=0.000］。故事结局类型对品牌认同影响的边缘主效应也显著［F(1，153)=5.171，p=0.000］。柔弱人设的励志品牌故事和故事结局类型的交互作用显著影响个体品牌认同［F(1，153)=32.440，p=0.000］。在开放结局情况下，相比于非弱势群体，柔弱人设的励志品牌故事显著影响品牌认同［M弱势=5.686，SD=0.152；M非弱势=4.091，SD=0.255，F(1，67)=29.617，p=0.000，d=7.598］；而在封闭结局情况下，柔弱人设的励志品牌故事对弱势群体和非弱势群体的品牌认同影响差异不显著［M弱势=3.438，SD=1.243；M非弱势=3.382，SD=1.243，F(1，65)=0.350，p=0.864，d=0.043］，如图5-9所示。

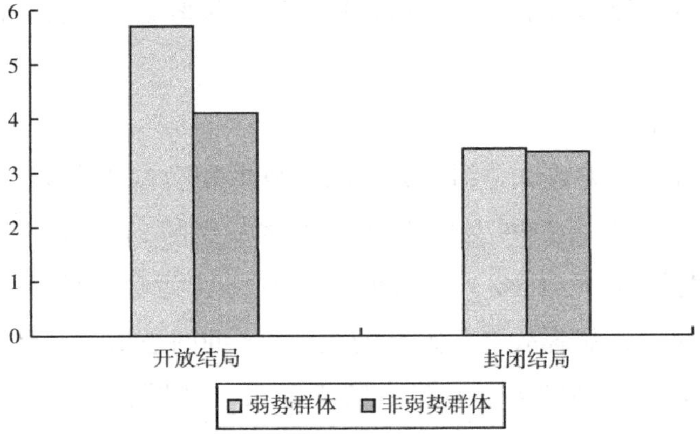

图5-9 基于社会疼痛感中介的柔弱人设的励志品牌故事结局类型对品牌认同的影响

资料来源：本研究整理所得。

本研究采用BOOTSTRAPPING（PROCESS Model 8，Hayes，2013）分析故事结局类型的中介调节作用（Hayes et al.，2013）。结果显示柔弱人设的励志品牌故事和故事结局类型（开放结局/封闭结局）的交互作用能够显著影响个体社会疼痛感的激发（β=0.416；CI=0.107—0.726），同时，社会疼痛感又会有效影响个体的品牌认同（β=0.892；CI=0.634—1.149）。结果验证了故事结局类型通过个体社会疼痛感有效调节励志品牌故事和个体品牌认同之间的关系（β=0.371；CI=0.069—0.771）。

实验4验证了故事结局类型（开放结局/封闭结局）对基于社会疼痛感

中介的柔弱人设的励志品牌故事对品牌认同影响的调节作用，假设4得到证实。

五、讨论

（一）结论

本研究通过4个实验验证了励志品牌故事对品牌认同的影响。实验1验证了基于公平性感知中介的柔弱的人设励志品牌故事对品牌认同的影响。实验2验证了基于个体社会疼痛感中介的柔弱的人设励志品牌故事对品牌认同的影响。实验3考察了故事结局类型对基于公平性感知中介的柔弱的人设励志品牌故事对品牌认同影响的调节作用。当故事为开放结局时，励志品牌故事对品牌认同影响显著；当故事为封闭结局时，柔弱的人设励志品牌故事对品牌认同影响不显著；且柔弱的人设励志品牌故事和故事结局类型的交互作用对品牌认同的影响通过影响个体公平性感知中介而起作用。实验4考察了柔弱是人设故事的结局类型对基于个体社会疼痛感中介的励志品牌故事对品牌认同影响的调节作用。当故事为开放结局时，柔弱人设励志品牌故事对品牌认同影响显著；当故事为封闭结局时，柔弱人设励志品牌故事对品牌认同影响不显著；且励志品牌故事和故事结局类型的交互作用对品牌认同的影响通过影响个体社会疼痛感中介而起作用。

（二）理论贡献

基于本研究的贡献主要有以下三个方面：

第一，本研究基于涵化理论，探究了励志品牌故事人设的柔弱性对消费群体具有的影响及其心理机制和边界，具有很强的社会现实意义。把柔弱的人设引入到励志品牌故事中，可以具有很好地关心和关注弱势群体意义。弱势群体其家庭或个人达不到社会认可的基本生活标准，但他们又无法改变既有的弱势地位，所以他们是脆弱的，是敏感的，需要别人的物质和精神上的支持和帮助（王文祥，2009）。国家法律制度和公共政策的制定应该从人文关怀的角度出发，尽可能地关注弱势群体，避免由于强势者的冷淡、歧视与疏远强化弱势人群的焦虑心理，促使他们更加自卑和敏感或让他们感到自己被剥夺，导致他们犯罪的非法手段寻求补偿。所以，企业利用励志品牌故事的“涵化”功能可以引导弱势群体的心理，感受他们的孤独无助，修正他们的人生观和价值观，防止极端行为的发生，最大限度地保障社会的和谐。

第二，本研究把公平性感知和社会疼痛感两个社会学概念引入品牌故事的构建研究中，丰富了营销研究的新维度。本研究通过弱势群体公平性感知和个体社会疼痛感知对品牌认同中介作用分析，探究公平性感知和个体社会疼痛感知这两个中介从内因激发为主扩展到以媒介内容等外部刺激诱发为主的作用机制。弱势群体在社会中处于不利地位，易面临各种心理困境，诱发违法犯罪等失范行为。而增强公平性感知能够激励个人专注于未来的目标（Hafer，2000），追求长期目标（Otto et al.，2006）（周春燕，2013）的作用。社会痛苦也可以表现为个体自我调节能力的下降，降低社会疼痛感可以增强个体的心理防御能力。只有心有强烈公平性感知，尽可能降低社会疼痛感，“14亿的每一个我们”才能对未来有信心，才能拥有强大的心理抗争力。

第三，本研究揭示一个道理，即正能量的宣传有时并不一定能带来正向的效果，如果方式不对可能会引发个体更为强烈的自卑感和社会疼痛感。励志品牌故事这样的正能量的营销宣传内容应符合不同消费者的心理接纳程度和目标达成能力，满足不同消费者的心理需求和价值衡量。其结局不应该都是圆满性、封闭式性的，具有目标多层性的开放式结局就更为现实。那么，具有目标多层性的开放式结局就能满足这一目标要求。在励志的背景下给予每一个消费者存在和发展的理由，充分考虑消费者尤其是占有资源相对较少的弱势群体的心理接纳限度和目标达成能力，避免由于励志目标设置过高无法实现引发消费者更加强烈的心理无助和社会疼痛感，努力达成更大范围的“弱有所扶”，实现“一个都不能少”的宏伟目标。

（三）营销启示

本研究通过探究发现励志品牌故事人设的柔弱性是会影响消费者的公平性感知和品牌认同的，这对于企业品牌故事创新及品牌形象的塑造具有一定的推动作用。

首先，企业在进行品牌故事等营销内容创作和构建时可以积极考虑各种类型的弱势群体作为励志品牌故事创作的素材，这样丰富了营销内容创作来源的同时也实现了对弱势群体的关注、爱护及引导。弱势群体励志形象在品牌故事内容的出现，以及那些常被称为“正能量”的东西，往往会让消费者联想积极、乐观、不懈、无畏的一切优秀和美好的品质，可以唤起消费者的自强自立，不屈服于命运和环境的自我感知，促使其模仿“榜样”的力量，实现其人生观价值观的洗礼和现实行为的纠偏，进而实现社会和企业管理目标，形成更广范围的社会认同和品牌认同。

其次，企业在进行励志品牌故事创建时要考虑到个体能否达到接受的程度及其实现目标的能力。企业应针对不同消费者能力间的能力差异设置合适的目标，将目标难度的设立与消费者能力的高低结合起来，要充分考虑消费者心理接纳限度和目标达成能力，避免由于励志目标设置过高无法实现引发消费者的心理无助感，进而引发弱势群体更为强烈的心理失衡感和另一种形式的社会不公感。同时，要抛弃平等主义的理由，转而诉诸一种非平等主义的正义观，即充足主义的正义观，就能够更好地回应平等主义所遇到的这些难题，提升弱势群体的利益，真正实现“一个不能少”的目标。

最后，关注和爱护弱势群体可以提醒企业及行业关注自身营销道德问题。更多企业关注弱势群体，强调促其上进的一面可以激发弱势群体更多正向能量及对企业社会责任和人文情怀的认同，从而产生较强的品牌认同。当弱者看到强者拥有较多社会资源，而自己又不能通过合法手段得到期望的财富；与此同时部分强势者的冷淡、歧视与疏远，促使他们更加自卑和敏感。所以，关注弱势群体是企业、政府等各界都应积极关注的一个问题。

关心社会弱势群体，关注社会和谐的企业和品牌定能在消费者心目中占据一定位置，获得更多偏爱和认同。

（四）未来研究展望

进一步研究可以从以下方面入手。

首先，我们在研究励志品牌故事人设的柔弱性对消费群体的品牌认同的基础上可以更加深入研究某一特定类型的群体的品牌消费机制问题，比如研究老年人、残疾人或者贫困群体等的品牌知觉和品牌认同问题。

其次，进行多领域探索和验证励志与消费群体感知的关系。本研究的结果表明，具有反转性柔弱的励志故事人设会让消费者觉得品牌更具能力，认同度更高。那么，这一结论是否也适合于其他情境？有很多的励志故事，那么不同类型柔弱人设的励志故事对于消费者是否会产生类似不同的作用结果？

最后，继续在以往研究的基础上，从多维度、多角度探索不同故事主题品牌传播及对品牌认同的影响。本研究仅仅考察了励志这种故事主题及励志/非励志的影响，但品牌故事的可供挖掘的角度还很多，如不同的性别角度，比如男性/女性角度；不同的主题，如幽默/非幽默、喜剧/非喜剧品牌故事等角度。这些都值得研究者去探索其对弱势群体认同、品牌认同等的作用机制及影响。

第六节
励志品牌故事人设结局方式对消费者品牌认同的影响

一、问题引出

近几年频频出现开放式结局的经典励志影视剧。像饺子的《哪吒之魔童降世》（见图1）、田晓鹏的《大圣归来》、张艺谋的《影》等。就叙事作品的创作来讲，封闭式结局一直是主流。但开放式结局的处理对电视剧作品本身起到意义提升的作用越来越多地得到大多数观众的认同。尤其是2019年7月26日上映的《哪吒之魔童降世》其结局貌似“圆满”，实则悲情，众乡亲等到无法挽回时才去释放自己对哪吒的善意，但哪吒的最终结局却没有演绎。该影片上映24天票房破40亿元，冲击中国影史前三（新浪，2019）。

品牌故事作为有效的营销支持显著影响企业形象的塑造（Greene，1994；Morgan，2002；Denning，2004）。近年来，越来越多的企业通过讲“励志品牌故事”这一方式来进一步提升企业的文化精神，塑造企业及品牌更高端、更积极的形象。如华为、中国移动、红牛等一系列优秀品牌都通过讲励志品牌故事在国内外消费者心目中留下深刻的印象（Wang，2019）。但由于顾客需求多样化和变异性，企业要思考如何创新诸如励志品牌故事等营销元素才能更好地影响和留住消费者（Cui.，Xu & Xie，2016）。

目标设置理论是强调设置目标的特点会影响激励水平和工作绩效的理论，目标设置必须符合激励对象的需要（Brandstätter & Frank，2002；Fujita，Gollwitzer & Oettingen，2007）。目标设置理论认为在目标难度拟定上要适当才能收到良好激励效果。目标环境能显著地影响人们追求目标的动机（Deci & Ryan，2000），设定一个合适的目标可以有效影响目标达成预期（Armor & Taylor，2003；Bargh，Gollwitzer & Oettingen，2010）。针对不同消费者能力间的差异设置合适的目标，将目标难度的设立与消费者能力的高低结合起来（Gollwitzer & Oettiingen，2015）。即消费者要有足够的能力实现目标承诺时方可设置难度较大的目标，否则就要作出适当调整（Locke，1967；王彤、杨庆、黄希庭，2017）。《哪吒之魔童降世》等影视剧开放式结局的设定其实是“多层目标”的设定。因为剧情的结尾可能性是多维的，消费者可以根据消费者能力差异及认知不同实现无意识调整，不会让消费者尤其是拥有较少社会资源的弱势群体在单一版本的“圆满结局”前感觉实现的“渺茫和无助感”，减少消费者受挫感。同时消费者也在目标的追求过程中实现了自身蜕变和成长。进而消费者对具有较高达成度的“多层”

目标会产生更多的“目标认同”。这就是为什么越来越多优秀影视剧采用开放式结局并取得成功的重要原因。

那么，我们是否可以在进行励志品牌故事创作时采用开放式结局的人设结局方式进而获得更多的消费者品牌认同呢？以往品牌故事的研究主要集中在故事创作、传播手段及传播意义等角度阐述对品牌态度和认同的影响和作用（汪涛，2011；Fanning，1999；Mccracken，1999）。既有励志品牌故事的研究也仅有人设的健全性和性别对消费者品牌偏好影响的探讨（Wang，2019；汪涛，2019）。关于励志品牌故事人设结局方式对消费者品牌认同的研究则没有。所以，本研究鉴于品牌故事理论研究的现状和不足，在考察诸如品牌故事类型、内容、产品、品牌等因素都一致的基础上，探索励志品牌故事采用开放式结局是否会比封闭式结局能带来更强的品牌认同，并进而解释其内部机制和理论边界。

二、理论回顾及假设演绎

（一）励志品牌故事人设结局方式对品牌认同影响及目标达成预期中介解释

叙事艺术作品的结局不仅是故事发展的必然环节，而且是创作者价值观念的集中体现形式之一。故事的结局可以简单分为封闭式结局和开放式结局（Noel Burch，1981；罗伯特，2002）。开放式结尾所产生的多维度释义还来自他刻意营造的“不确定性”，这样的结尾留给读者巨大的思考空间（米勒，2002）。而开放式结尾则是在结尾处形成发散结构，它不对文艺作品内涵做特殊的界定，而是喻指悠远，引发无限遐思。开放式结局符合目标设置理论中的“多层目标”的设置特征（Locke，1967）。目标追求能否成功会随着消费者的特点进行自我无意识的自我调节（Gollwitzer & Brandstätter，1997；Gollwitzer & Oettiingen，2015）。励志品牌故事是指具有励志主题的品牌故事，企业通过讲述励志人物的励志品牌故事更能打动消费者的内心进而影响消费者的偏好（Kaplan，1974；Wang，2019）。励志品牌故事自身的故事特质决定了其如果是封闭式结局必然是消费者奋斗后的收获和皆大欢喜，也就是中国人喜欢的圆满结局。但是目标的实现会因为消费者能力、环境等诸多因素存在差异性和“圆满”的励志目标有出入。励志品牌故事创作的结局不应该都是圆满性、封闭式性的，开放式的留些想象空间的结局才是更为现实的。励志品牌故事强调励志过程中消费者精神的自强独立，强调消费者不屈服于坎坷命运的自救过程，但最终的结果是因人而异的。而励志品牌故事开放式结局因为其发散的结局模式，没有“固定”和“唯一”的结果，很大程度上实现了“多层目标”的目标设置模式，消费者可以依据自我能力根据故事情境设置自我意念中的“励志目标”。消费者只要达到自我能力和认知范围内的成功，就能实现自我设置的“励志目标”，实现自我心灵的救赎和成长（Adams，1965；王彤、杨庆、黄希庭，2017），减少消费者尤其是处于社会边缘地带的消费群体的受挫感，达到既有的目标和预期。而企业也就实现了励志品牌故事的创作目的。消费者感知到的品牌故事励志目标的可达性决定了消费者对励志故事本身的认同，进而影响消费者对品牌的认同。

由此提出假设：

H1：励志品牌故事人设结局方式对消费者品牌认同有影响。

H2：目标达成预期中介励志品牌故事人设结局方式和消费者品牌认同之间的关系。

（二）群体类型（弱势/非弱势）在励志品牌故事人设结局方式和品牌认同之间的调节作用

按照国际社会学界、社会工作和社会政策达成的基本共识，诸如贫困之类的弱势群体是指在政治、经济和社会机会等方面都处于障碍和缺乏状态的群体（Figueroa，2008；郑杭生、李迎生，2003；Adams，1965）。弱势群体有以下特征：首先，其家庭或者个人达不到社会认可的最基本的生活状态标准；其次，依赖自身的力量，他们无法改变既有的现状和弱势地位；最后，需要国家和社会力量给予帮助和支持，他们需要别人的物质和精神上的支持和帮助（Adler，2000；王文祥，2009）。弱势者融入主流社会，必须经历其自身的文化心理、价值观念、行为方式的变化，可以说，这种融入过程也是一个重新社会化的过程。但是强势群体并未提供给其良好的转换环境，部分强势者的冷淡、歧视与疏远，加强了弱势人群的焦虑心理，促使他们更加自卑和敏感（Adams，1965；Piff，2010）。根据相对剥夺理论，当弱势者看到强势者的富有，而自己又不能通过合法手段得到期望的财富，于是感到自己被剥夺，由此便有可能用非法手段寻求补偿，最极端的方式就是弱势群体犯罪。相比于非弱势群体，弱势群体对励志品牌故事所展示的励志目标更有渴求性，但由于自身的条件限制，他们往往缺乏实现较高目标的可能性。相对于非弱势群体，设置"多层"励志目标更能够切合不同弱势群体实际情况，让他们根据自身特质和励志目标特征寻找一个最佳的契合点。所以，励志品牌故事开放式结局相比于封闭式结局能让消费群体感知到更多的目标达成预期进而产生更多的品牌认同。而非消费群体因其目标实现能力较强，开放式和封闭式的结局对其形成的影响差异并不显著。

由此提出假设：

H3：**励志品牌故事人设结局方式对消费者品牌认同的影响受群体类型（弱势/非弱势）的调节。**

H3a：**励志品牌故事人设结局方式对消费群体品牌认同的影响较为显著。**

H3b：**励志品牌故事人设结局方式对非消费群体品牌认同的影响不显著。**

H4：**励志品牌故事人设结局方式和群体类型（弱势/非弱势）的交互作用对品牌认同的影响通过影响目标达成预期的中介而起作用。**

（三）叙事传输——目标达成预期链型中介解释机制

叙事传输是消费者通过讲故事对受众产生说服效果的重要作用机制，

它是一个独特的心理过程，是关注、想象力和情感的综合。具有放大正向情感，减弱负向情绪的作用（Green，2000）。Van Laer等发现，每当故事受众体验到故事结局特点及其联想中情感产生共鸣，故事情感叙事传输就会发生（Van Laer et al.，2014）。叙事传输能够增强消费者正向认知和积极情感，从而提高励志品牌故事的说服力（Melanie et al.，2004）。叙事传输能增加消费者对励志品牌故事人物的喜爱和认知（Herman，2003），使得消费者倾向于模仿和接受励志品牌故事中结局的行为和态度，并且消费者变得与故事结局越来越相似（Bandura，1977；Escalas，2004a），消费者退出虚拟体验后会将励志品牌故事与他的“内部故事”联系起来，如过去经历和记忆。这是由消费者对环境事件的反应决定的，所以叙事传输解释了叙事故事人设结局方式对消费者品牌认同的中介机制。其最终结果是，表现结局艰难励志事迹的故事使消费者愿意相信其传输出来的态度和观点，对特定结局的励志品牌故事产生目标达成预期感知和认可，进而形成对特定品牌的认同。

由此提出假设：

H5：*励志品牌故事人设结局方式对消费者品牌认同的目标达成预期中介机制进一步受到叙事传输的中介解释。*

三、研究方法

（一）实验1：励志品牌故事人设结局方式对品牌认同的影响

实验1验证励志品牌故事人设结局方式对消费者品牌认同的影响及目标达成预期的中介作用。

1.实验设计

实验1研究者在某步行街征集了71名有效被试（年龄18—40岁，平均年龄26.77岁，SD=1.487，女性比例为52%）。本实验采用单因素组间设计，把71名有效被试随机分配到2组（开放式结局vs.封闭式结局），各组样本容量为（n开放式结局=36，n封闭式结局=35）。研究者在网上募集47位被试（年龄18—38岁，平均年龄28.90，SD=7.129，女性比例54%）参与前测。研究者创立虚拟洗发水品牌“华丝”，为被试依次呈现实验1中使用的励志品牌故事《我梦飞扬（开放式结局版）》和励志品牌故事《我梦飞扬（封闭式结局版）》。等参与前测各组被试阅读完各自的品牌故事后，研究者询问被试这些故事是否是励志故事，品牌名称有没有特殊意义。结果表明对于大部分被试（98.6%），实验1品牌故事是励志故事，品牌名称没有特殊意义。

研究人员向被试随机发放励志品牌故事，要求被试根据他们所看到的励志品牌故事对该品牌的认同度进行评价。励志品牌故事《我梦飞扬（开放式结局版）》主人公是一个来自贫困山村的辍学男孩。男孩从小就拥有当演员的梦想，但由于贫困他失去了上学的机会。男孩到一个影视基地的咖啡馆里打工，每天用“华丝”洗发水把自己的头发洗得干净清爽，发丝飞扬。男孩很隐忍，坚韧，默默努力。他在竭力工作之余学习表演知识，结交正能量的朋友，终于有一天一个导演发现了他……而封闭式结局组的励志品牌故事《我梦飞扬（封闭式结局版）》则是一个来自贫困山村的辍学男孩克服困难最终成为优秀演员的故事。为了控制实验影响因素，除了故事人设结局方式的区别，两个故事的情节、文字长度、阅读时间限制及实验时长均完全一样，以此让被试感知励志品牌故事人设结局方式的不同带来的品牌认同及目标达成预期区别的不同。

实验1目标达成预期变量采用Oishi & Diener（2001）以及Pomaki等（2009）开发的目标达成预期量表测量，即“对于该目标，您能否取得大量的进步吗？”“对于该目标，您很难取得进步吗？”等4个项目构成，一致性α系数为0.823。参照前人研究（金立印，2006），通过6个项目来测量品牌认同，问项为“您认为该品牌的个性形象符合您的个性形象吗？”等，一致性系数为0.821。采用李克特7点计分（1分表示非常不同意，7分表示非常同意），要求被试汇报其读完特定结局励志品牌故事后消费者感受到的品牌认同及目标达成预期的情况。

2. 数据分析和结论

实验1结果显示与封闭式结局相比，励志品牌故事开放式人设结局会让消费者感知到更多的品牌认同（M开放式结局=4.337，SD=2.091；M封闭式结局=3.685，SD=1.443，$F(64)=4.661$，$p=0.030$，$d=0.516$），消费者获得的目标达成预期更高（M开放式结局=4.478，SD=0.362；M封闭式结局=3.735，SD=2.061，$F(64)=4.524$，$p=0.010$，$d=0.332$）。如表5-11所示。

表5-11　　励志品牌故事人设结局方式对品牌认同影响的差异

品牌故事	开放结局（M ± SD）	封闭结局（M ± SD）	F	Cohen's
目标达成预期	4.478 ± 0.362	3.735 ± 2.061	4.524*	0.332
品牌认同	4.337 ± 2.091	3.685 ± 1.443	4.661*	0.516

资料来源：本研究整理所得。

注：* $p<0.05$，** $p<0.01$。

通过BOOTSTRAPPING（PROCESS Model 4）对目标达成预期中介作用进行分析（Hayes，2013）。目标达成预期中介了励志品牌故事结局的方式对消费者品牌认同的影响（$\beta=0.321$；CI=0.034—0.505）。具有不同结局励志品牌故事会影响消费者目标达成预期的激发（$\beta=0.441$；CI=0.028—1.345）。加入中介变量（目标达成预期）后，励志品牌故事人设结局方式对消费者品牌认同直接影响不显著（$\beta=0.537$；CI=−0.295—1.070），目标达成预期对励志品牌故事结局的方式和消费者品牌认同之间关系起完全中介作用。

实验1验证了励志品牌故事人设结局方式对消费者品牌认同的影响，与封闭式结局相比，消费者通过开放式的励志品牌故事获得更多的品牌认同，其中目标达成预期在励志品牌故事人设结局方式和消费者品牌认同之间起中介作用。验证了H1，H2。

（二）实验2：群体类型的调节作用

实验2验证群体类型（弱势/非弱势）在励志品牌故事人设结局方式和消费者品牌认同之间的调节作用。

1. 实验设计

实验2研究者在某市特殊教育中心征集了85名有效被试（年龄17—42岁，平均年龄29.5岁，SD=4.797，女性比例51%）作为弱势群体样本；又在某市职工活动中心征集了93名有效被试（年龄21—44岁，平均年龄30.0岁，SD=4.594，女性比例50%）作为非弱势群体样本。所有被试被分配到2×2组（弱势开放式结局组、弱势封闭式结局组、非弱势开放式结局组、非弱势封闭式结局组）进行分析，各组样本容量为（n开放式结局，弱势=42；n封闭式结局，弱势=39；n开放式结局，非弱势=42；n封闭式结局，非弱势=43）。研究人员在网上募集46位被试进行了实验前测（年龄18—46岁，M=28.70，SD=8.309，女性比例49%）。研究者创立虚拟服装品牌“寻为”，为被试依次呈现实验2中使用的励志品牌故事《我心永恒（开放式结局版）》和励志品牌故事《我心永恒（封闭式结局版）》。等参与前测各组被试阅读完各自的品牌故事后，研究者询问被试这些故事是否是励志故事，品牌名称有没有特殊意义。结果表明对于大部分被试（97.0%），实验2中品牌故事是励志故事，品牌名称没有特殊意义。

研究人员向被试随机发放励志品牌故事，要求被试根据他们所看到的励志品牌故事对该品牌的认同度进行评价。励志品牌故事《我心永恒（开放式结局版）》的主人公是一失业的中年男性。这个中年男性去一家国际保健品公司应聘，总经理因为年龄问题就直接拒绝了他，但失业的中年男性坚持请求让他试一试，经理勉强答应了。面试的结果很不理想，失业的中年男性对总经理道歉说他没准备好，总经理以为他是给自己找个台阶下，就只是礼貌性敷衍他说欢迎他以后再来。一周后，中年男性又穿上了妻子省吃俭用为他购买的品牌为“寻为”的服装再次走进那家公司。但是，依然没有成功。虽然有不屑和嘲笑，但失业中年男性依然坚持试到了第五次，身上穿的，依然是品牌为“寻为”的服装……而封闭式结局组的励志品牌故事《我心永恒（封闭式结局版）》则是一个失业的中年男性克服求职道路上的种种困难和年龄歧视最终被录用的圆满成功故事。为了控制实验影响因素，除了故事人设结局方式的区别，两个故事的情节、文字长度、阅读时间限制及实验时长均完全一样，以此让被试感知励志品牌故事人设结局方式的不同带来的品牌认同及目标达成预期区别的不同。

实验2目标达成预期和品牌认同测量和实验1相同。采用李克特7点计分（1分表示非常不同意，7分表示非常同意），要求被试汇报其读完特定励志品牌故事后感受到的品牌认同及目标达成预期评估情况。

2.数据分析和结论

实验2结果显示，励志品牌故事人设结局方式对品牌认同的主效应差异显著［$F(1, 177)=56.260$，$p=0.001$］；群体类型对品牌认同的边缘主效应也显著［$F(1, 177)=4.813$，$p=0.003$］；励志品牌故事人设结局方式和群体类型的交互作用显著地影响消费者品牌认同［$F(1, 177)=4.232$，$p=0.010$］。采用Syntax两因素分析方法进行简单效应分析，结果显示，在弱势群体组励志品牌故事开放式结局会显著影响消费者品牌认同［$F(1, 84)=31.341$，$p=0.003$；M开放式结局=5.152，SD=0.192；M封闭式结局=4.121，SD=1.181，$d=1.312$］；而非弱势群体组，励志品牌故事人设结局方式对消费者品牌认同的影响没有显著差异［$F(1, 82)=0.020$，$p=0.821$；M开放式结局=3.518，SD=1.281；M封闭式结局=3.511，SD=1.383，$d=0.043$］。验证了H3，H3a，H3b。如图5-10所示。

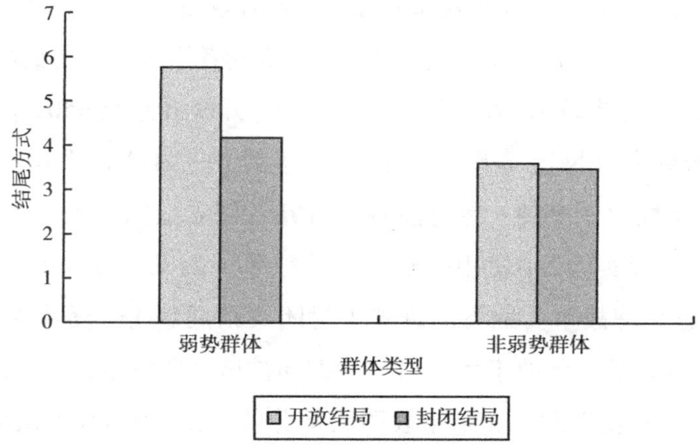

图5-10　实验2群体类型（弱势/非弱势）的调节作用

资料来源：本研究整理所得。

采用BOOTSTRAPPING（PROCESS Model 7）分析群体类型的中介调节作用（Hayes，2013）。结果显示消费者感知到的励志品牌故事人设结局方式会通过目标达成预期有效地调节励志品牌故事中人设结局方式和消费者品牌认同之间的关系（β=0.411；CI=0.113—0.581）。加入中介变量后，原来的自变量与因变量关系不显著（β=0.331；CI=-0.022—0.812），故而显示目标达成预期的部分中介作用。励志品牌故事人设结局方式对消费者的认同受到群体类型（弱势/非弱势）的调节。励志品牌故事人设结局方式和群体类型的交互作用能够显著影响目标达成预期的激发（β=0.282；CI=0.021—0.259），进而使消费者产生不同的品牌认同（β=0.496；CI=0.113—1.252），验证了H4。

实验2验证了励志品牌故事人设结局方式对消费者品牌认同的影响受群体类型（弱势/非弱势）的调节，验证了H3、H3a、H3b、H4。

（三）实验3：叙事传输—目标达成预期链型中介解释机制

实验3验证从励志品牌故事人设结局方式到叙事传输再到消费者目标达成预期再到消费者品牌认同的双中介关系。

1.实验设计

实验3研究者在某购物广场募集了102名有效被试（年龄19—43岁，平均年龄24.71，SD=7.371，女性比例48%）。研究者把被试分配到2组（开放式结局vs.封闭式结局），各组样本容量为（n开放式结局=50，n封闭式结局=52）。研究者在网上募集41位被试（年龄19—41岁，平均年龄25.41，SD=7.632，女性比例48%）参与前测。研究者创立虚拟手表品牌“安泰”，为被试依次呈现实验2中使用的励志品牌故事《翻飞的蝴蝶（开放式结局版）》和励志品牌故事《翻飞的蝴蝶（封闭式结局版）》。等参与前测各组被试阅读完各自的品牌故事后，研究者询问被试这些故事是否是励志故事，品牌名称有没有特殊意义。结果表明大部分的被试（98.8%）认为，实验3品牌故事是励志故事，品牌名称没有特殊意义。

研究人员向被试随机发放励志品牌故事，要求被试根据他们所看到的励志品牌故事对该品牌认同度进行评价。励志品牌故事《断臂的蝴蝶（开放式结局版）》主人公是一个年轻的舞蹈演员。年轻的舞蹈演员在一次事故中失去了妈妈，还失去了一条胳膊，她很忧伤，总是沉默着。有一天年轻的舞蹈演员偶然看到一个手表的广告，她想起了妈妈生前常戴的品牌为“安泰”的手表。很多次，她都是在妈妈的身边快乐地跳舞，那时妈妈常常告诉她要珍惜时间，爱惜生命。年轻的舞蹈演员一下子明白过来，她要成为妈妈希望中的那个她。年轻的舞蹈演员又开始跳舞了，像一只翻飞的蝴蝶，手腕上，是妈妈的品牌为“安泰”的手表。而封闭式结局组的励志品牌故事《断臂的蝴蝶（封闭式结局版）》则是一个年轻舞蹈演员克服身体上缺陷和心理巨大打击最终获得国际大奖圆满成功的故事。为了控制实验影响因素，除了故事人设结局方式的区别，两个故事的情节、文字长度、阅读时间限制及实验时长均完全一样，以此让被试感知励志品牌故事人设结局方式的不同带来的品牌认同及目标达成预期区别的不同。

实验3叙事传输变量的测量采用翻译修订自Escalas创建的简易传输量表问卷进行测量（Escalas，2002），量表包含“您感觉自己沉浸在这个品牌故事中了吗？”“当您想到这个故事时，您能轻易地描绘其所呈现的事件吗？”等3个问项，量表内部一致性系数为0.802。目标达成预期和品牌认同测量和实验1相同。采用李克特7点计分（1分表示非常不同意，7分表示非常同意），要求被试汇报读完特定结局的励志品牌故事后被试感受到的品牌认同、叙事传输及目标达成预期情况。

2.数据分析和结论

实验3结果显示与封闭式结局相比，励志品牌故事开放式结局会让消费者感知到更多的品牌认同［M开放式结局=4.906，SD=1.332；M封闭式结局=3.663，SD=1.564，$F(100)=5.422$，$p=0.005$，$d=0.600$］，故事的叙事传输效果更好［M开放式结局=4.325，SD=0.632；M封闭式结局=3.653，SD=0.947，$F(100)=25.461$，0.010，$d=1.012$］，消费者感知到更多的目标达成预期［M开放式结局=4.833，SD=0.807；M封闭式结局=3.358，SD=0.925，$F(100)=1.835$，$p=0.015$，$d=0.370$］。如表5-12所示。

表 5-12 励志品牌故事人设结局方式对消费者品牌认同影响的差异（主效应的因果链模型检验）

品牌故事	开放结局（M ± SD）	封闭结局（M ± SD）	F	Cohen's
叙事传输	4.325 ± 0.632	3.653 ± 0.947	25.461**	1.012
目标达成预期	4.833 ± 0.807	3.358 ± 0.925	1.835*	0.370
品牌认同	4.906 ± 1.332	3.663 ± 1.564	5.422 **	0.600

资料来源：本研究整理所得。

注：* $p<0.05$，** $p<0.01$。

采用BOOTSTRAPPING（PROCESS Model 6，Hayes，2013）对双中介［叙事传输（中介变量 1）和目标达成预期（中介变量 2）］作用进行分析（Hayes，2013）。结果验证了从具有不同结局励志品牌故事到叙事传输到目标达成预期再到品牌认同的因果链模型（β=0.135；CI=0.029—0.366）。具有不同结局的励志故事会影响消费者对产品的叙事传输效果（path a1：β=0.942；CI=0.567—1.317），叙事传输效果又能够有效影响目标达成预期（path a2：β=0.262；CI=0.069—0.455），从而使消费者产生不同的品牌认同（path a3：β=0.546；CI=0.169—0.922）。为进一步验证从具有不同结局励志品牌故事到叙事传输到目标达成预期再到品牌认同的因果链模型，本研究更换了两个中介变量的前后位置，检验了从具有不同结局的励志品牌故事到目标达成预期（中介变量 1）到叙事传输（中介变量2）再到品牌认同双中介模型，结果表明更换两个中介变量的位置后因果链模型不能成立（β=0.013；CI=-0.007—0.115），再次验证了叙事传输——目标达成预期链型双中介解释机制，验证了H5。

实验3验证了从励志品牌故事结局的方式到叙事传输到目标达成预期再到消费者品牌认同的因果链型双中介关系的成立，H5得到支持。

四、结论及讨论

（一）结论

本研究通过 3 个实验探究了励志品牌故事人设结局方式对消费者品牌

认同的影响，得出以下结论：（1）验证了励志品牌故事人设结局方式对消费者品牌认同的影响。与封闭式结局相比，消费者通过开放式的励志品牌故事获得更多的品牌认同，其中目标达成预期在励志品牌故事人设结局方式和消费者品牌认同之间起中介作用。（2）励志品牌故事人设结局方式对消费者品牌认同的影响受群体类型（弱势/非弱势）的调节。励志品牌故事人设结局方式对品牌认同的影响较为显著；励志品牌故事人设结局方式对非品牌认同的影响不显著；励志品牌故事人设结局方式和群体类型（弱势/非弱势）的交互作用对品牌认同的影响通过影响目标达成预期的中介而起作用。（3）励志品牌故事人设结局方式是通过叙事传输故事的传播中介和目标达成预期心理的作用中介形成链型双中介机制作用影响消费者的品牌认同，验证了励志品牌故事人设结局方式对消费者品牌认同的目标达成预期中介机制进一步受到了叙事传输的中介机制解释。

（二）理论贡献

基于本研究的理论贡献主要有以下三个方面：

第一，本研究将品牌故事的研究从单一研究励志主题扩展到励志品牌故事本身结局构造的研究，并探讨了其中作用机制和边界。作用机制方面，研究发现励志品牌故事人设结局方式通过目标达成预期这个中介机制作用影响消费者的品牌认同，且进一步阐述励志品牌故事人设结局方式是通过叙事传输故事的传播中介和目标达成预期心理的作用中介形成链型双中介机制作用影响消费者品牌认同。在边界效应方面，本研究发现群体类型（弱势群体/非弱势群体）对目标达成预期度有影响，并进而影响消费者品牌认同。以往关于品牌故事的研究主要从品牌故事叙事创作、传播手段及传播意义等角度阐述了品牌故事对消费者购买意愿的影响和作用，很少有研究探讨品牌故事人设结局方式对营销研究和实践的影响区别。本书率先研究品牌故事的构造特征对于消费者品牌认同的作用，拓宽了励志品牌故事的研究范畴及维度。

第二，本研究揭示一个道理，即诸如励志品牌故事这样的正能量的营销宣传内容应符合不同消费者的心理接纳程度和目标达成能力，满足不同消费者的心理需求和价值衡量。大多群体都希望通过自己的努力改变自身弱势的地位，但励志最终的结果是因人而异的，励志品牌故事强调励志过程中消费者精神的自强独立，更关注的应是消费者不屈服于坎坷命运的奋斗过程。即使是消费者达不到设定的励志目标但也实现了心灵的救赎和成长。诸如励志品牌故事是正能量营销宣传内容，其结局不应该都是圆满性、封闭式性的，具有目标多层性的开放式结局就更为现实。那么，具有目标多层性的开放式结局就能满足这一目标要求。正能量的宣传并不是一定能带来正向的效果，设置励志目标应考虑不同消费者的特点。在励志的背景下给予每一个消费者存在和发展的理由，避免因为"过度励志"而引发的消费者更为强烈的自卑感和社会疼痛感。

第三，本研究将弱势群体这一社会问题和品牌故事的讲述结合起来，促使企业响应中央政府的号召，在营销过程中关注弱势群体和自身营销道德问题，真抓实干，实现"一个不能少"的目标。2018年10月中央对脱贫攻坚工作更是作出重要指示：咬定目标加油干，如期打赢脱贫攻坚战，小康社会一个都不能少。中央的"一个不能少"的指示和举措是对贫困等弱势群体的精神上的理解，物质上的支持。转变弱势群体的思想观念实现"一个不能少"的目标是政府的责任，同时也是作为社会重要组成部分的企业应该努力的方向。企业关注弱势群体，强调积极促进其上进的一面可以激发消费群体更多的正向能量，以及对企业的社会责任和人文情怀的认同。

（三）营销启示

本研究探究励志品牌故事的人设结局方式是如何影响目标达成预期并进而影响消费者品牌认同的，本研究结果对于企业品牌故事创新及品牌形象的塑造具有一定的推动作用，主要有以下营销启示：

首先，企业在进行品牌故事创新时可以考虑和借鉴开放式的故事结局。开放式结尾是在结尾处形成发散结构，它不对文艺作品内涵做特殊的界定，可以形成具有多个含义的"多层"结局。相较于封闭式结局的"唯一性"，开放式结局给消费者更多思考空间的同时，也是给予消费者更多的宽容和选择。默认消费者对品牌故事结局的改编和设置，也是另一种形式的对消费者价值选择和心理需求的认同，是对具有不同能力和特质的不同消费者的维护和尊重。所以，企业在励志品牌故事的建构中可以借鉴和采用开放式的故事结局，这样可以让消费者根据自己的实际情况设置意念中的目标达成预期，进而实现不同程度的励志目标。

其次，营销工作者在宣传“正能量”信息时不能一味强调“圆满”和“成功”，企业在设置励志目标时要符合激励对象的需要才能收到良好激励效果。“圆满”的结局固然好，但并不是每一个消费者都能达到“被设置”的目标高度，其中或许是生理的原因，或是心理和环境的因素造成。企业应针对不同消费者能力间的能力差异设置合适的目标，将目标难度的设立与消费者能力的高低结合起来，要充分考虑消费者心理接纳限度和目标达成能力，避免由于励志目标设置过高无法实现引发消费者的心理无助感。并且，企业关注的不应是绝对平等主义，而应转而诉诸一种非平等主义的正义观，即“充足主义”的正义观，不然会引发消费者更为强烈的心理失衡感和社会疼痛感。

最后，提醒企业及行业在营销和管理过程中要积极关注弱势群体，关注自身营销道德问题。根据相对剥夺理论，当弱势者看到强势者拥有较多社会资源，而自己又不能通过合法手段得到期望的财富，于是感到自己被剥夺，由此便有可能用非法手段寻求补偿，最极端的方式就是弱势群体犯罪。与此同时，弱势者融入主流社会是一个重新社会化的过程，部分强势者的冷淡、歧视与疏远，加强了弱势人群的焦虑心理，促使他们更加自卑和敏感。作为一个现代国家，其法律制度和公共政策的制定都必须从人文关怀的角度出发，尽可能地避免人为地制造弱势群体，关注弱势群体是企业、政府等各界都应积极关注的一个问题。而关心社会弱势群体，关注社会和谐的企业和品牌定能在消费者心目中占据一定的位置，获得更多的偏爱和认同。

（四）未来研究展望

进一步研究可以从以下方面入手。

首先，继续进行多领域探索和验证品牌故事与消费者品牌认同的关系。本研究的结果表明，励志故事的人设结局方式会让消费者觉得品牌故事具有不同的表达力度，消费者品牌认同度也有所不同。那么，这一结论是否也适合于其他情境？有很多的品牌故事，那么非励志品牌故事人设结局方式是否也会对消费者产生类似的结果？

其次，本研究仅仅考察了励志故事人设结局方式的影响，但品牌故事的可供挖掘的角度还很多，继续在以往研究的基础上，从多维度、多角度探索品牌传播及对目标达成预期消费者品牌认同的影响。如男性/女性的角度；不同的表述方式，如幽默/非幽默、喜剧/非喜剧品牌故事等，这些都值得去探索其对消费者品牌认同等的作用机制及影响。

第七节 本章结论及讨论

一、结论

本章基于单因素方差分析方法对励志品牌故事价值维度的人设榜样性中的人设特质性进行了研究。研究分为对人设的健全性和人设的性别两个方面。研究结果显示如下。

（一）励志品牌故事人设的健全性对消费者品牌认同有显著正向影响

首先，植入非健全人物形象的品牌故事能在消费者心理形成较强的自我效能，从而更能增强消费者的品牌认同。其次，个体对励志品牌故事真实性感知程度对消费者的品牌认同有调节作用。只有在高真实性感知情况下，非健全的励志品牌故事人设才对消费者的品牌认同有显著影响。最后，验证了在个体高真实性感知情况下，励志品牌故事人设的健全性到叙事传输进而到自我效能再到消费者品牌认同的因果链模型的成立，进一步证明了励志品牌故事人设的健全性对消费者品牌认同的影响，其关系通过叙事传输和自我效能的双重中介机制得到解释。

（二）励志品牌故事人设的性别对消费者品牌认同有显著正向影响

本书探讨了励志品牌故事人设的性别对消费者品牌认同有着显著的正向影响，同时，验证了个体感知到的励志品牌故事人设符合传统性别角色的程度在不同性别励志品牌故事人设和消费者品牌认同之间起调节作用。验证了在个体感知到的励志品牌故事人设符合传统性别角色的程度高时，不同性别励志品牌故事人设到叙事传输进而到同情情绪再到消费者品牌认同的因果链模型成立。进一步证明了励志品牌故事人设的性别对消费者品牌认同的影响，其关系通过叙事传输和同情情绪双重中介机制得到解释。研究结果验证了励志品牌故事人设特质性对消费者品牌认同的显著影响。

二、讨论

（一）理论贡献

首先，以往关于品牌故事的研究主要从品牌故事叙事创作、传播手段及传播意义等角度阐述了品牌故事对消费者购买意愿的影响和作用，很少有研究探讨不同品牌故事人设特质性对营销研究和实践的影响区别。本书率先研究将品牌故事的研究从单一研究励志主题扩展到励志品牌故事人设特质性研究，并探讨了其中作用机制和边界，拓宽了励志品牌故事研究范畴及维度。

其次，将叙事传输的研究从文学、新闻学领域进一步扩展到营销领域。虽然以往有大量关于叙事传输的研究，考察了叙事传输对受众的影响；但是这些研究都聚焦叙事传输文学领域的应用。本书首次考察了叙事传输对于消费者同情情绪及品牌认同的影响，结果发现叙事传输依然具有情感和认知放大功能，即励志特质人设会让消费者产生更高程度的同情情绪和品牌认同。

最后，本书关注弱势群体，呼吁建立一个平等对待弱势群体的社会环境。采用自强自立的弱势特质人设作为励志故事的人设，消费者可以获得更多的角色认同和正面认知及积极情感。同时，弱势特质群体获得精神上的理解、支持和包容等社会支持不仅直接关系这一群体的生存及发展，也直接或间接关系着社会的稳定和可持续发展。

（二）实践贡献

首先，在开展营销实践活动时，企业可以更多考虑特质人设的品牌故事。只要这种主题及人设与企业特征更加匹配，就可以看作一种价值上的“暗示性”品牌，更有利于品牌的记忆和传播。实际上，在现实生活中可能会发现，已经有很多企业采用励志品牌故事开展其营销工作。这可能是由于有些企业已经意识到了励志品牌故事与消费者偏好之间的联系。

其次，关注和爱护诸如“残疾人”“女性”等这样的弱势群体可以提醒企业及行业关注自身的营销道德问题。企业强调积极上进的一面可以激发消费者更多的正向能量以及对企业的社会责任和人文情怀的认同从而产生较强的品牌认同，其可以在社会现实中发挥见证和协调的重要作用。

（三）研究局限性与展望

由于本书以人设特质性为研究焦点探讨励志品牌故事对消费者品牌认同的影响及其内在机制，在研究的广度和深度上都有进一步扩展和推进的必要。

首先，本书重点在探讨励志故事人设特质性对品牌态度的影响，可以扩展研究范围继续在其他领域验证励志主题与个体感知的关系。本书结果表明，励志品牌故事人设特质会让消费者觉得品牌更具能力，偏好程度更高。那么，接下来可以继续研究这一结论是否也适合于其他消费者对品牌的认知、情感和行为倾向。

其次，品牌故事对消费者品牌认同的影响可以从不同主题的品牌故事来考察。而人设特质性也只是侧重于品牌励志故事中的一种广告执行形式。本书仅仅考察了励志这种故事主题及特质人设的影响，但事实上品牌故事的可供挖掘的研究角度还很多，如故事的幽默/非幽默、喜剧/悲剧等都可以作为研究的切入点。

最后，本章考察了人设健全性和人设性别特征对消费者品牌认同的影响，但人设特征还有很多，值得去探索它们对于品牌故事的作用。本章可以继续从其他特征的角度考察品牌故事对消费者产生品牌认同的影响。励志品牌故事人设可供挖掘的角度还很多，如人设的不同结局、人设的外貌、人设的专业性等角度。这些都值得去探索其对消费者品牌认同的作用机制及影响。

第六章

结论与展望

CHAPTER 06

第一节
结 论

当前已经进入“品牌+”时代，品牌故事是提升企业品牌文化和价值的重要手段。近年来，越来越多的企业通过讲具有励志主题的“励志品牌故事”来进一步提升企业的文化精神，塑造企业及品牌更高端、更积极的形象。如华为、中国移动、红牛等一系列优秀品牌都通过讲励志品牌故事在国内外消费者心目中留下深刻的印象。以往关于励志品牌故事研究主要从品牌故事的叙事创作、传播手段及传播意义等角度阐述了品牌故事对消费者品牌认同的影响和作用。理论界至今没有对“励志品牌故事”的具体价值维度，及其对消费者品牌认同的影响进行相关研究。本书基于励志品牌故事研究现状和不足，以媒体涵化理论和观察学习理论为理论基础，探析励志品牌故事价值维度，并探索能否通过企业讲励志品牌故事让消费者沉浸在励志故事中，进而影响他们的品牌认同。

第一，通过扎根理论研究法和离散因子分析法有效界定了励志品牌故事包括人设的榜样性、情感的激励性和宣传的有效性三个价值维度。

本书的第三章首先采用扎根研究方法探析励志品牌故事价值维度，确认了励志品牌故事自身价值特征。价值维度，就是价值视角，是从价值的角度和层次考虑问题。本书在运用扎根理论验证励志品牌故事价值维度的过程中，采用焦点小组、个人访谈、案例分析、调研、实验和仿真等方法，通过收集数据，对数据进行分类和编码，比较和重新分析数据形成理论并进行写作的研究路径，明确并验证励志品牌故事价值维度，从理论上为本书的励志品牌故事对消费者品牌认同影响的后续研究提供理论前提，同时丰富和发展了品牌故事的理论研究。本书量表题项的开发采用的是深度访谈法，并用扎根理论方法对访谈数据进行分析，研究发现励志品牌故事具体包括人设的榜样性、情感的激励性和宣传的有效性三个方面。

第二，通过偏最小二乘结构方程模型验证了励志品牌故事价值维度对消费者品牌认同能产生积极的影响，且人设榜样性维度对品牌认同的影响程度最大。

同时，在验证人设榜样性维度各观测指标的权重时发现，“人设的特质性”这个观测指标权重系数为0.419，其在人设榜样性维度各观测指标中权重系数最大。在第三章对励志品牌故事价值维度进行界定的基础上，第四章采用偏最小二乘法探讨了励志品牌故事价值维度对消费者品牌认同的影响。在第三章中对励志品牌故事价值维度进行了扎根研究，界定了励志品牌故事包括人设榜样性、情感激励性和宣传有效性三个价值维度。涵化理论是用来说明媒体（包括品牌故事）对个体价值、信念、信仰等潜移默化的影响作用，个体在各种媒体的影响下会接受媒体内容所描绘和传达的理想、信念、态度与价值观。媒体涵化是保持一定社会结构方式，使受众对世界的感知符合现有价值观、体制结构和政治经济秩序要求的重要手段。本书基于故事的叙事传输及涵化的功能，验证了企业能通过讲品牌故事让消费者接受企业所提倡的励志故事带来的积极价值及“主流”思想，在此基础上产生更多的如希望感知类的积极情绪，改变消费者的颓废、怀疑的情绪，实现消费群体的人生观、价值观的颠覆与改变，完成品牌故事“涵化”消费者品牌认同的特殊功能。第四章以“公平世界感知”为研究中介，以“涵化”理论为研究的理论基础，考察了励志品牌故事整体价值维度对消费者品牌认同的影响。三个维度中，人设的榜样性维度对励志品牌故事的影响的系数最大，β值为0.266，高于情感激励性（β=0.167）和宣传有效性（β=0.123）。且在验证各观测指标的权重时发现，“人设的特质性”这个观测指标权重系数为0.419，其在人设榜样性维度各观测指标中权重最高。

第三，通过单因素方差分析方法验证了励志品牌价值维度中的特质人设对消费者品牌认同的显著正向影响，纵深验证了励志品牌故事价值维度对消费者品牌认同的正向积极作用。

在本书第四章中对励志品牌故事价值维度对品牌认同的影响的结构估计（假设检验）中发现，人设榜样性维度和品牌认同的相关系数最高；同时，在对第四章中各观测指标进行权重分析时发现“人设处于某种艰难境遇，具有某种人设特质（残疾性、性别歧视、阶层压迫、事故突发等）”这个观测指标在人设榜样性维度各观测指标中最高。鉴于人设概念的重要性和已有关于戏剧、电影、故事等对人设的健全性和人设的性别对文艺作品的被接纳度影响的关注，进一步研究励志品牌故事人设特质性中的人设健全性和人设性别对进一步分析励志品牌故事价值维度对消费者品牌认同影响就显得尤为必要。本书对人设特质性研究进一步加深消费者对励志品牌故事理解，探寻出励志品牌故事价值维度对品牌认同的更为深层次的影响机制，同时为企业进行励志品牌故事创作提供一个新的思考角度。研究证明，诸如人设的健全性和人设的性别等人设的特质对消费者品牌认同的显著正向影响客观存在。本书探索了弱势励志群体对于社会的积极正向的一面，考察弱势励志群体对于构建励志品牌故事作用。

第二节 理论贡献

第一，最终确定励志品牌故事价值维度划分为人设的榜样性、情感的激励性和宣传的有效性三个维度，验证和界定了励志品牌故事的价值维度，进一步拓展了品牌故事等相关理论的研究。

励志品牌故事在实践中已有较多运用，越来越多的企业都在通过励志品牌故事达到提升企业精神、塑造企业和品牌形象的目的。但是理论界还没有对“励志品牌故事”价值维度的研究。基于对励志品牌故事以往实践应用、理论基础等方面的梳理，本书运用扎根理论研究方法对励志品牌故事的价值维度验证分析。在运用扎根理论验证励志品牌故事价值维度的过程中，采用焦点小组、个人访谈、案例分析、调研、实验和仿真等方法，明确并验证励志品牌故事的价值维度，从理论上为本书的励志品牌故事对消费者品牌认同的价值识别提供理论前提。本书探析励志品牌故事积极的价值维度，丰富了品牌故事的理论研究。

第二，将品牌故事的研究视角从叙事特征扩展到品牌故事价值维度，并探讨励志品牌故事价值维度对消费者品牌认同的影响，验证了公平世界信念的中介作用，丰富了品牌认同的研究内容。

励志品牌故事作为一种特殊的品牌故事，其既具有积极的内容含义和价值承载，又具有品牌故事的媒体传播域广的特点。媒体涵化是保持一定社会结构方式，使受众对世界的感知符合现有价值观、体制结构和政治经济秩序要求的重要手段。本书探讨励志品牌故事对消费者品牌认同的影响。并探讨了公平世界信念的中介作用。以往虽然也有少量关于品牌故事的研究，但这些研究多聚焦整体类型品牌故事对消费者知觉偏好的影响，没有从励志品牌故事价值维度这种特定视角对消费者品牌认同的影响进行研究。本书扩大了品牌故事的研究视野。

第三，探讨励志品牌故事价值维度中的人设特质性对品牌认同影响，探寻出励志品牌故事价值维度对消费者品牌认同的更深层次的影响机制，同时为企业进行励志品牌故事创作提供具体的思考角度。

本书采用单因素方差分析方法考察励志品牌故事价值维度中的人设特质性对消费者品牌认同的影响。本书摒弃了以往对消费者研究的固有定式，不仅研究怎样通过励志故事整体的价值维度来影响消费者的价值观念。同时，还探索励志品牌故事特质人设对于社会的积极正向的一面，考察励志品牌故事弱势人设对构建励志品牌故事的示范性作用。采用自强自立的弱势人设作为励志品牌故事的人设，消费者可以获得更多的角色认同和正面认知及积极情感。

第四，把新闻传播学的“媒体涵化”理论，社会心理学中常用的“公平世界信念”等理论运用到励志品牌故事的研究中来，实现了营销学、心理学、新闻学、社会学等多学科的交叉融合发展，体现了本书的“共性导向，交叉融通”的研究特色。

本书引用多领域的研究成果进行研究，实现了学科研究的交叉性。由于市场竞争越来越激烈，消费者需求呈现多样化和变异性，企业要有足够的营销创新才能更好地影响和留住顾客。为了能更好地吸引和打动多样化的需求，如何创作更深层次、更具内涵、更具社会性的营销形式已成为企业提高产品品牌文化精神要考虑的重要问题。而“跨界研究”就是很好的创新营销手段的方式。“媒体涵化”是用来说明电视、互联网、报纸、杂志等各种媒体对个体价值、信念、信仰等潜移默化的影响作用，其是一个长期的、微妙的“涵化”过程。本书把营销学、心理学研究有机结合，考察励志品牌故事如何潜移默化地影响消费者的品牌认同，丰富和发展了新闻学、心理学、营销学等相关学科的理论研究。

第三节
实践贡献

第一，考察验证励志品牌故事价值维度对消费者品牌认同的显著正向影响，进一步为企业品牌故事的创作提供新的思考角度，提高企业的市场竞争力。

为了让产品过渡到品牌，进行更多的营销创新，给产品品牌赋予文化精神，实现“中国品牌世界共享”，企业可以更多地考虑励志品牌故事及其叙事传输这种故事传播机制。使主题与企业特征更加匹配，当作一种价值上的“暗示性”品牌，更有效地进行品牌的传播和记忆。本书将研究视角从普通的品牌故事扩展到励志这一主题的品牌故事，为企业进行品牌故事的创作提供必要的理论支撑。

第二，界定了励志品牌故事的价值维度，可以有助于企业从更细致和更全面的角度思考励志品牌故事的价值效用。

因为积极主题的励志品牌故事现在已成为一种重要的营销支持方式，本书对于“励志品牌故事”的价值维度的探索有助于企业意识到励志品牌故事的价值和功能所在，可以使企业等相应部门进行积极内容的营销创作时有所借鉴和完善。同时，励志品牌故事维度的更详细地挖掘，可以有助于企业在采用励志品牌故事策略时多维度围绕励志品牌故事展开工作，获得更多的灵感来源和创意角度。企业在实际营销过程中可以更多考虑励志品牌故事这种营销方法的运用，为企业决策实践提供借鉴。

第三，对弱势特质励志人设的关注，可使企业和社会更多的把目光投向弱势群体，同时提醒企业及行业关注自身的营销道德问题。

企业如果让消费者感到有未来，就必须让他们感受得到他们能够得到他们应得的，所以他们需要相信世界是公平的；同时，能够减弱他们由于身体残疾等带来的孤独、尴尬、抑郁、焦虑等社会痛苦的情绪。从“耐克”采用脑瘫患者的 Air Justins 视频广告也可以看出，更多的企业强调积极上进的一面可以激发消费者更多的正向能量以及对企业的社会责任和人文情怀的认同从而产生较强的品牌偏好，其可以在社会现实中发挥见证和协调的重要作用。

第四，实现了多学科的交叉贯通，其研究成果可为多领域工作提供理论指导和决策依据。

本书实现了营销学、心理学、新闻学、社会学等多学科的交叉融合发展，把新闻传播学的“媒体涵化”理论，把社会心理学中常用的“公平世界信念”“领悟社会支持”理论运用到励志品牌故事的研究中来，体现了本书的“共性导向，交叉融通”的研究特色。由于顾客需求的多样化和变异性，企业要不断的创新才能更好地影响和留住顾客。为了能更好地吸引和打动顾客多样化的需求，如何创作更深层次、更具内涵、更具社会性的营销方式已成为企业提高产品品牌文化精神要考虑的重要问题。本书成果实现了跨界综合性研究，在丰富和拓展研究理论的同时提示企业等群体在制定相应的实践政策时可以进行更多的“跨界”实践结合，把不同领域的思想、技巧和技能等有机地结合到营销实践应用中，进而提高企业等多领域的工作效率和能力。

第四节 研究局限性及展望

第一，鉴于扎根研究的方法存在一定的不足之处，所以本书具有一定程度的局限性。

由于扎根研究通常只允许研究人员提出概念，依赖研究人员的概念技能，因此很难在数据的客观性和研究人员的主观参与之间取得良好的平衡。扎根研究方法通常普适性上升到微观水平后才达到理论饱和状态，无法继续吸收物质膨胀理论的普遍性，它只能达到“中间观点”的理论水平，不会有很强的普遍性。关于使用访谈文本数据作为扎根理论研究的基础仍存在争议。一些学者认为，扎根于理论研究的受访者可能会受到主观因素的影响并提供虚假数据。同时，对扎根理论的数据进行主观和事后分析，必然导致缺乏公信力，当需要非常严格地执行理论的可信度时，扎根的理论研究方法不适用。同时，本书研究是基于消费者的认知，研究数据来源于问卷，因此论文结论尚存局限性，需要在之后的研究中要努力规避和改善。

第二，在考察励志品牌故事整体价值维度对消费者品牌认同的影响时，本书把公平世界信念这个社会学概念引为中介加以考核，但还可以继续挖掘更多的作用机制。

励志品牌故事人设榜样性、情感激励性和宣传有效性三个价值维度通过公平世界信念对品牌认同中介作用分析，探究公平世界信念这个中介从内因激发为主扩展到以媒介内容等外部刺激诱发为主的作用机制，从而具有增强公平世界信念，激励个人专注未来规划，追求长期目标的作用。但是作用机制可以有多个，在接下来的研究中可以继续挖掘诸如品牌自信、社会临场感等多种机制。

第三，在研究励志品牌故事对消费群体品牌认同的基础上可以更加深入研究某一特定类型的消费者的品牌消费机制问题，如研究老年人、残疾人或者贫困群体等的品牌知觉和品牌认同问题。

首先，本书仅仅考察了人设的健全性及人设的性别特征对消费者品牌认同的影响，但事实上人设特征还有很多，值得去探索它们对于品牌故事的作用。由于本书以非健全人设为研究焦点探讨励志品牌故事对消费者品牌认同的影响及其内在机制，在研究的广度和深度上都有进一步扩展和推进的必要。其次，本书重点在探讨励志故事对品牌态度的影响，可以扩展研究范围继续在其他领域验证励志主题与个体感知的关系。本书的结果表明，励志品牌故事非健全人设会让消费者觉得品牌更具能力，偏好程度更高。那么，接下来可以继续研究这一结论是否也适合于其他消费者对品牌的认知，情感和行为倾向。最后，品牌故事对消费者品牌认同的影响可以从不同品牌故事主题的不同角度来考察。

REFERENCES
主要参考文献

[1] 陈炳为，陈启光，徐碧云. 潜变量模型及其在中医证候中的应用概述[J]. 中国卫生统计，2009，26(5)：35–38.

[2] 陈吉学. 新时期我国社会弱势群体问题研究[D]. 南京：南京大学，2013.

[3] 陈彦旭. 美国文学中残疾人形象之流变研究[J]. 东北师大学报(哲学社会科学版)，2015(1)：208–212.

[4] 陈志霞，陈剑峰. 善意和敌意性别偏见及其对社会认知的影响[J]. 心理科学进展，2007，15(3)：464–469.

[5] 程虹娟，方晓义，蔺秀云. 大学生社会支持的调查研究[J]. 中国临床心理学杂志，2005(3)：55–59.

[6] 戴海琦. 心理测量学[M]. 北京：高等教育出版社，2015.

[7] 董秀春. 如何建立消费者品牌认同模式[J]. 商业时代，2005，2：112–117.

[8] 杜建政，祝振兵，李兴琨. 大学生公正世界信念量表的初步编制[J]. 中国临床心理学杂志，2007，15(3)：239–241.

[9] 冯文婷，彭泗清，涂荣庭，等. 社会化媒体口碑发布者对品牌刻板印象的影响[J]. 华东经济管理，2019，33(5)：132–140.

[10] 冯文婷，汪涛. 数字的力量：品牌中数字大小对消费者态度的影响[J]. 心理学报，2017，49(12)：1581–1589.

[11] 厉害了！AlphaGo打完柯洁后还要一次打5位顶级高手[EB/OL].(2017–05–23)[2018–09–19]. https://www.sohu.com/a/142746181_161062.

[12] 傅宏. 儿童心理咨询与治疗［M］. 南京：南京师范大学出版社，2007.

[13] 傅雅玲. 品牌故事及其结构与内容在不同商品类型下对广告效果的影响［D］. 台湾：元智大学，2007.

[14] 顾玲菁，叶继奋. 悲剧作品教学中的“同情式认同”——以曹禺剧作《雷雨（节选）》为例［J］. 现代语文（教学研究版），2015，12：48–49.

[15] 郭庆光. 传播学教程［M］. 北京：中国人民大学出版社，1999.

[16] 郭志刚. 社会统计分析方法——SPSS 软件应用［M］. 北京：中国人民大学出版社，1999.

[17] 郭中实. 涵化理论：电视世界真的影响深远吗？［J］. 新闻与传播研究，1997，2：58–64+95.

[18] 韩芳. 涵化理论视阈下自媒体对大学生身份认同的影响［J］. 西南民族大学学报（人文社会科学版），2015，36（4）：190–193.

[19] 韩香香. 感召、同情对内隐利他行为的影响［D］. 银川：宁夏大学，2013.

[20] 何庆明. 基于价值维度的顾客关系管理研究［J］. 华东经济管理，2006，20（5）：124–126.

[21] 贺亚玲. 欧美励志影片的人物形象及内心解读［J］. 电影文学，2015，637（16）：47–49.

[22] 贺寨平. 国外社会支持网研究综述［J］. 国外社会科学，2001，1：79–85.

[23] 洪丽. 高中生利他行为与移情，道德判断关系研究［D］. 福州：福建师范大学，2005.

[24] 胡淑英，胡斌. 电影艺术中的励志教育［J］. 电影评介，2009，27：39–44.

[25] 荒林，王光明. 两性对话：20世纪中国女性与文学［M］. 北京：中国文联出版社，2001.

[26] 黄敏学，廖俊云，周南. 社区体验能提升消费者的品牌忠诚吗——不同体验成分的作用与影响机制研究［J］. 南开管理评论，2015，3：153–162.

[27] 简明，金勇进. 市场调查方法与技术 [M]. 北京：中国人民大学出版社，2004.

[28] 金立印. 基于品牌个性及品牌认同的品牌资产驱动模型研究 [J]. 北京工商大学学报（社会科学版），2006，1 : 40–45.

[29] 金立印. 虚拟品牌社群的价值维度对成员社群意识、忠诚度及行为倾向的影响 [J]. 管理科学，2007，20(2)：36–45.

[30] 金勇进，梁燕，张宗芳. 满意度评估系统应用研究 [M]. 北京：中国统计出版社，2007.

[31] 赖芳芳. 基于科学传播的涵化理论探讨 [J]. 科协论坛，2015，12 : 24–26.

[32] 劳伦斯·维森特. 传奇品牌：诠释叙事魅力，打造致胜市场战略 [M]. 杭州：浙江人民出版社，2004.

[33] 李东进，张宇东. 消费者为何放弃：量化自我持续参与意愿形成的内在机制 [J]. 南开管理评论，2018，21(1)：118–131.

[34] 李华敏，朱振中. 顾客体验、品牌认同与品牌忠诚的关系研究——以苹果手机的青年顾客体验为例 [J]. 经济与管理，2013，8 : 65–71.

[35] 李培超. 文明旅游的三重价值维度 [J]. 旅游学刊，2016，8 : 6–8.

[36] 李先国. 虚拟品牌社区感知价值对新产品购买意愿的影响机制——基于群体认同和品牌认同的双中介视角 [J]. 中国流通经济，2017，2 : 93–100.

[37] 廖俊云，林晓欣，卫海英. 虚拟品牌社区价值如何影响消费者持续参与：品牌知识的调节作用 [J]. 南开管理评论，2019，6 : 43–57.

[38] 林功成，李莹. 涵化理论的新进展：作为方法论的直觉加工模型 [J]. 国际新闻界，2012，34(2)：13–19.

[39] 林海明，杜子芳. 主成分分析综合评价应该注意的问题 [J]. 统计研究，2013，30(8)：25–31.

[40] 林顺利，孟亚男. 国内弱势群体社会支持研究述评 [J]. 社会工作下半月（理论），2009，22 : 11–14.

[41] 凌卓. 基于信息源可信性模型的名人广告效果影响因素研究［D］. 杭州：浙江大学，2008.

[42] 刘晖. 略论涵化分析的矛盾性与理论修正［J］. 当代传播，2011，3：59–61.

[43] 刘绩宏. 微博公益传播涵化效果研究［M］. 北京：中国传媒大学出版社，2017.

[44] 刘金兰. 顾客满意度与ACSI［M］. 天津：天津大学出版社，2006.

[45] 刘明兰. 领悟社会支持对留守初中生社会适应的影响研究［D］. 重庆：西南大学，2009.

[46] 刘铁民. 安全生产统计分析：安全生产管理知识［M］. 北京：中国大百科全书出版社，2006.

[47] 罗伯特，周铁东. 故事——实质，结构，风格和银幕剧作的原理［J］. 电影艺术，1999，1：122–126.

[48] 罗婷. 女性主义文学与欧美文学研究［M］. 北京：东方出版社，2002.

[49] 马静，刘利才. 论当代大学生励志教育［J］. 学术论坛，2008，8：201–204.

[50] 马双，王永贵. 知识获取方式对社区公民成员行为及品牌认同的影响研究——基于虚拟品牌社区的实证研究［J］. 南京师大学报（社会科学版）. 2014，3（4）：42–52.

[51] 希利斯. 解读叙事［M］. 北京：北京大学出版社，2002.

[52] 彭聃龄. 普通心理学［M］. 北京：北京师范大学出版社，2004.

[53] 德芙巧克力品牌故事［EB/OL］.（2017–07–10）［2017–12–15］.https：//www.chinapp.com/gushi/78065.

[54] 齐向武，陈东，牛志礼. 中国企业会计统计全书［M］. 西安：西北交通大学出版社，1992.

[55] 齐晓栋，张庆华，李晓辉. 大学生公正世界信念、乐观与生活满意度的关系［J］. 中华行为医学与脑科学杂志，2013，22（1）：56–58.

[56] 钱晓萍，王美芳，张庆，等. 性别刻板印象对个体注意偏好的影

响：性别图式的调节作用［J］. 中国临床心理学杂志，2013，21（1）：62–65.

［57］邱皓政. 潜在类别模型的原理与技术［M］. 北京：教育科学出版社，2008.

［58］全宏艳，叶茂林，何资桥，等. 领悟社会支持在人格与心理健康之间的调节作用［J］. 中国临床心理学杂志，2007，15（6）：598–600.

［59］沙振权，蒋雨薇，温飞. 虚拟品牌社区体验对社区成员品牌认同影响的实证研究［J］. 管理评论，2010，12：79–88.

［60］沈雪瑞，李天元，吕兴洋，等. 名人代言会影响旅游者的目的地态度吗?——基于名人——目的地匹配度和个人卷入度的实验研究［J］. 旅游学刊，2015，30（4）：62–72.

［61］石凡. 励志电影欣赏课程对大学生心理健康水平的影响研究［D］. 石家庄：河北师范大学，2012.

［62］石长顺，周莉. 新媒体语境下涵化理论的模式转变［J］. 国际新闻界，2008，6：56–59.

［63］时召倩. 文化认同，区域品牌共鸣对消费者购买意愿的影响研究［D］. 天津：天津大学，2014.

［64］帅筱悦. 性别角色研究现状及展望［J］. 社会心理科学，2013，7：26–31.

［65］专访爱德曼公共事务总监：帮助企业讲好品牌故事［EB/OL］.（2018-8-18）［2019-05-1］.https：//www.sohu.com/a/230437757_115533.

［66］苏键，陈军. 主成分分析法及其应用［J］. 轻工科技，2012，9：12–13.

［67］孙天义，肖鑫，郭春彦. 预知任务转换的内源性准备和外源性调节［J］. 心理学报，2008，40（5）：562–570.

［68］孙晓军，周宗奎. 探索性因子分析及其在应用中存在的主要问题［J］. 心理科学，2005，6：195–217.

［69］田敏，陈艺妮，范黎娜. CSR信息方式对消费者感知价值和品牌认

同的影响——信息传递方式与信息呈现方式的作用［J］. 软科学，2019，33(1)：140–144.
［70］汪涛，周玲，彭传新，等. 讲故事塑品牌：建构和传播故事的品牌叙事理论——基于达芙妮品牌的案例研究［J］. 管理世界，2011，21(3)：112–123.
［71］王承璐. 态度改变的认知说服途径分析［J］. 上海师范大学学报，1987，3：99–104.
［72］王荟博，戴志敏. 微博广告信息与价值维度对购买意愿的影响［J］. 企业经济，2013，11：94–97.
［73］王惠文. 偏最小二乘回归方法及其应用［M］. 北京：国防工业出版社，1999.
［74］王家伟. 品牌故事组成元素对品牌形象知觉之影响：产品类别、信息诉求、自我一致性及品牌强调度和效果之探讨［D］. 台湾：元智大学，2007.
［75］王健辉，李永壮. 企业社会责任、企业品牌内化特征对员工组织公民行为的作用研究——来自服务行业的实证分析［J］. 宏观经济研究，2014，9(10)：90–102.
［76］王玲宇，张国良. 网络暴力游戏对青少年的“涵化”影响——对上海市中学生的调查［J］. 当代青年研究，2005，5：6–10.
［77］王文祥. 弱势群体的利益表达机制研究［D］. 长春：吉林大学出版社，2009.
［78］王锡苓. 质性研究如何建构理论——扎根理论及其对传播研究的启示［J］. 兰州大学学报，2004，3：76–80.
［79］王妍. 故事如何影响：叙事传输的影响机制［J］. 心理技术与应用，2015，4：53–56.
［80］王重鸣. 心理学研究方法［M］. 北京：人民教育出版社，2000.
［81］魏国英，陈诚. 近三十年中国女性文艺形象塑造与女性关怀［J］. 云南民族大学学报（哲学社会科学版），2007，6：120–123.

[82] 魏华，汪涛，周宗奎，等. 叠音品牌名称对消费者知觉和偏好的影响[J]. 心理学报，2016，48(11)：1479-1488.

[83] 温忠麟，侯杰泰，马什赫伯特. 结构方程模型检验：拟合指数与卡方准则[J]. 心理学报，2004，2：186-194.

[84] 吴倩. 从"单向型涵化"到"关系型涵化"——移动社交媒介陪伴下的未成年人成长[J]. 青少年研究与实践，2017，32(2)：77-82.

[85] 吴忠观. 人口科学辞典[M]. 成都：西南财经大学出版社，1997.

[86] 吴组缃. 说稗集[M]. 北京：北京大学出版社，1987.

[87] 谢丹，赵竹青，段文杰，等. 希望思维在临床与实践领域的应用、特点与启示[J]. 心理科学，2016，3：741-747.

[88] 谢志鹏. 拟人化营销概念探索[D]. 武汉：武汉大学，2017.

[89] 辛璐琦，王兴元. 旅游目的地品牌形象识别要素对游客行为意愿的影响机制研究——以品牌认同为中介[J]. 商业经济与管理，2016，10：88-97.

[90] 新浪. 电影《摔跤吧！爸爸》的奇葩盈利模式[EB/OL].(2017-12-19)[2018-04-15].https：//www.sohu.com/article/193554.html.

[91]《哪吒之魔童降世》上映24天票房破40亿 将冲击中国影史前三[EB/OL].(2019-8-18)[2019-09-1].http：//ent.sina.com.cn/m/c/2019-08- /doc-ihytcern1596630.shtml.

[92] 熊艳，郭锐，张煜. 品牌似人视角下品牌自信的结构与测量[J]. 中国地质大学学报（社会科学版），2019，19(3)：155-166.

[93] 徐蒙. 媒介使用、文化产品消费与大学生对日本人刻板印象[J]. 青年研究，2018，6：82-90.

[94] 徐钦. 奢侈品品牌的社交媒体评价对客户价值影响——以产品价值、关系价值和品牌价值为视角[J]. 商业时代，2018，5：71-74.

[95] 许琳，龙玉兰. 从涵化理论看"佛系文化"对大学生择业观的影响[J]. 教育现代化，2018，5(34)：138-139.

[96] 薛艳，陈巧玉. 偏最小二乘法在顾客满意度评价中的运用[J]. 合作

经济与科技，2006，7：28–29.
［97］薛哲，宁昌会. 品牌共创对品牌认同的影响：非参与顾客视角［J］. 华东经济管理，2017，9：152–164.
［98］亚当·斯密. 道德情感论［M］. 西安：陕西人民出版社，2004.
［99］闫明. 英美励志电影中人物塑造手法探析［J］. 电影文学，2013，594（21）：33–34.
［100］严进，杨珊珊. 叙事传输的说服机制［J］. 心理科学进展，2013，21（6）：1125–1132.
［101］严幸美. 品牌故事的魔力与消费意义［D］. 台湾：世新大学，2007.
［102］杨岑. 顾客参与、顾客体验与品牌认同的关系研究［D］. 杭州：浙江大学，2020.
［103］杨慧，王舒婷. 品牌拟人形象性别一致性和品牌态度关系研究：品牌热情与能力类型的调节作用［J］. 商业经济与管理，2020，2：56–68.
［104］杨俊. 电视剧收视对青少年价值观的影响［D］. 合肥：安徽大学，2012.
［105］杨帅. 顾客参与对虚拟商品品牌认同影响的实证研究［D］. 西安：西安电子科技大学，2014.
［106］杨晓峰. 构建和谐社会与国产电视剧的涵化理论分析［J］. 电视研究，2007，12：51–52.
［107］杨雪. 在线评论信息特征对体验型产品品牌信任的影响［J］. 商业研究，2016，3：124–129.
［108］杨洋. 基于小米公司案例的品牌社群认同形成机制的模型构建研究［J］. 管理学报，2017，12：1737–1746.
［109］姚莉莉. 残障题材电影研究——基于社会学的视角［D］. 长沙：湖南师范大学，2016.
［110］姚卿，陈荣，赵平. 自我构念对想象广告策略的影响与分析［J］. 心理学报，2011，43（6）：674–683.
［111］叶俊杰. 大学生领悟社会支持的影响因素研究［J］. 心理科学，2005，

6：1468–1471.

［112］尹力，刘强，王惠文.偏最小二乘相关算法在系统建模中的两类典型应用［J］.系统仿真学报，2003，1：135–137.

［113］尹希果.计量经济学原理与操作［M］.重庆：重庆大学出版社，2009.

［114］应通.娱乐媒体对积极情绪的激发效应及机制探讨［D］.金华：浙江师范大学，2015.

［115］俞立平，刘骏.主成分分析与因子分析法适合科技评价吗？——以学术期刊评价为例［J］.现代情报，2018，38(6)：73–79+137.

［116］禹建湘.徘徊在边缘的女性主义叙事［M］.北京：九州出版社，2004.

［117］袁洪汉.基于顾客感知价值的DK公司品牌形象研究［D］.南昌：江西财经大学，2019.

［118］张保花.品牌社区认同因素对社区成员行为倾向影响研究［J］.中南大学学报（社会科学版），2011，4：86–90.

［119］张初兵.自我概念一致性对网商品牌忠诚影响的实证研究——品牌认同及承诺的中介作用［J］.软科学，2013，4：136–140.

［120］张和清.弱势群体的声音与社会工作介入［M］.北京：中国财政经济出版社，2002.

［121］张昆.大众媒介的政治社会化功能［M］.武汉：武汉大学出版社，2003.

［122］张蕊.交互涵化效应下土味短视频对城镇化留守儿童的影响［J］.现代传播（中国传媒大学学报），2019，41(5)：162–168.

［123］张晓，陈会昌，张银娜，等.家庭收入与儿童早期的社会能力：中介效应与调节效应［J］.心理学报，2009，7：613–623.

［124］赵石榴.虚拟品牌社区品牌拟人化对品牌认同的影响路径研究［D］.武汉：武汉大学，2019.

［125］赵耀华，韩之俊.基于结构方程的高校满意度模型［J］.系统工程，2007，25(11)：85–90.

［126］郑杭生，李迎生.全面建设小康社会与弱势群体的社会救助［J］.中

国人民大学学报，2003，1：3–9.
[127] 郑家亨. 统计大辞典 [M]. 北京：中国统计出版社，1995.
[128] 郑淑杰. 大学生性别图式的初步研究 [J]. 内蒙古师大学报（哲学社会科学版），1999，2：86–89.
[129] 周春燕，郭永玉. 公正世界信念对不同社会阶层的个体与社会功能研究 [C]. 全国心理学学术会议，2014.
[130] 周琦. 第二个中国品牌日启幕 讲好中国品牌故事 [J]. 中国经济周刊，2018，719(19)：73–74.
[131] 周志民，郑雅琴. 从品牌社群认同到品牌忠诚的形成路径研究——中介与调节效应检验 [J]. 深圳大学学报（人文社会科学版），2011，6：84–90
[132] 朱阁，马龙，Sangwan Sunanda，等. 基于社会认知理论的消费者采用模型与实证研究 [J]. 南开管理评论，2010，3：14–23.
[133] 朱振中，刘福. 能力还是热情？广告诉求对消费者品牌认同和购买意向的影响 [J]. 心理学报，2020，3：357–370.
[134] 庄冬文. 从简·奥斯汀到夏洛蒂·勃朗特——英国文学中女性主义的发展轨迹 [J]. 电影文学，2010，4：117–118.
[135] Adrian F. Belief in a just world：research progress over the past decade [J]. Personality & Individual Differences，2003，34(5)：795–817.
[136] Ahra O，Shin W S. Analysis on Brand Identity of Pyeongchang 2018 Paralympic Winter Games [J]. Korean Journal of Sport Studies，2018，57(6)：335–344.
[137] Ajay K. Story of Aaker's brand personality scale criticism [J]. Spanish Journal of Marketing Esic，2018，3：17–27.
[138] Aksoy H. Influence of the Brand Identity Harmony on the Brand Image Transfer：Analyzing the Multiple Fair Sponsorship [J]. Journal of Advertising Research，2018，4：177–191.
[139] Albert Bandura. Social foundations of thought and action：A social

cognitive theory[J]. Journal of Applied Psychology, 1986, 12(1): 169–187.

[140] Alreck P L. Commentary : A New Formula for Gendering Products and Brands [J]. Journal of Product & Brand Management, 1994, 3(1): 6–18.

[141] Andrews J C, Durvasula S, Akhter, S. H. A Framework for Conceptualizing and Measuring the Involvement Construct in Advertising Research[J]. Journal of Advertising, 1990, 19(4): 27–40.

[142] Armin M, Friedrich L. Sempls : Structural Equation Modeling Using Partial Least Squares[J]. Journal of Statistical Software, 2012, 48 (3): 1–32.

[143] Armor D A, Taylor S E. The effects of mindset on behavior : self–regulation in deliberative and implemental frames of mind[J]. Personality & Social Psychology Bulletin, 2003, 29(1): 86–99.

[144] Autin F, Anatolia B, Fabrizio B. Social justice in education : how the function of selection in educational institutions predicts support for(non) egalitarian assessment practices[J]. Frontiers in Psychology, 2015, 6 : 707–719.

[145] Averill J R, Catlin G, K K. Chon. Rules of Hope. Recent Research in Psychology[J]. 1990, 2 : 158–166.

[146] Backsanskij O E, Dergacheva E A. Cognitive Processes of the Brain and Learning Theory[C]. International Scientific Conference "Far East Con" (ISCFEC 2020), 2020.

[147] Baena R. No pity : disability memoirs and narrative empathy in robert murphy's the body silent and reynolds price's a whole new life[J]. Concentric Literary & Cultural Studies, 2016, 42 : 145–166.

[148] Ballard Reisch D, Elton M. Gender orientation and the Bem Sex Role Inventory : A psychological construct revisited[J]. Sex Roles, 1992,

27 (5): 291–306.

[149] Bandura A . Vicarious Processes : A Case of No–Trial Learning [J]. Advances in Experimental Social Psychology, 1965, 2 : 1–55.

[150] Bandura A. Social foundations of thought and action : A social cognitive theory [J]. Journal of Applied Psychology, 1986, 12 (1): 169.

[151] Bargh J A, Gollwitzer P M, Oettingen, G.Motivation. In S. T. Fiske, D. T. Gilbert, & G. Lindzey (Eds.), Handbook of social psychology [J]. New York : Wiley, 2010, 5 : 268–316.

[152] Barnes A. Telling stories : The role of graphic design and branding in the creation of "authenticity" within food packaging [J]. International Journal of Food Design, 2017, 2 (2): 183–202.

[153] Barney G. The grounded theory perspective : Conceptualization contrasted with description [M]. Mill Valley, CA : The Sociology Press, 2001.

[154] Barrera M. Distinctions between social support concepts, measures, and models [J]. American Journal of Community Psychology, 1986, 14 (4): 413–445.

[155] Barros T, Rodrigues P, Duarte N, et al. The Impact of Brand Relationships on Corporate Brand Identity and Reputation——An Integrative Model [J]. Journal of Risk and Financial Management, 2020, 13 : 111–129.

[156] Baston C D, Shaw L L. Encouraging words concerning the evidence for altruism [J]. Psychology Inquiry, 1991, 2 : 159–168.

[157] Baumeister R F, Dewall C N, Ciarocco N J, et al. Social exclusion impairs self–regulation [J]. Pers Soc Psychol, 2005, 88 (4): 589–604.

[158] Begany J J, & Milburn M A. Psychological predictor of sexualharassment : Authoritarianism [J]. hostile sexism, and rape myth. Psychology of Men and Masculinity, 2002, 3 : 119–126.

[159] Beierlein C, Werner C S, Preiser S, et al. Are Just-World Beliefs Compatible with Justifying Inequality? Collective Political Efficacy as a Moderator[J]. Social Justice Research, 2011, 24(3): 278-296.

[160] Bellizzi, Joseph A, Milner, Laura. Gender positioning of a traditionally male-dominant product[J]. Journal of Advertising Research, 1991, 31(3): 72-79.

[161] Bem S L. Androgyny and gender schema theory: a conceptual and empirical integration[J]. Nebraska Symposium on Motivation Nebraska Symposium on Motivation, 1984, 32: 179-226.

[162] Beverland M, Napoli J & Yakimova R. Branding the business marketing offer: exploring brand attributes in business markets[J]. Journal of Business & Industrial Marketing, 2007, 22(6): 394-399.

[163] Boje D M. Book Review Essay: Pitfalls in Storytelling[J]. Advice and Praxis. Academy of Management Review, 2006, 31(8): 33-43.

[164] Bridges J S, Etaugh C, Barnes-Farrell J. Trait Judgments of Stay - At - Home and Employed Parents: A Function of Social Role and/or Shifting Standards?[J]. Psychology of Women Quarterly, 2010, 26(2): 140-150.

[165] Brissette I, Scheier M F & Carver C S. The role of opti-mism in social network development, coping, and psychological adjustment during a life transition[J]. Journal of Personality and Social Psychology, 2002, 82: 102-111.

[166] Brooke R, Lea, et al. Who Knows What about Whom: What Role Does Common Ground Play in Accessing Distant Information?[J]. Journal of Memory & Language, 1998, 7(3): 136-148.

[167] Bruce D. Storytelling wins hearts[J]. Marketing Magazine, 2001, 12(1): 31-47.

[168] Busselle R, Bilandzic H. Measuring Narrative Engagement[J]. Media Psychology, 2009, 12(4): 321-347.

[169] Busselle R，Bulck J V D. Cultivation Theory，Media，Stories，Processes，and Reality [M]. Media Effects，2019.

[170] Callan M J，Harvey A J，Dawtry R J，et al. Through the looking glass：focusing on long-term goals increases immanent justice reasoning [J]. Br J Soc Psychol，2013，52 (2)：377-385.

[171] Calsyn R J，Winter J P，Burger G K. The relationship between social anxiety and social support in adolescents：a test of competing causal models [J]. Adolescence，2005，40 (157)：103-112.

[172] Canziani B F，Welsh D H B ，Léo - Paul Dana，et al. Claiming a family brand identity：The role of website storytelling [J]. Canadian Journal of Administrative ences / Revue Canadienne des ences de l'Administration，2020，37 (1)：93-104.

[173] Cao X L，Cao Y Q. The Relationship between Benevolent Sexism and Dependency-Oriented Help：The Manipulating Role of Interpersonal Perception [J]. Advances in Psychology，2018，8 (4)：527-535.

[174] Carlo G，Mestre M V，Samper P，et al. Feelings or cognitions? Moral cognitions and emotions as longitudinal predictors of prosocial and aggressive behaviors [J]. Personality & Individual Differences，2010，48 (8)：872-877.

[175] Caroline K，Lego. A Thirst for the Real Thing in Themed Retail Environments [J]. Journal of Foodservice Business Research，2010，6 (8)：53-71.

[176] Cassel C M，Hackl P，Westlund A H. On measurement of intangible assets：A study of robustness of partial least squares [J]. Total Quality Management，2000，11 (7)：897-907.

[177] Choi J H，Kim M. Effect of brand story advertisement type on corporate image formation and loyalty [J]. Asia life ences，2019，5 (1)：551-560.

[178] Christensen G H. Company Branding and Company. Storytelling [J].

Senders and Receivers, 2002, 8(3): 25–58.

[179] Cline T, Marcusse M. Building a Brand and Telling a Story in Perpetual Crisis : Launching a Sustainable Archives Marketing Strategy[J]. Public Services Quarterly, 2018, 14(3): 265–274.

[180] Cohen J. Defining Identification : A Theoretical Look at the Identification of Audiences With Media Characters[J]. Mass Communication & Society, 2001, 4(3): 245–264.

[181] Cohen J. Statistical Power Analysis for the Behavioral Sciences[J]. Technometrics, 1988, 31(334): 499–500.

[182] Conz E, Magnani G. Brand Identity of Long Lasting Family Firms in the Wine Industry[J]. Micro & Macro Marketing, 2019, 5 : 106–117.

[183] Cooper R G. Recent Research in Psychology[M]. Epistemological Foundations of Mathematical Experience, 1991.

[184] Cor I. IBM SPSS Statistics for Windows, version 24.0[M]. IBM Corp : Armonk, NY, USA, 2016.

[185] Cordovani L, Cordovani D. A. literature review on observational learning for medical motor skills and anesthesia teaching[J]. Advances in Health ences Education, 2015, 21(5): 1–9.

[186] Cox J C, J E.Ingersoll, S.A. Ross.A Theory of the Term Structure of Interest Rates[J]. Econometrica, 1985(53): 385–407.

[187] Cronin J. Teach students to communicate a brand story with transmedia storytelling[J]. Journal of Research in Interactive Marketing, 2016, 10(2): 86–101.

[188] Cui N, Lan X U, Xie W. Which one makes you regret, to do or not to do? The effect of self–regulatory mode on inaction inertia[J]. Acta Psychologica Sinica, 2016, 48(4): 423–434.

[189] Dalbert C. The World is More Just for Me than Generally : About the Personal Belief in a Just World Scale's Validity[J]. Social Justice

Research, 1999, 12(2): 79–98.

[190] Danzig M. By design : The BlueLight brand story[J]. design management journal., 2010, 13(1): 26–32.

[191] Davis, Lennard J. Bending Over Backwards : Disability, Dismodernism, and Other Difficult Positions[J]. Literature & Medicine, 2002, 22(1): 116–119.

[192] Debevec K, Iyer E. The Influence of Spokespersons in Altering, a Product's Gender Image : Implications for Advertising Effectiveness[J]. Journal of Advertising, 1986, 15(4): 12–20.

[193] Denning S. Narrative Understanding[J]. Reflections the Sol Journal. 2001, 2(8): 46–55.

[194] Dewall C N, Baumeister R F. Alone but feeling no pain : Effects of social exclusion on physical pain tolerance and pain threshold, affective forecasting, and interpersonal empathy[J]. Journal of Personality & Social Psychology, 2006, 91(1): 12–31.

[195] Dewall C N, Macdonald G, Webster G D. Acetaminophen reduces social pain : behavioral and neural evidence[J]. Psychol Sci, 2010, 21(7): 931–937.

[196] Dewalt, Mignon R. Reinventing black : Digital media as a catalyst for changes in identity and social race perceptions of African Americans[J]. Dissertations & Theses–Gradworks, 2010, 5 : 77–89.

[197] Dodds W B. Grewal.Effect of price, Brand name, and Store name on Buyer's Perception of Product Quality[J]. Journal of Marketing Research, 1991, 28(3): 307–319.

[198] Dolphin R R, Fan Y. Is Corporate Communications A Strategic Function? [J]. Management Decision, 2000, 38(2): 99–107.

[199] Dougherty M. Perspectives brand identity[J]. Hospitality design, 2019, 41(7): 29–30.

[200] Dubey R，Gunasekaran A，Childe S J. Big data analytics capability in supply chain agility：The moderating effect of organizational flexibility [J]. Manag & Decis，2018，8(2)：89–106.

[201] Dunkelschetter C，Bennett T L. Differentiating the cognitive and behavioral aspects of social support[J]. Social Support an Interactional View，1990，3(1)：62–77.

[202] Eagly，Alice，Crowley H，et al. Gender and helping behavior：A meta-analytic review of the social psychological literature[J]. Psychological Bulletin，1986，17(6)：132–145.

[203] Easwar S. Iyer，K D. Bases for the Formation of Product Gender Images [J]. 2015，6(3)：85–95.

[204] Eckes T. Paternalistic and Envious Gender Stereotypes：Testing Predictions from the Stereotype Content Model[J]. 2002，47(3–4)：99–114.

[205] Eckler P，Bolls P. Spreading the Virus [J]. Journal of Interactive Advertising，2011，11(2)：1–11.

[206] Egidi G，Gerrig R J. How valence affects language processing：Negativity bias and mood congruence in narrative comprehension[J]. Memory & Cognition，2009，37(5)：547–555.

[207] Eisenberger N，Lieberman M D，Williams K D. Does Rejection Hurt? An fMRI Study of Social Exclusion[J]. Science，2003，302(5643)：290–292.

[208] Elsegood K J，Anderson L，Newton R. Introducing the recovery inspiration group：promoting hope for recovery with inspirational recovery stories[J]. Advances in Dual Diagnosis，2018，11(4)：137–146.

[209] Engel M S，Gross M. A giant termite from the Late Miocene of Styria，Austria(Isoptera)[J]. Naturwissenschaften，2009，96(2)：289–295.

[210] Englander R B D. Social Control in Nineteenth Century Britainby A. P. Donajgrodzki [J]. English Historical Review, 1979, 94(370): 210-211.

[211] Erikson E H. A memorandum on identity and Negro youth [J]. Journal of Social Issues, 2010, 20(4): 29-42.

[212] Escalas J E. Imagine Yourself In The Product : Mental Simulation, Narrative Transportation, and Persuasion [J]. Journal of Advertising, 2004, 33(2): 37-48.

[213] Etaugh C, Nekolny K. Effects of employment status and marital status on perceptions of mothers [J]. Sex Roles, 1990, 23(5): 273-280.

[214] Facenda V L. A Swift Kick to the Privates [J]. Brandweek, 2007, 12(6): 112-127.

[215] Fanning J. Tell Me a Story : The Future of Branding [J]. Irish Marketing Review, 1999, 2(12): 3-15.

[216] Feick L, Price L J, Zhang Y L. The impact of self-construal on aesthetic preference for angular versus rounded shapes [J]. Personality and Social Psychology Bulletin, 2006, 32 : 794- 805.

[217] Ferris A L, Smith S W, Greenberg B S, et al. The Content of Reality Dating Shows and Viewer Perceptions of Dating [J]. Journal of Communication, 2007, 6(3): 3-15.

[218] Fiese B H, Skillman G. Gender difference in family stories : Moderating influence of parent gender role and child gender [J]. Sex Roles, 2000, 43 : 267-283.

[219] Figueroa-Munoz J I, Ramon-Pardo P. Tuberculosis control in vulnerable groups [J]. Bulletin of the World Health Organization, 2008, 86(9): 733-751.

[220] Fish E. What is your company story? [J]. Flexible packaging, 2017, 20(9): 8-8.

[221] Fisher Box, Joan. Guinness, Gosset, Fisher, and Small Samples[J]. Statistical Science, 1987, 12(3): 45–62.

[222] Fredrickson B L, Branigan C. Positive emotions broaden the scope of attention and thought–action repertoires[J]. Cogn Emot, 2005, 19 (3): 313–332.

[223] Fujita K, Gollwitzer P M, Oettingen G. Mindsets and pre–conscious open–mindedness to incidental information[J]. Journal of Experimental Social Psychology, 2007, 43(1): 48–61.

[224] Furnham A. Belief in a just world : research progress over the past decade [J]. Personality & Individual Differences, 2003, 34(5): 795–817.

[225] Gang L, Ying L. The Exploration and Analysis on the Mechanism of Action of Brand Story in Brand Communication–Taking Foreign Cosmetic Brand Story as Examples[J]. Journal of Brand Research, 2016, 6 : 21–32.

[226] Gentry, James W, Haley, Debra A. Gender Schema Theory As a Predictor of AD Recall[J]. Advances in Consumer Research, 1984, 11 (4): 259–264.

[227] Gerbner G, Gross L. Living with television : The Violence Profile[J]. Journal of Communication, 1976, 26(2): 172–199.

[228] Gerbner G, Larry Gross, Michael Morgan. Growing up with television : Cultivation processes[J]. Jennings Bryant, 2002, 4(6): 43–67.

[229] Ghodeswar, Bhimrao M. Building Brand Identity in Competitive Markets : A Conceptual Model[J]. Journal of Product & Brand Management, 2008, 17(1): 4–12.

[230] Gilani H. Corporate brand identity and employee brand citizenship behaviour : A conceptual framework[J]. The Marketing Review, 2019, 19(1): 51–84.

[231] Glick P, Fiske S T. The ambivalent sexism inventory : Differentiating

hostile and benevolent sexism [J]. Journal of Personality and Social Psychology, 1996, 70 (3): 491–492.

[232] Glick P, Fiske S T. An ambivalent alliance : hostile and benevolent sexism as complementary justifications for gender inequality [J]. American Psychologist, 2001, 56 (2): 109–118.

[233] Godin S. All Marketers Are Liars [J]. Sales & Service Excellence, 2005, 83 (5): 36–52.

[234] Goffman E. Interaction rituals [J]. Journal Article , 1967, 7 (5): 92–102.

[235] Graaf A D, Hoeken H, Sanders J, et al. The role of dimensions of narrative engagement in narrative persuasion [J]. Communications, 2009, 34 (4): 385–405.

[236] Grant M C. Who Is the Celebrity Endorser? Cultural Foundations of the Endorsement Process [J]. Journal of Consumer Research, 1989 (3): 310–321.

[237] Green M C, Brock T C. The role of transportation in the persuasiveness of public narratives [J]. Journal of Personality and Social Psychology, 2000, 79 (5): 701–721.

[238] Green M C. You are who you watch : identification and transportation effects on temporary self-concept [J]. Social Influence, 2010, 5 (4): 272–288.

[239] Greenberger E, Chen C, Dmitrieva J, et al. Item-wording and the dimensionality of the Rosenberg Self-Esteem Scale : Do they matter? [J]. Personality and Individual Differences, 2003, 35 (6): 1241–1254.

[240] Greenburg J. The Brain and Emotions : Crossing a New Frontier [J]. ence News, 1977, 5 (1): 122–137.

[241] Greene S B, Gerrig R J, Mckoon G, et al. Unheralded pronouns and management by common ground [J]. Journal of Memory & Language,

1994, 33(33): 511–526.

[242] Griskevicius V, Shiota M N, Neufeld S L. Influence of Different Positive Emotions on Persuasion Processing: A Functional Evolutionary Approach[J]. Emotion, 2010, 10(2): 190–206.

[243] Gross E F. Logging on, bouncing back: An experimental investigation of online communication following social exclusion[J]. Dev Psychology, 2009, 45(6): 1787–1793.

[244] Hafer C L, Laurent B, Choma B L, et al. Belief in a Just World and Commitment to Long-Term Deserved Outcomes[J]. Social Justice Research, 2005, 18(4): 429–444.

[245] Hagenaars J A, McCutcheon A L. Applied Latent Class Analysis[M]. Cambridge: Cambridge University Press, 2002.

[246] Hair J F, Hult G T M, Ringle C M, et al. Mirror, mirror on the wall: a comparative evaluation of composite-based structural equation modeling methods[J]. Journal of the Academy of Marketing ence, 2017, 45(5): 21–37.

[247] Hao C, Jinqiu L. The Brand Story Marketing Produces A Method Research[J]. Journal of Language and Literature Studies, 2018, 5: 129–145.

[248] Harman H H. Modern factor analysis 3rd ed. revised[J]. Chicago Illinois the University of Chicago Press, 1976, 11: 44– 61.

[249] Haroon Q, Liang Y, Rui G, Amer S, Badar N A .The Defining Role of Environmental Self-Identity among Consumption Values and Behavioral Intention to Consume Organic Food[J]. Int. J. Environ. Res. Public Health, 2019, 16(1106): 148–170.

[250] Hayes L D, Grace F M, Sculthorpe N, et al. Does chronic exercise attenuate age-related physiological decline in males?[J]. Research in Sports Medicine, 2013, 21(4): 343–354.

[251] Herman D. Narrative Theory and the Cognitive Sciences [J]. Narrative Inquiry，2003，6 : 121–136.

[252] Hongyi H. A Study on the Design of a Cartoon Character Based on the Present Brand Image of Huyumei Broad Bean Paste [J]. Journal of Chizhou University，2017，7 : 123–145.

[253] Huang W Y. Brand Story and Perceived Brand Image : Evidence from Taiwan [J]. Journal of Family and Economic Issues，2010，31 (3): 307–317.

[254] Hurwitz，Trevor A. Affective neuroscience，the foundations of human and animal emotions [J]. Canadian Journal of Neurological ences，2000，27 (1): 86–87.

[255] Ian D. Grounding Grounded Theory–Guidelines for Qualitative Inquiry [J]. Qualitative Health Research，1999，11 (4): 580–581.

[256] Ipaki B，Movahedi Y，Amirkhizi P J. A research on the use of metaphor design in promoting brand identity [J]. Journal of Graphic Engineering and Design，2018，9 (2): 17–20.

[257] Iqani M. Picturing luxury，producing value : The cultural labour of social media brand influencers in South Africa [J]. International Journal of Cultural Studies，2019，10 : 78–89.

[258] Jessica L，Gail M，Richard J，Gerrig G. Searching for Judy [J]. Journal of Experimental Psychology Learning Memory & Cognition，2010，36 : 10–21.

[259] Jie L I. Solutions to Rural College Students' Psychological Plight in Career Choice Based on Social Learning Theory : A Case Study of Northwest A&F University [J]. Asian Agricultural Research，2017，11 (8): 105–106.

[260] Jing C，Hui L V，Yue S ，et al. Research on the Cultivation Model of Talents for Pharmaceutical Strategy and Emerging Industries in Colleges

and Universities[J]. China Continuing Medical Education, 2018, 5 : 106–120.

[261] Joseph F, Hair. Partial Least Squares Structural Equation Modeling : Rigorous Applications, Better Results and Higher Acceptance[J]. Long Range Planning, 2013, 27(3): 77–91.

[262] Kahle L R, Homer P M. Physical Attractiveness of the Celebrity Endorser : A Social Adaptation Perspective[J]. Journal of Consumer Research, 2003, 11(4): 954–961.

[263] Kanungo R N, Pang S. Effects of human models on perceived product quality[J]. Journal of Applied Psychology, 1973, 57(2): 172–178.

[264] Kaplan A. The Feminist Perspective in Film Studies[J]. Journal of the University Film Association, 1974, 26(1): 5–22.

[265] Keller, Lane K, Kotler, et al. Marketing Management[M]. Pearson College Div, 2014.

[266] Kestane S. Perception Research on Developing Brand Identity for Small Cities[J]. Prizren Social ence Journal, 2019, 3(4): 45–60.

[267] Khalid A, Hassan T U, Shabir G. Cultivation Effects of Social Media on Cognitive, Social and Moral Skills of Adolescents in Pakistan[J]. Journal of Business and Social Review in Emerging Economies, 2020, 8 (6): 66–80.

[268] Khera M L K, Harvey A J, Callan M J. Beliefs in a Just World, Subjective Well–Being and Attitudes Towards Refugees Among Refugee Workers[J]. Social Justice Research, 2014, 27(4): 432–443.

[269] Kitamura T, Watanabe K, Takara N, et al. Precedents of perceived social support : Personality, early life experiences and gender[J]. Psychiatry & Clinical Neuroences, 2010, 56(2): 169–176.

[270] Kraus M W, Piff P K, Keltner D. Social Class as Culture : The Convergence of Resources and Rank in the Social Realm[J]. Current

Directions in Psychologicalence, 2011, 20(4): 246–250.

[271] Lakey B, Tardiff T A, Drew J B. Negative Social Interactions: Assessment and Relations to Social Support, Cognition, and Psychological Distress[J]. Journal of Social & Clinical Psychology, 1994, 13(1): 42–62.

[272] Landa R. Storybuilding and Content Creation in the Digital Age[M]. Advertising by Design: Generating and Designing Creative Ideas Across Media, John Wiley & Sons, Inc, 2017.

[273] Larcker F D F. Structural Equation Models With Unobservable Variables and Measurement Error: Algebra and Statistics[J]. Journal of Marketing Research, 1981, 18(3): 382–388.

[274] Larsen T, Pischedda D, Coricelli G. Transfer of confidence in a novel observational learning task[C]. Annual Meeting of the Society for Neuroscience 2018, 2018.

[275] Lastovicka J R, Gardner D M. Components of Involvement[J]. Attitude Research Plays for High Stakes, 1979, 11(5): 134–151.

[276] Leary M R. Emotional responses to interpersonal rejection[J]. Dialogues in Clinical Neuroence, 2015, 17(4): 435–451.

[277] Lee S A, Jeong M. Role of brand story on narrative engagement, brand attitude, and behavioral intention[J]. Journal of Hospitality and Tourism Technology, 2017, 10(9): 130–146.

[278] Lerner M J, Miller D T. Just world research and the attribution process: Looking back and ahead[J]. Psychological Bulletin, 1978, 85(5): 1030–1051.

[279] Levy, Gary, D, et al. Gender schema, gender constancy, and gender–role knowledge: The roles of cognitive factors in preschoolers' gender–role stereotype attributions[J]. Developmental Psychology, 1989, 4(2): 109–124.

[280] Lewin, K. The cost of culture : some dilemmas for educational investment in Mauritius[J]. Routledge, 1999, 6(2): 68–79.

[281] Lomax R G, Hahsvaughn A D L. Statistical concepts : A second course [J]. Vaughn, 2012, 6(3): 129–144.

[282] Lowrey T M, & Shrum L J. Phonetic symbolism and brand name preference[J]. Journal of Consumer Research, 2007, 34(3): 406–414.

[283] Luce Irigaray. Democracy Begins Between Two, Transm, Kirsteen [M]. Longon : The Athlone Press, 2001.

[284] Luce Irigaray. Toward a Divine in the Feminine[M]. Women and the Divine, Palgrave Macmillan US, 2009.

[285] Luluk T H, Achmad S, Mintarti R. Study of the Bandura's Social Cognitive Learning Theory for the Entrepreneurship Learning Process [J]. Social Sciences, 2017, 7 : 178–189.

[286] Magidson J, Vermunt J K. Latent Class Modeling as A Probabilistic Extension of K–means Clustering[J]. Quirk's Marketing Research Review, 2002a, 20(5): 77–80.

[287] Malti T, Gummerum M, Buchmann M. Contemporaneous and 1–year longitudinal prediction of children's prosocial behavior from sympathy and moral motivation[J]. Journal of Genetic Psychology, 2007, 168 (3): 277–299.

[288] Manorne N, Shinohara S, Suzuki K, et al. Constructing observational learning agents using self–organizing maps[J]. Artificial life and robotics, 2020, 25(1): 73–80.

[289] Mbugua J K, Bloom G H, Segall M M. Impact of user charges on vulnerable groups : The case of Kibwezi in rural Kenya[J]. Social ence & Medicine, 1995, 41(6): 829–35.

[290] Mc Cracken G. Who is the celebrity endorser? Cultural foundations of the

endorsement process[J]. Journal of Consumer Research. 1989，3(16)：310–321.

[291] Mcclelland D C. Characteristics of Successful Entrepreneurs[J]. Journal of Creative Behavior，2011，21(3)：219–233.

[292] Mckee R. Storytelling That Moves People : A Conversation with Screenwriting Coach Robert McKee[J]. Harvard Business Review，2003，81(6)：51–5 : 136.

[293] Meira M Y. From Syrian Refugee to Dishwasher to Heart Doctor : The Inspirational Story of Hero and Humanitarian Dr. Heval Kelli[J]. Journal of Health Care for the Poor & Underserved，2018，29(1)：1–4.

[294] Melanie C G，Timothy C B，Geoff F K. Understanding Media Enjoyment : The Role of Transportation Into Narrative Worlds[J]. Communication Theory，2004，14(4)：311–327.

[295] Miaowicz K. Marketing Communications of National Art Museums in Poland –Barriers and Opportunities for adopting a Brand Identity[C]. 18th International Conference : New Challenges in Economic Policy，Business and Management，2020.

[296] Miron D，Mcclelland D C. The impact of achievement motivation training on small businesses[J]. California Management Review，1979，21(4)：13–28.

[297] Mitchell D T，Snyder S L. Narrative Prosthesis : Disability and the Dependencies of Discourse[J]. 2014，6(2)：411–412.

[298] Morgan S，Dennehy R F. The power of organizational storytelling : a management development perspective[J]. Journal of Management Development，2002，16(7)：494–501.

[299] Morrison M M，Shaffer D R. Gender–Role Congruence and Self–Referencing as Determinants of Advertising Effectiveness[J]. Sex Roles，2003，49(5)：265–275.

[300] Murray J D, Spadafore J A, Mcintosh W D. Belief in a Just World and Social Perception : Evidence for Automatic Activation[J]. Journal of Social Psychology, 2005, 145(1): 35–48.

[301] Nadler A, Harpaz–Gorodeisky G, Ben–David Y. Defensive helping : Threat to group identity, ingroup identification, status stability, and common group identity as determinants of intergroup help–giving[J]. Journal of Personality & Social Psychology, 2009, 97(5): 823–834.

[302] Netti T, Alan G, Jiang H Y. Wrestling! Dad : Professional Quality of Indian Films – Interview with Netti Tiwari[J]. Film Art, 2018, 2(3): 101–107.

[303] Newman J D. Affective Neuroscience : The Foundations of Human and Animal Emotions[J]. The Journal of Nervous & Mental Disease, 2000, 5(3): 83–101.

[304] Niederdeppe J, Fowler E F, Goldstein K, et al. Does Local Television News Coverage Cultivate Fatalistic Beliefs About Cancer Prevention? [J].Journal of Communication, 2010, 60(2): 230– 253.

[305] Nitzl C, Roldan J L, Cepeda G. Mediation Analysis in Partial Least Squares Path Modeling : Helping Researchers Discuss More Sophisticated Models[J]. Industrial Management & Data Systems, 2016, 116(9): 1849–1864.

[306] Norris F H, Kaniasty K. Received and perceived social support in times of stress : a test of the social support deterioration deterrence model[J]. Journal of Personality & Social Psychology, 1996, 71(3): 498–516.

[307] Otto K, Boos A, Dalbert C, et al. Posttraumatic symptoms, depression, and anxiety of flood victims : The impact of the belief in a just world[J]. Personality & Individual Differences, 2006, 40(5): 1075–1084.

[308] Rolls, Edmund T. The Brain and Emotion[J]. Behavioral & Brain

Sciences, 1999, 23(2): 219–228.

[309] Pawle J, Cooper P. Measuring emotion——Lovemarks, the future beyond brands(advertisments must build relationship with customer)[J]. Journal of Advertising Research, 2006, 2(2): 171–182.

[310] Pechpeyrou P D, Nicholson P, Sébastien Emeriau. Brand Stories on Companies' Websites: A Story of Narrative Transportation(Les histoires des marques sur leur site Internet: une histoire de transport narratif)[J]. Post–Print, 2019, 6(8): 181–192.

[311] Petroshius S M, Crocker K E. An empirical analysis of spokesperson characteristics on advertisement and product evaluation[J]. Journal of the Academy of Marketing Science, 1989, 17(10): 217–225.

[312] Petty R E, Cacioppo J T. The Elaboration Likelihood Model of Persuasion[J]. Advances in Experimental Social Psychology, 1986, 19(4): 123–205.

[313] Plackett R L. Karl Pearson and the Chi–Squared Test[J]. International Statal Review, 1983, 51(1): 59–72.

[314] Pleck J H. The theory of male role identity: Its rise and fall, 1936 to the present. Ln: Lewn ed, In the Shadow of the past: Psychology portrays the sexes[M]. New York: Columbia University Press, 1984.

[315] Podsakoff P M, Mackenzie S B, Lee J Y, et al. Common method biases in behavioral research: a critical review of the literature and recommended remedies[J]. J Appl Psychol, 2003, 88(5): 879–903.

[316] Posner M I. Cumulative development of attentional theory[J]. American Psychologist, 1982, 37(6): 168–179.

[317] Qomariyah U. Learning Model of Prose Appreciation Based on Inspirational Figure Story as an Effort to Build Students' Character[J]. Journal of Advertising Research, 2018, 7(6): 122–136.

[318] Radclyffe–Thomas N, Roncha A. Selling the Brand Story: Social

and Business Innovation in a One for One ® Business Model : New Challenges and Opportunities [M]. Multi-Channel Marketing, Branding and Retail Design, 2016.

[319] Rapp D N, Gerrig R J, Prentice D A. Readers' Trait-Based Models of Characters in Narrative Comprehension [J]. Journal of Memory and Language, 2001, 45 (4): 737-750.

[320] Reisingger Y. Structural equation modeling with lisrel : application in tourism [J]. Tourism Management, 1990, 6 (5): 71-88.

[321] Ringle C, Wende S, Becker J. SmartPLS 3 (Version 3.2.3) [M]. SmartPLS GmbH : Boenningstedt, Germany, 2015.

[322] Rivadeneyra, Rocio. From Ally McBeal to Sabado Gigante : Contributions of Television Viewing to the Gender Role Attitudes of Latino Adolescents [J]. Journal of Adolescent Research, 2005, 20 (4): 453-475.

[323] Robertson L A, Mcanally H M, Hancox R J. Childhood and adolescent television viewing and antisocial behavior in early adulthood [J]. Pediatrics, 2012, 131 (3): 439-449.

[324] Rounerb N M C. Narrative Processing of Entertainment Media and Mental Illness Stigma [J]. Health Commun, 2011, 26 (7): 595-604.

[325] Rubin A M. An examination of television viewing motivations [J]. Communication Research——An International Quarterly, 1981, 8 (2): 141-165.

[326] Russ, K. Expro Branding : Make Your Exhibit Part of Your Larger Brand Story [J]. Landscape Architecture, 2018, 6 : 155-169.

[327] Ryu K, Lehto X Y, Gordon S E, et al. Effect of a brand story structure on narrative transportation and perceived brand image of luxury hotels [J]. Tourism management, 2019, 71 (6): 348-363.

[328] Saraniemi S, Komppula R. The development of a destination brand identity : a story of stakeholder collaboration [J]. Current issues in

tourism, 2019, 22(10): 1116–1132.

[329] Schulenberg S E. Psychotherapy and Movies: On Using Films in Clinical Practice[J]. Journal of Contemporary Psychotherapy, 2003, 33(1): 35–48.

[330] Schwarzer R, Zhang J X. Measuring optimistic self–beliefs: A Chinese adaptation of the General Self–Efficacy Scale[J]. Psychologia, 1995, 38(3): 174–181.

[331] Shaharyar M I, Murtaza D, Suleman H, et al. The Impact of Brand identity and Consumers' Self–Concept on Brand Loyalty with the Moderation of In–Store Environment Submitted by[J]. International Journal of Research in Marketing, 2020, 5(4): 157–169.

[332] Shankar A, Elliott R, Goulding C. Understanding Consumption: Contributions from a Narrative Perspective[J]. Journal of Marketing Management, 2001, 17(3): 429–453.

[333] Sherif M, Cantril H, Young K. The psychology of ego–involvements: Social attitudes and identifications[J]. American Journal of Sociology, 1947, 4: 166– 175.

[334] Shihua T, Yunpeng L. The Moral Education Implication of the Mind–cultivation Theory of Guan Zi[J]. Journal of Anhui Radio & TV University, 2019, 14(6): 178–189.

[335] Shnabel N, Baranan Y, Kende.A. Bareket O, Lazar Y. Help to perpetuate traditional gender roles: benevolent sexism increases engagement in dependency– oriented cross–gender helping[J]. Journal of Personality & Social Psychology, 2018, 1(11): 55–75.

[336] Sibley C G, Wilson M S. Differentiating hostile and benevolent sexist attitudes toward positive and negative sexual female subtypes[J]. Sex Roles, 2004, 51(11): 687– 696.

[337] Sirgy M J, Grewal D, Mangleburg T F, et al. Assessing the predictive

validity of two methods of measuring self-image congruence [J]. Journal of the Academy of Marketing ence, 1997, 25 (3): 229-243.

[338] Skinner B F. Science and human behavior [M]. China Social Sciences Pub House, 1999.

[339] Solja E, Liljander V, Magnus Söderlund. Does a Short Brand Story on the Package Affect Consumers' Brand Responses? [M].Rediscovering the Essentiality of Marketing. Springer International Publishing, 2016.

[340] Solomon, Meyer. Study of organ inferiority and its psychical compensation : A contribution to clinical medicine [J]. Journal of Abnormal Psychology, 1917, 12 (5): 348-351.

[341] Sovereign G, Walker B R. Mind, Body and Wellbeing : Reinforcement Sensitivity Theory and Self-cultivation Systems as Wellbeing Influencers [J]. Journal of Happiness Studies, 2020, 4 (2): 1-20.

[342] Squier S M. Bending Over Backwards : Disability, Dismodernism, and Other Difficult Positions (review) [J]. Literature and Medicine, 2003, 22 (1): 116-119.

[343] Stern, Barbara B. Who Talks Advertising? Literary Theory and Narrative “Point of View” [J]. Journal of Advertising, 1991, 20 (3): 9-22.

[344] Stieglitz S, Dang-Xuan L. Emotions and Information Diffusion in Social Media-Sentiment of Microblogs and Sharing Behavior [J]. Journal of Management Information Systems, 2013, 29 (4): 217-248.

[345] Suzuki H, Lucas L R. Erratum to : Neurochemical correlates of accumbal dopamine D2 and amygdaloid 5-HT1Breceptor densities on observational learning of aggression [J]. Cognitive, Affective, & Behavioral Neuroscience, 2015, 15 (3): 721-730.

[346] Van Laer T. The Extended Transportation-Imagery Model : A meta-analysis of the antecedents and consequences of consumers' narrative transportation [J]. Journal of Consumer. Research, 2014, 40 (5):

797–817.

[347] Vermunt J K, Magidson J. Latent Class Analysis. In M. Lewis–Beck, A. Bryman, & T. F. Liao (Eds.).The Sage Encyclopedia of Social Science Research Methods [M]. NewBury Park : Sage Publications, Inc, 2004.

[348] Vossen H G M, Piotrowski J T, Valkenburg P M. Development of the Adolescent Measure of Empathy and Sympathy (AMES) [J]. Personality & Individual Differences, 2015, 74 (9): 66–71.

[349] Wang N. Rethinking Authenti City in Tourism Experience [J]. Annals of Tourism Research, 1999, 2 (26): 349–370.

[350] Westhington E, Kessler R C. Perceived support, received support, and adjustment to stressful life events [J]. Journal of Health and Social Behavior, 1986, 27 : 78–89.

[351] Whipple T W, McManamon M K. Implications of Using Male and Female Voices in Commercials : An Exploratory Study [J]. Journal of Advertising, 2002, 31 (2): 79–91.

[352] Whyte M K, Han C. Popular Attitudes toward Distributive Injustice : Beijing and Warsaw Compared [J]. Journal of Chinese political science, 2008, 13 (1): 29–51.

[353] Wilkerson J M, Iantaffi A, Smolenski D J, et al. Acceptability of hiv–prevention messages in sexually explicit media viewed by men who have sex with men [J]. Aids Education & Prevention Official Publication of the International Society for Aids Education, 2013, 25 (4): 315–326.

[354] Williams L E, Huang J Y, Bargh J A. The scaffolded mind : Higher mental processes are grounded in early experience of the physical world [J]. Eur J Soc Psychology, 2010, 39 (7): 1257–1267.

[355] Wolff L S, Subramanian S V, Acevedo–Garcia D, et al. Compared to whom? Subjective social status, self–rated health, and referent group sensitivity in a diverse US sample [J]. Social ence? Medicine, 2010,

70(12): 2019–2028.

[356] Xie J C. A Study of Micro–film Creation: Using the Inspirational Story of a Tomato Farm Micro–film[C]. International Conference on Genetic and Evolutionary Computing, Springer International Publishing, 2017.

[357] Xu Q. Influence of social media evaluation of luxury brand of customer value in product value, from the perspective of relationship value and brand value[J]. Journal of Commercial Economics, 2018, 5(4): 122–141.

[358] Lin Y, Min L. Must the underdog win? The moderation effect of product type in the underdog effect of brand stories[J]. Asian Journal of Social Psychology, 2018, 6(4): 119–128.

[359] Yan X, Wang M, Zhang Q. Effects of Gender Stereotypes on Spontaneous Trait Inferences and the Moderating Role of Gender Schematicity: Evidence from Chinese Undergraduates[J]. Social Cognition, 2012, 30(2): 220–231.

[360] Yorkston E, Menon G. A Sound Idea: Phonetic Effects of Brand Names on Consumer Judgments[J]. Journal of Consumer Research, 2004, 12(1): 43–51.

[361] Zaichkowsky J L. Measuring the Involvement Construct[J]. Journal of Consumer Research, 1985, 12(3): 341–352.

[362] Zeithaml V A. Consumer Perceptions of Price, Quality, and Value: A Means–End Model and Synthesis of Evidence[J]. Journal of Marketing, 1988, 52(3): 2–22.

[363] Zhi–Heng S, Rong–Rong J, Hong–Jie M U. Research on Farmers' Pro–environment Behavior and Influencing Factors from the Perspective of Information Cultivation Theory– Survey and Analysis of 542 Farmer Households in 19 Counties of Gansu Province[J]. West Forum, 2018, 11(4): 131–142.

[364] Zhou X, Qing Y, Ling-Nan H E, et al. Cultural Value as a Form of Currency[J]. Advances in Psychological ence, 2011, 19(2): 143-158.

APPENDIX
附录

附录1　访谈提纲

一、访谈目的

了解消费者对励志品牌故事作用和价值的理解

二、访谈方式

面对面的访谈

三、访谈对象

（1）访谈对象的年龄
（2）访谈对象的职业
（3）访谈对象的性别
（4）访谈对象的教育程度

四、提问提纲

（一）开场白

您好，我是中国地质大学2017级管理与科学工程专业的一名博士研究生，我要做一项关于消费者对励志品牌故事作用和价值理解的专项调查，需要您大概30分钟的时间完成这次访谈。为有效保证访谈内容的真实性，请您慎重回答提问，我保证严格保密访谈的内容。

（二）访谈对话

第一部分：对话部分

（1）您在日常生活中对哪些品牌印象深刻?

（2）列举一下哪些品牌拥有品牌故事。

（3）您认为哪些品牌的品牌故事是励志性的?

（4）您认为励志品牌故事具有什么样的特点?

（5）您认为励志性的品牌故事本身具有什么样的积极作用和意义?

（6）从这些励志性的品牌故事您能获得什么有价值的启示?

（7）您认为企业可以通过开展励志品牌故事营销获得什么好处?

第二部分：结束部分

十分感谢您的配合，我们的访谈到此结束，谢谢!

五、访谈过程

（1）对访谈现场进行评估

（2）抽选访谈对象

（3）访谈开始并详细记录

（4）访谈后续整理及效果评价

六、预想问题的思考及防范处理

（1）被访谈者不愿意回答

（2）访谈的地点选择不合适

（3）访谈中被访者出现意外情况

（4）访谈者不愿意认真回答问题

七、预想问题的解决办法

（1）尽可能选择可能性大的被访者

（2）在访谈前尽可能地对访谈地点进行较好的选择和场地控制

（3）在访谈过程中尽可能地照顾到访谈者的状况

（4）尽量加快速度，不要拖泥带水。

附录2　主要实验材料

附录2–1　实验材料（第四章）

第四章实验材料

尊敬的先生／女士：

非常感谢您在百忙之中抽出时间填写本问卷。请您抽出10分钟时间请您阅读洗发水品牌“华丝”的品牌故事《我梦飞扬》，然后回答以下问题。请您依据李克特7级量表打分。1分代表非常不同意，7分代表非常同意。本问卷对所收集的数据严格保密，敬请放心。

品牌故事：我梦飞扬

男孩从小就拥有当演员的梦想，但由于贫困他失去了上学的机会。男孩到一个影视基地的咖啡馆里打工，每天用“华丝”洗发水把自己的头发洗得干净清爽，发丝飞扬。男孩很隐忍，坚韧，默默努力。他在竭力工作之余学习表演知识，结交正能量的朋友，终于有一天一位导演发现了他。最终，男孩成为一位优秀的演员。片场中，习惯用“华丝”洗发水的他依旧发丝飞扬……

注：本实验问卷由实验前测问项（表F1）+人设榜样性维度问项（表4–2）+情感激励性维度问项（表4–3）+宣传有效性维度问项（表4–4）+公平世界信念问项（表4–5）+领悟社会支持问项（表4–6）+品牌认同问项（表4–7）+受访者基本信息问项（表F2）构成。

表F1　实验前测问项

题号	问项
1	您认为这是一个励志故事吗？
2	这个品牌名称具有特殊意义吗？

续表

题号	问项
3	您能准确回忆出这个品牌故事中的品牌名称吗？

资料来源：依据本书整理。

表F2 受访者基本信息问项

题号	问项
1	您的性别：
2	您的年龄是：
3	您的学历是：
4	您的职业是：

资料来源：依据本书整理。

附录2–2 实验材料及问卷（第五章）

附录2–2–1：5.3实验材料及问卷

5.3 实验1实验材料及问卷

5.3 实验1实验材料

品牌故事：你能行（非健全人设版）

一个从小聋哑的小女孩，怀揣音乐的梦想长大，却经常因为聋哑遭受同班女同学的不屑与打击。当她对自身的价值产生疑问的时候，为了鼓励聋哑小女孩，妈妈总是在用品牌为“乐漾”的洗发水给聋哑小女孩洗完头发后，用手语告诉聋哑的小女孩说：“音乐，就像风中发丝，可以触碰。”经常打击小女孩的同班女生练习弹奏的是钢琴。聋哑小女孩，和妈妈一起拉琴，引来阵阵叫好，同班女生心生妒忌。两人又同时报名音乐比赛，由于嫉妒和害怕，同班女同学在比赛前雇人打了聋哑女孩的妈妈，砸坏了聋哑女孩的小提琴。聋哑女孩听从躺在病床上妈妈的嘱托，仍然出现在比赛现场。原本婉转缓慢的音乐狂野激烈残破地从小提琴中破茧而出，震动了所有人的心。聋哑小女孩用品牌为“乐漾”的洗发水洗过的发丝飘逸飞扬，好似她的音乐。演奏结束全场爆发出惊雷般的掌声。

附录2–2–2：5.4实验材料及问卷

5.4 实验1实验材料及问卷

5.4 实验1实验材料

品牌故事：《梦中的海（女性人设）》

一个女青年从初中开始就梦想去看“嘉愿”旅游公司品牌宣传中的马尔代夫澄绿的海。几乎要辍学的家庭境况让她的梦想只是梦想，但却成为她走向远方看世界的精神支柱。女青年学习很坚韧、刻苦，同时又乐于助人，理解家人的悲苦与无助。为了节省开支，最艰苦的日子里她常常是就开水吃家里带来的冷馒头，月末步行几个小时往返学校。女青年的坚强努力终于迎来了高考的犒劳，女青年被重点大学录取。在学校的表彰大会上主持人问起女青年的梦想，女青年说起“嘉愿”的梦。这个消息传到“嘉愿”旅游公司，公司领导很感动。为了表扬女青年面对困难的无畏坚韧和对“嘉愿”的梦想坚持，公司决定让女青年做一次放飞，免费去马尔代夫看一下梦想中的海。

品牌故事：《梦中的海（男性人设）》

一个男青年从初中开始就梦想去看“嘉愿”旅游公司品牌宣传中的马尔代夫澄绿的海。几乎要辍学的家庭境况让他的梦想只是梦想，但却成为他走向远方看世界的精神支柱。男青年学习很坚韧、刻苦，同时又乐于助人，理解家人的悲苦与无助。为了节省开支，最艰苦的日子里他常常是就开水吃家里带来的冷馒头，月末步行几个小时往返学校。男青年的坚强努力终于迎来了高考的犒劳，男青年被重点大学录取。在学校的表彰大会上主持人问起男青年的梦想，男青年说起“嘉愿”的梦。这个消息传到“嘉愿”旅游公司，公司领导很感动。为了表扬男青年面对困难的无畏坚韧和对“嘉愿”的梦想坚持，公司决定让男青年做一次放飞，免费去马尔代夫看一下梦想中的海。

5.4　实验1问卷

尊敬的先生／女士：

非常感谢您在百忙之中抽出时间填写本问卷。请您抽出10分钟时间请您阅读旅游品牌“嘉愿”的品牌故事《梦中的海》，然后回答以下问题。请您依据李克特7级量表打分。1分代表非常不同意，7分代表非常同意。本问卷对所收集的数据严格保密，敬请放心。

注：本实验问卷由实验前测问项（表F1）+同情情绪问项（表5-7）+品牌认同问项（表4-7）+受访者基本信息问项（表F2）构成。

5.4　实验2实验材料及问卷

5.4　实验2实验材料

品牌故事：《我心如初（女性人设版）》

女钢琴家少年成名，事业的发展一路绿灯。她最享受的时刻是在家中弹奏她最爱的那台“健悦”钢琴。但不幸的是，这名女钢琴家在一次事故中失去了右手。这对于一个钢琴家是致命的打击，她由此也失去了人们的追捧，原来的门庭若市变成了门可罗雀。相当长一段时间，她都非常暴躁抑郁，甚至一度失去了活下去的信心。但是孩子的眼睛是纯净无瑕的。有一天，女钢琴家原来执导过的一个孩子很虔诚地请求钢琴家继续教授他乐理知识。孩子弹奏女钢琴家自己最喜爱的那台“健悦”钢琴。笼罩在这个钢琴家心头的雾霾一下子散开了，她意识到他虽然不能弹琴了，但音乐应是永恒的，她可以通过他以往的经验涵化这个孩子成才，继而实现她艺术梦想的延续。在她的教导和涵化下，这个孩子最终也成为著名的钢琴家，成年后孩子日常在家演奏用的钢琴还是这个女钢琴家挚爱的“健悦”钢琴。

品牌故事：《我心如初（男性人设版）》

男钢琴家少年成名，事业的发展一路绿灯。他最享受的时刻是在家中弹奏他最爱的那台“健悦”钢琴。但不幸的是，这名钢琴家在一次事故中失去了右手。这对于一个钢琴家是致命的打击，他由此也失去了人们的追捧，原来的门庭若市变成了门可罗雀。相当长一段时间，他都非常暴躁抑郁，甚至一度失去了活下去的信心。但是孩子的眼睛是纯净无暇的。有一天，男钢琴家原来执导过的一个孩子很虔诚地请求钢琴家继续教授他乐理知识。孩子弹奏男钢琴家自己最喜爱的那台“健悦”钢琴。笼罩在这个男钢琴家心头的雾霾一下子散开了，他意识到他虽然不能弹琴了，但音乐应是永恒的，他可以通过他以往的经验涵化这个孩子成才，继而实现他艺术梦想的延续。在他的教导和涵化下，这个孩子最终成为著名钢琴家，成年后孩子日常在家演奏用的钢琴还是这个男钢琴家挚爱的“健悦”钢琴。

5.4 实验2问卷

尊敬的先生 / 女士：

非常感谢您在百忙之中抽出时间填写本问卷。请您抽出10分钟时间请您阅读钢琴品牌“健悦”的品牌故事《我心如初》，然后回答以下问题。请您依据李克特7级量表打分。1分代表非常不同意，7分代表非常同意。本问卷对所收集的数据严格保密，敬请放心。

注：本实验问卷由实验前测问项（表F1）+符合传统性别角色程度问项（表5–9）+同情情绪问项（表5–7）+品牌认同问项（表4–7）+受访者基本信息问项（表F2）构成。

5.4 实验3实验材料及问卷

5.4 实验3实验材料

品牌故事：《我的前半生（女性人设）》

一个前半生享尽衣食无忧的女性在近四十岁时连续遭遇到人生的不幸。爱人因病去世，并因病花尽家里的积蓄；由于经济不景气她被单位裁员，下岗后身无所长。生活剩下的除了一地鸡毛就是一对尚未成年等待她去养育的孩子。彷徨的她不知做什么好。偶然一天，她看到“家美”家政公司招聘家政服务员，中年女性决定试试。刚开始的业务不熟练、自己内心及生活境遇的巨大落差、旁人的眼光与冷嘲热讽都让她无数次想放弃。但是她还是咬紧牙关，克服无数困难坚持了下来。她努力工作，不屈不挠。两年后，她成长为“家美”家政公司的一名高层管理人员。

品牌故事：《我的前半生（男性人设）》

一个前半生享尽衣食无忧的男性在近四十岁时连续遭遇到人生的不幸。爱人因病去世，并因病花尽家里的积蓄；由于经济不景气他被单位裁员，下岗后身无所长。生活剩下的除了一地鸡毛就是一对尚未成年等待他去养育的孩子。彷徨的他不知做什么好。偶然一天，他看到"家美"家政公司招聘家政服务员，中年男性决定试试。刚开始的业务不熟练、自己内心及生活境遇的巨大落差、旁人的眼光与冷嘲热讽都让他无数次想放弃。但是他还是咬紧牙关，克服无数困难坚持了下来。他努力工作，不屈不挠。两年后，他成长为"家美"家政公司的一名高层管理人员。

实验3问卷

尊敬的先生／女士：

非常感谢您在百忙之中抽出时间填写本问卷。请您抽出10分钟时间请您阅读以下家政服务品牌"家美"的品牌故事《我的前半生》，然后回答以下问题。请您依据李克特7级量表打分。1分代表非常不同意，7分代表非常同意。本问卷对所收集的数据严格保密，敬请放心。

注：本实验问卷由实验前测问项（表F1）+叙事传输问项（表5–5）+同情情绪问项（表5–7）+品牌认同问项（表4–7）+受访者基本信息问项（表F2）构成。

附录3 图片

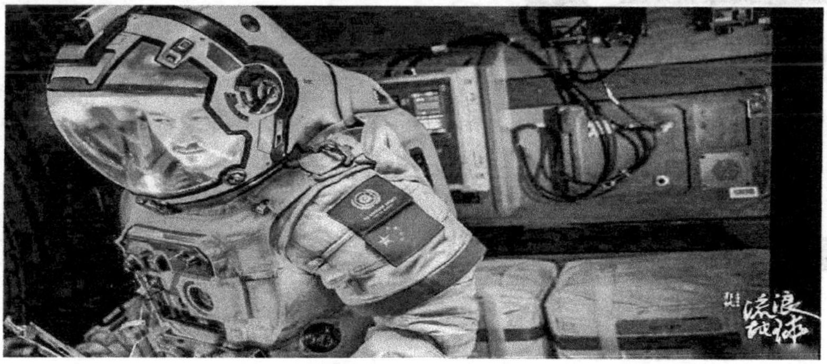

图1–1 电影《流浪地球》剧照

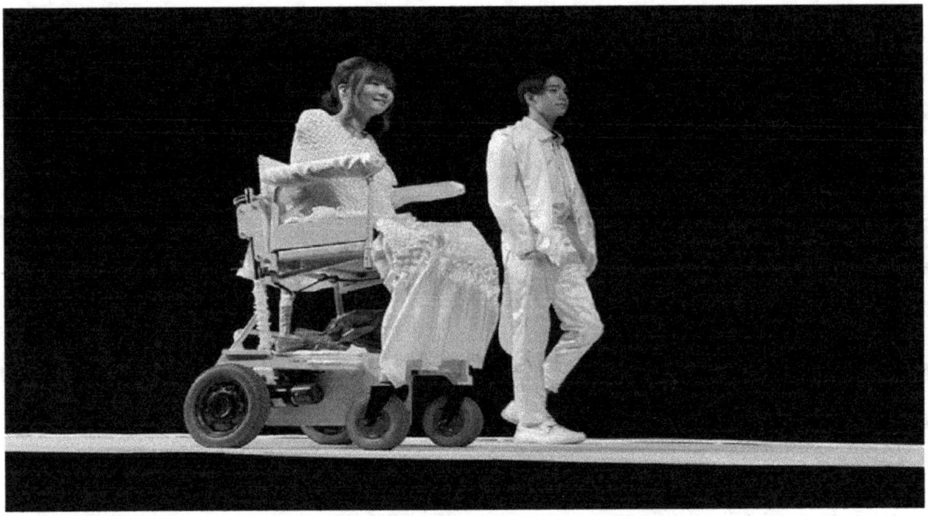

图1-2　华东地区时装品牌Tenbo的秀场照

图3-1　红牛极限运动

图3-2　邓紫棋的“雨天的故事”

图4-1　样本采集地之一：百盛（郑州）大卖场

图5-1　印度女性励志电影《摔跤吧！爸爸》剧照